美國政府與政治

[比較政府與政治3]

李炳南／主編

唐士其／著

《比較政府與政治》

—叢書序—

我國於一九九六年召開了國家發展會議，針對總統直接民選後新的政治形勢需要，在中國國民黨和民主進步黨的合作主導下，通過了若干有關憲政改革的共識，其中與中央政府體制以及台灣省地方自治有關的主要部份，則於一九九七年七月，在新黨的杯葛退席下，由兩黨在第三屆國民大會第二次會議聯手推動入憲，兩黨並簽訂修憲協議書，同意就其餘未決的問題，另行研議修憲事宜。

一九九七年的第四次修憲，由於朝野三黨均有其制度偏好，加以國民兩黨主流派系在中央政府體制方面所支持的半總統制方案亦受到來自民間監督憲改聯盟和學術界關心憲改聯盟等學術團體的批評，因此，有關於憲政體制選擇的問題，乃成為當前台灣學界與政界最為熱門的辯論議題，至今方興未艾。

我們相信，立憲主義的出發點就是有限政府，基於立憲主義所制定的憲法，最主要的目的就是要透過權力分立的制度設計來限制政治權力的濫作以保障人權。然而權力是無所不在的，政黨政治下的政治系統運作過程，並不全然是學說的推理或辯論，而是政治行動者的權力佈局和對抗競爭，正由於行動者之間錯綜複雜的合縱連橫關係，作為政治過程後果的憲政制度，往往在議題和特定利益的分割下，無法呈現為一理念的整體，甚至支離破碎、矛盾百出、人言各殊莫衷一是，令人無所適從。但也正因為立法或修憲過程本身即帶有濃厚的政治性和妥協性，吾人無法期待立法者或立憲者得遵循一定的理念而創造出完美無瑕的法典，但又因為法的本質本來就在追求應然秩序和諧性、一體性，所以當吾人面臨實存的法典和應然的法理間的衝突時，就需要藉由法理的指導來重建實存的法秩序，並且設法在政治邏輯形成的法規則當中去認識與解釋法理。

而在參考其他各國憲政制度的同時，吾人亦必須認識到，現代的民主憲法，隨著制憲時不同政治理念和權力的交織，根本就難以逃脫民主政治所必然帶來的內在論理上的矛盾，如果吾人不能夠追溯各種制度細部規定的發生史，不能夠重返各國修憲的情境，去發掘形成憲政制度背後的政治邏輯，我們將無法理解，何以制度選擇與移植必須考量到各國的憲政傳統與政治文化，才不至於導致「橘逾准為枳」的現象叢生。

我國自清末立憲運動以來，已歷經百年的憲政民主實驗，憲法文本不計其數，但是，直到九〇年代，我們才在台灣看到立憲主義與民主化的一絲曙光。我國的憲政工程仍在進行當中，第四次修憲的完成，才是我們對《憲法》所規範的國家組織結構認識的真正開始，《憲法》正待我們透過理性思辨和政治實踐的不斷辯證、對話以賦予其生命。職是，此刻《憲法》正需要我們多方借鑒各國憲政經驗，以豐富我們的視野，補充想像與推理的不足，進而尋找台灣憲政發展的出路。

國內學界前輩對於比較政府的專門論著並不少，像鄒文海、薩孟武、劉慶瑞、羅志淵、張世賢等先進，都是箇中的翹楚。不過如果我們希望找到一套比較有系統、比較詳盡，並且針對當代各國政府體制與政治運作的實況有所評述的比較政府叢書，則似乎相當困難。因此，揚智文化公司這一套《比較政府與政治》叢書在台灣地區的出版，自然是本地讀者和研究者的一個福音，因為透過作者的新穎周全的資料、縝密細膩的整理、具體明確的論述和妙筆生花的文辭，讀者和研究者必然可以樂在其中地探知這門學科的全貌。當然，如果讀者和研究者想要研究特定國家的政治制度或特定制度的各國比較，也可以輕鬆地從本叢書中得到想要的資訊。因此我們可以肯定，這套叢書將是讀者的啟蒙良師，也是研究者的百科全書。

李炳南

謹述於台灣大學研究室

—序　　言—

美國的憲法以及據此而設立的政府體制常被視為人類精神創造的一項傑作，它簡單而又極具穩定性和適應性。在兩百多年的時間裡，雖然政府職能與政府的具體設置發生了諸多變化，但政府體制的基本框架却能夠一直延續至今，普遍被認為是政治史上的一個奇蹟，並且成為一代又一代政治學者們從不同的角度加以探究的問題。

雖然美國政治體制的主要創立者，從英國殖民美洲大陸的新教徒帶去了諸多的英國政治傳統，像地方自治，以及議會的權力等等，而且正是這些傳統為美國最終擺脫英國的殖民統治提供了政治和法律上的依據，但不能認為美國的政治體制僅僅是英國制度的一種簡單的延續。從根本上說，美國的政治體制的確是美國人自己的創作，其中的很多成分，比如現代意義上的成文憲法、分權與制衡的原則、聯邦制的原則等等，都是首次在美國成為一種理性的政治實戰。

美國政治體制是人類理性創造力的明證，但這種理性又完全基於經驗與常識。所謂的經驗與常識，簡單地說，就是一種政治制度不能建立在完人的基礎之上。或者說，不能首先創造一種完善的個人，然後在此基礎上再創造完美的政治制度。「如果人都是天使，就不需要任何政府了。如果是天使統治人，就不需要對政府有任何外來的或內在的控制了。在組織一個人統治人的政府時，最大的困難在於必須首先使政府能管理被統治者，然後再使政府管理自身。毫無疑問，依靠人民是對政府的主要控制；但是經驗教導人們，必須有輔助性的預防措施。」❶這一論述，可以被視為美國政治制度的全部邏輯出發點。也就是說，美國的創立者們從來就不曾如柏拉圖式的政治家一樣，試圖建立一個理想的國度、完美的城邦；也不曾試圖設計一種完美的政治制度，並以此作為提升國民精神的工具。這樣一種對制度的理解，使美國的創立者們能夠避開政治上的理想主義者或者烏托邦主義者所面臨的一個普通的困難——他們為了建立某種理想的政治制度，不得不首先為將在這個制度下生活的公民們規定各種各樣的美德，而這樣一種思路在政治實戰中卻不是使政治走上專制的道路（盧梭正是為此而受到保守主義者的微辭），就是制度的設計者們以對人性的失望而告終。美國革命與不久的法國大革命，正好為政治史提供了一對對比鮮明的案例。

美國的政治體制是美國人的政治價值觀念的反映，同時又是美國人為保護其政治價值觀念而進行的制度創造。這種政治價值觀念，在美國《獨立宣言》中得到了明確的表述：「我們認為下列真理是不言而喻的：人人生而平等，造物主賦予他們若干不可讓與的權利，其中包括生存權、自由權和追求幸福的權利。為了保障這些權利，人類才在他們中間建立政府，而政府的正當權力，則是經被統治者所授予的。」其中，自由尤其被美國人賦予了核心的地位。美國人認為，對個人自由的保障是人類發揮其創造性，從而促進社會進步的根本保障。當然，純粹意義上的個人自由與政府的存在本身是矛盾的，因為後者恰恰要在一定程度上限制個人的自由並調整個人的行為。因此，問題的關鍵就成為如何在政府的行為與個人的權利之間保持一種嚴格的界限。美國政府兩百多年的歷史，從某種意義上說，也就是各種政治力量為界定和保護這種界限而反覆衝突與磨合的歷史。

雖然說兩百多年來美國政治制度的基本框架並沒有發生太大的變化，但美國政治生活的內容畢竟已經與兩百年前有了很大的不同。政府職能有了很大的擴展，奴隸制度被廢除了，平等在美國政治社會中正得到越來越多的關注，在美國建立之初民主實際上是立國者們所擔憂並期望在制度上加以箝制的東西，而當今民主卻已經與自由一道成為美國政治中的兩面旗幟。當然，這也是美國基本政治框架的包容性的反映，或者說是它獨特的生命力的體現。

美國在建國一百多年之後就成為世界上實力最強大的國家，而且至今依然保留著這樣的地位，在整個世界上發揮越來越大的影響。美國的成功被不少人歸因於它的政治體制。因為這個體制既保持了美國社會兩百多年來的基本穩定，又在不同的環境下為美國公民們提供了自由地發揮自己的天賦和能力的概念。這的確是一個事實。但是，反過來，如果人們試圖探求美國政治制度穩定性的原因的時候，美國社會的機會和財富又成為一個主要的解釋因素。美國制度經濟學家康芒斯在解釋上一個世紀美國的穩定與歐洲的動盪的區別時就表示，「歐洲制度和美國制度的不同，是貧窮與豐裕的不同，是低生活水平和高生活水平的不同。」這同樣也是一個事實。美國的確具有得天獨厚的自然和社會條件。它遼闊的疆域、豐厚的資源、永遠開拓不盡的「邊疆」，以及沒有往往成為其他國家發展的桎梏的舊制度和舊勢力的障碍等等，都是理解美國的政治制度史所不能不考慮的因素。

在當代世界上，美國已經成為不少政治學家和政治家夢想的家園，或者說現世的烏托邦。美國政治制度在歷史上一次又一次地成為其他國家和民族企圖加以模仿的樣本，而美國人也得以充滿自信地為全世界輸出他們的政治體制，似乎自己的手裏已經掌握了通往天堂之門的鑰匙。這尤其成為60至70年代興盛於美國的「政治現代化（political development）」研究的主題。蘇聯集團崩潰之後，這種模仿又出現了一次新的高潮。但讓人們不無遺憾的是，至今為止，沒有哪一個國家在模仿中是獲得了成功的。

看來，人們根據某種觀念創造一套政治制度並不是一件特別困難的事情，尤其是對於那些掌握了政治權力的人而言。但是，要讓他們所創造的制度如其所願地發揮作用，造福其公民和社會，制度本身還不是唯一的保障。正如事實已經證明的，那些非洲和南美依照美國制度建立的政體，在短短的時間之內就成為它們的傳統的俘虜。當然不是說美國政治制度不具備任何普遍的意義，但是政治制度僅僅是一座巨大的冰山浮出水面的一個尖頂，其根基深深地埋藏在一個民族的社會文化和歷史傳統的汪洋大海之中。研究美國政治制度，重要的不僅僅是研究這種制度本身，而且要探究這一制度與其社會文化和歷史傳統的內在聯繫。

另外，儘管美國政治制度的設計者們對於所謂的公民美德並沒有提出什麼特別的要求，但同樣不能忽視的是人與制度的關係。英國政治學家密爾 (John Stuart Mill) 曾經指出：「我們首先必須記住，政治制度（不管這個命題怎樣有時被忽視）是人的勞作；它們的根據和全部存在均有賴於人的意思。人們並不曾在一個夏天的清晨醒來發現它們已經長成了。它們也不像樹木那樣，一旦種下去就『永遠成長』，而人們却在『睡大覺』，在它們存在的每一個階段，它們的存在都是人的意志力作用的結果。所以，它們像一切由人做出的東西那樣，或者做得好，或者做得不好。」❷一個簡單的例子就可以說明這個問題。雖然美國憲法最初對於總統任期沒有明確的規定，但為美國獨立立下了不朽功績的華盛頓在任職兩屆之後便毅然歸隱田園。一直到第二次世界大戰的非常時期，總統只能任期兩屆，實際上成了任何一位美國總統都不願違反的類似不成文法的慣例。可以設想，如果德高望重的華盛頓把自己放到了比制度更加重要的地位，那麼美國制度又會向什麼樣的方向演出。美國人對他們自己的政治制度的愛護與尊重，也的確是了解這一制度的持久與穩定性的一個關鍵。

當然，美國制度並非完美無缺。美國民主制度的早期評論者托克維爾 (D'Alexis de Tocqueville) 就曾經認為，美國的制度並不能給人們提供最精明能幹的政府。當然，這種制度也不大能夠激發公民的激情和創造力。美國政治體制的創立者們把這方面的工作留給了政治以外的領域來完成。因為他們認為另外的一種選擇不可避免地將導致專制與暴政，古代希臘式的民主並不為他們所欣賞。這樣，美國的制度只是一種「平庸」的制度——當然肯定不會是最壞的制度。

美國政治制度已經存在兩百多年。在近代以來人們所創立的政體當中，已經算是資格比較老的了。美國制度的穩定性及其對公民自由與民主的保障是它的驕傲。冷戰的結束和蘇聯集團的崩潰從反面證明了這一點，這一制度的感召力也上升到了其歷史上的頂峰。但似乎也不能想像這一制度會萬古長存，起決定作用的是未來社會的變化和發展以及這一制度對這些變化和發展的調整與適應。

最後要說明的是，本書只是對美國政府與政治體制的一般性介紹。對於美國政治中諸多令人們感興趣的問題，沒有也不可能提供全面的答案。如果讀者能夠通過本書對美國的政治體制及其社會歷史文化背景獲得一個相對完整和清晰的了解，那麼作者的目的也就算是達到了。《美國政府與政治》一書寫作於北京，出版於台北，與作者從未曾謀面的李炳南教授，以及劉凡、蕭家琪等諸位先生為本書的出版付出了大量辛勤的勞動，並且就書中的內容向作者提供了諸多寶貴的建議，對他們的感激之情，是難以用言語表達的。

唐士其

1998年7月19日於北京大學

—註釋—

❶The Federalist Papers, No.51.

❷J.S. 密爾：《代議制政府》，商務印書館1982年出版，第7頁。

—目錄—

第1章

美國人與美國政府

一、北美早期移民及其社會政治生活

西班牙探險家克里斯托弗・哥倫布（Christopher Columbus）在1492年12月首次到達美洲的西印度群島，並且代表西班牙王室宣布了對這一地區的主權。以此爲起點，開始了歐洲歷史上規模最大的移民浪潮。最初對美洲進行殖民和征服的自然就是西班牙人。他們在大約1519年征服墨西哥後，又相繼征服了巴拿馬、哥倫比亞、委內瑞拉、秘魯、阿根廷和智利等地，並且向北美擴展勢力。1565年，西班牙人在現在的佛羅里達建立了當地的第一個城鎮聖奧古斯丁（Saint Augustine）。繼西班牙人之後，葡萄牙人、意大利人、法國人、德國人也都爭相向美洲進行殖民和征服，並且先後在美洲的大西洋沿岸建立了一系列定居地及其行政管理機構。

英國人在征服和開發新大陸的過程中當然也不甘落後。1497年，英國航海家約翰・卡博（John Cabot）奉英王亨利七世之命到達新英格蘭（卡博當時以爲他所到之處是亞洲的東海岸），並且以亨利之名宣布了對這片地區的所有權。但是，英國向美洲有計劃的大規模殖民要晚得多，當時西班牙的海上霸權也在事實上爲英國人的殖民活動造成了很大的限制，而最初建立的一些居住地又往往以失敗而告終，比如說1587年約翰·懷特（John White）曾在北卡羅萊納附近的羅諾克島（Roanoke Island）建立了一個名爲維吉尼亞的居住地，但等他回英國尋求補給並於1590年回到北美的時候，那裡的居民們已經蹤影全無了。時至今日，人們對這些人的去向還是一無所知。直到1607年，殖民者們才在維吉尼亞的詹姆斯敦（Jamestown）建立了第一個穩固的殖民區。

至於促使最初的歐洲殖民們遠涉重洋，冒著種種未知的風險來到陌生的新大陸的動機則是多方面的，對財富的追逐自然是其中佔第一位的因素。除去遙遠的美洲大陸在不少歐洲人心中激起的幻想之外，1620—1635年席捲英國的經濟危機也迫使很多人不得不遠赴他鄉以謀生路。此外，宗教也是促使人們離開家園的一個原因。英國在亨利八世時期建立了獨立的國教會之後，國內便出現了一些要求對國教進行改革的清教徒。清教徒們因爲受到來自於王室的日益嚴重的限制和打擊而大批地移居到歐洲大陸和北美。清教徒當中很多是原來有財富和有地位的人，1630年的麻薩諸塞海灣殖民地就是由他們所建立的。在此後的十年中，清教徒一共在北美建立了六個殖民地。除去清教徒之外，還有另外一些教派的教徒也因爲逃避宗教迫害來到新大陸——原來英國的教友派教徒建立了賓夕法尼亞殖民地，一些英國的天主教徒則建立了馬里蘭殖民地。此外，還有一些人是由於政治原因而來到新大陸的。1640年的英國革命爆發之後，就有不少騎士黨人逃到維吉尼亞。與此同時，還有不少德國人也因爲政治和宗教原因加入了北美洲最初的移民的行列。

最早到北美的英國移民主要是由像維吉尼亞公司和麻薩諸塞公司這樣的殖民機構進行組織的。維吉尼亞公司是一個於1606在倫敦成立的合股公司，後來得到了英王詹姆士一世頒發的特許狀，該公司最初的目的便是在北美地區進行殖民和貿易活動。實際上，大約有一半到新英格蘭以南各州的移民甚至是透過向這些殖民地公司貸款的方式移居到新大陸的。根據這兩家公司的特許狀的規定，公司還必須對殖民地行使全部的治理權。1624年，王室收回了維吉尼亞公司的特許狀，因而該公司名下的殖民地也就變成了直屬皇家的領地，由國王委派行政官員進行管理。

1622年普利茅斯殖民地建立以後便成爲英國人在新大陸殖民活動的一個中心。1629—1630年間由麻薩諸塞海灣公司在普利茅斯以北建立了麻薩諸塞海灣殖民地，而被麻薩諸塞逐出的異教徒們不久之後則在羅德島建立了他們自己新的定居點。1636年，向西部地區尋求牧場的移民又建立了康涅狄格。除去殖民地的自身「繁殖」之外，英國王室自1632年建立馬里蘭開始，還在這一段時間透過向貴族賜予封地的方法建立了另外一批殖民地，像1663年建立的南卡羅萊納和北卡羅萊納、1664年建立的新澤西和紐約，以及1679年建立的新罕布什爾和1681年建立的賓夕法尼亞等等。這些殖民地在行政上由英國王室直接管理。事實上，到十七世紀末，除1732年建立的喬治亞之外，加上南部的維吉尼亞，作爲後來聯邦基礎的北美十三個殖民地基本上都建立起來了。

北美殖民地社會政治事務的實際管理與英國本土是有明顯的差別的，而且各殖民地之間的情況也有很大的不同。在普利茅斯，移民們在棄船登陸之前（1620年11月11日）就共同制定了著名的《「五月花號」公約》（The May Flower Compact），發誓要「自願結成一個民衆自治的團體」，因而在很多年間，這個地區的居民們自己制定法律和選舉官員，在基本上沒有受到外來干預的情況下獨立地共同處理公共事務。這種作法後來被衆多的殖民團體所仿傚，《「五月花號」公約》和普利茅斯的經驗也被後人奉爲新大陸民主和法治的基礎與典範。但是像在喬治亞、紐約和麻薩諸塞等地，情況就有所不同。紐約和喬治亞分別是幾位英國貴族的封地，麻薩諸塞則由來自英國麻薩諸塞海灣公司的十幾位官員直接管理。不過一般說來，殖民地居民在社會政治方面還是享有較高程度的自由，其原因一方面固然是英國王室對殖民地鞭長莫及，另一方面也是由於移民們都有強烈的自由與自治的要求。因此1619年開始在殖民地出現的居民代表機構市民會議（The House of Burgesses）雖然幾經周折最後還是被保留了下來，而且英王在給各殖民地頒發的特許狀中一般也都規定當地的立法必須經過「自由民的同意」。這樣一種情況對日後美國的政治生活產生了長遠的影響。

1640年的英國革命之後，議會代替了國王，成爲殖民地法律上的管理者。1651年頒布的《航海法》便是國會行使其管理權的體現，該法要求殖民地的所有進出口貨物都必須由揷有英國國旗的船隻運送，並且禁止各殖民地與除英國之外的其他國家進行貿易活動。1660年克倫威爾（Oliver Cromwell）去世後，重新登上王位的查理二世，特別是後來的詹姆士二世採取了進一步的措施加強對北美殖民地的控制，因爲新大陸廣泛的商業和貿易利益對於英國王室來說不能不是一個極大的誘惑。國王增加了《航海法》的限制性條款，並且下令將麻薩諸塞和新罕布什爾合併爲一個統一的皇家領地。1684年，英國又收回了麻薩諸塞的特許狀，並於1686年宣布把全部新英格蘭的殖民地重新置於王室的管治之下，稱之爲新英格蘭自治領，由國王任命的皇家總督進行管理。儘管如此，殖民地還是以各種方式儘可能地捍衛它們原先已經享有的自治和自由的權利。康涅狄格和羅德島的居民們就拒絕向英王任命的總督交出它們的特許狀。在大多數情況下，殖民地採取了與總督以及國王派遣的其他官吏進行對抗或者對他們加以限制的辦法。由於殖民地根據英國的傳統，規定不經民選代表的同意不得徵稅及動用稅款，官吏們如果得不到當地居民的合作便只能無所作爲，甚至連他們自己的薪水也可能會沒有著落，因此他們便不得不多多少少順從當地居民的意願。1689年繼英國的光榮革命之後，麻薩諸塞便爆發了起義，並且最終趕走了殖民地總督愛德蒙·安德羅爵士（Sir Edmond Andrew）。殖民地人民並且派出代表，向新的國王威廉和瑪麗表示效忠。但讓他們失望的是，後來的事實證明英國的革命並沒有在北美大陸結出自由之果。

二、獨立戰爭與美國政府的建立

在英國「光榮革命」之後大約半個世紀的時間裡，北美殖民地與其母國英國一起經歷了與法國的持續不斷的戰爭。其中包括1689—1697年的威廉國王戰爭、1702—1713年的安娜女王戰爭以及1744—1748年的喬治國王戰爭。英法在北美大陸爭奪殖民地的戰爭的高潮是1754—1763年的「法國和印地安戰爭」。這場戰爭以英國和法國以及他們各自的印地安盟友作爲交戰的雙方，爭奪的焦點是對密西西比河流域的控制權。由於一旦法國控制了密西西比河流域便等於切斷了英國殖民者向西拓展疆土的道路，而法國人在戰爭中又得到了印地安土著部落的支持，所以無論是英國政府還是北美的英國移民都對這場戰爭尤為重視。在此情況下，北美各殖民地的代表於1754年6月在紐約總督的召集之下，在奧爾巴尼（Arbany）與控制著俄亥俄盆地的印地安易洛克族（the Iroquios）酋長舉行了會議。這次會議本來的目的是為了能夠與印地安人訂立某種形式的協議以爭取印地安部落對英國方面的支持，但會議卻產生了一個副產品，那就是北美各殖民地的代表都感覺到了統一行動的必要，並且由此產生了由班杰明・富蘭克林（Benjamin Franklin）起草的「奧爾巴尼聯邦方案」。該方案提出應在北美殖民地設立一個由英國國王任命的總統，總統在由各殖民地按照所繳納的稅款之比例選出的代表組成的評議會的輔助之下管理殖民地的行政事務，包括與印地安部落的條約、貿易、防衛和設立定居點等問題。當然，由於殖民地都不願意交出對於西部地區的開發權及其徵稅權，所以這個方案並沒有被接受。但是，「奧爾巴尼方案」畢竟意味著北美殖民地向統一的方向邁出了第一步。

「法國和印地安戰爭」又被稱為英法在北美的「七年戰爭」。到1759年，英國軍隊與殖民地的民兵一起占領了魁北克，並於第二年占領了蒙特利爾，從而基本摧毀了法國在北美大陸的力量，加拿大和密西西比河上游兩岸地區全部落入英國之手。雖然戰爭的勝利對於英國移民來說並沒有明顯的利益，但戰爭的結果卻對他們具有深刻的影響。英國獲勝之後，它在北美的殖民地面積擴大了一倍多，人口構成也因為增加了原來法屬殖民地的歐洲大陸移民和印地安人而進一步變得複雜化了，這就促使英國政府必須考慮如何調整對殖民地的管理體制的問題。而正是這一調整導致了北美與英國矛盾的激化以至於最後導致了北美的獨立。

英國所採取的遭到殖民地普遍不滿的第一項措施就是對於在北美大陸向密西西比河流域移民的限制。1763年，英國宣布阿利根尼山、佛羅里達地區、密西西比河和魁北克之間的全部土地保留給印地安人使用。這一政策的目的是爲了安撫英國新獲得的地區的歐洲大陸移民和土著印地安人，以避免流向這些地區的移民發生新的與印地安人的戰爭。但是，這一限制與東部移民的利益衝突是非常明顯的，因爲東部地區由於人口的增加和經濟的發展，越來越多的人迫切希望能夠到西部尋找機會。雖然英國政府的這項措施實際上根本沒有、也不可能得到北美移民的遵守，但它對於新大陸與英國的關係自然產生了負面的影響。

進一步惡化了北美殖民地與英國關係的是英國政府對於新大陸的稅收制度的改革。由於與法國的戰爭，英國的財政開支增加了一倍，而對於新占領的殖民地的治理也迫切需要增加政府的收入。英國的統治者認爲，北美殖民地應該爲擴大母國政府的收入做出貢獻，在這個方面採取的第一項措施是1764年議會通過的《食糖法》，該法禁止從英國之外的地區進口甜酒，對於從所有地區進口的食糖也分別徵稅。此外，對於像酒、絲綢、咖啡和其他的奢侈品也都要徵收重稅。爲保證這項法令得到執行，英國海軍和皇家官員分別在海上和大陸對走私活動進行了嚴厲的查禁和搜捕。

英國政府的這一行動當然導致了北美的商人和一些具有自由獨立意識的人的強烈不滿，而《食糖法》序言中的一句話又爲反對者們提供了口實。這就是通過《食糖法》的目的是爲了「改善帝國的稅收」。如果說徵稅的目的是爲了用於殖民地的管理，那麼至少在理論上不至於受到人們的反對，但說到在北美徵稅是爲了解決整個英帝國的財政問題，那人們就有話可說了。問題的關鍵就在於，根據英國傳統，徵稅必須有代表權，而殖民地在英國議會並沒有代表，因而以帝國的名義在殖民地徵稅就成爲一件事實上不合法的事情。麻薩諸塞的律師塞繆爾·亞當斯（Samuel Adams）就拿「納稅而無代表權」（taxation without representation）的問題大作文章，鼓動北美人進行反對英國統治的鬥爭，「納稅而無代表權」也在一時之間成爲北美殖民地人民的口頭禪。

除去《食糖法》之外，英國議會1764年通過的另一項限制殖民地發行紙幣的《貨幣法》和1765年通過的要求殖民地向英國駐軍提供食宿的《駐軍法》也都在殖民地引起了普遍的不滿，但眞正激起了殖民地激烈的反英行動的卻是1765年通過的另一項旨在增加殖民地稅賦的法案即《印花稅法》。這項法案規定，所有在殖民地出版的法律文件、執照、商業合同、報紙和各類小冊子上都必須加貼印花稅票，實際上也就是必須繳納印花稅。印花稅制本來已在英國實行，把這項稅制推廣到殖民地的目的是爲了解決殖民地的軍事防禦的費用。問題是，《印花稅法》的通過同樣也沒有事先取得殖民地的同意，而且事實上當時在英國議會就根本沒有經過任何辯論。由於《印花稅法》涉及到幾乎社會各階層，所以它自然而然地在殖民地人民當中引起了普遍的抗議。

殖民地人民以各種方式表達他們對英國政府的不滿，幾乎在每個地方都出現了針對《印花稅法》的集會、暴亂、示威和其他的抗議活動。徵收印花稅的所有殖民地官員都被迫辭職，而且部分印花稅票也被憤怒的人們所銷毀。但是，對於此後殖民地的政治生活具有深刻影響的還不在於這些抗議活動本身，而是在抗議活動中出現的一個自稱爲「自由之子」（Sons of Liberty）的秘密組織，這個組織在殖民地各個社區發展它的成員，並且成爲衆多的抗議活動的組織者。最後，到1765年10月，殖民地的抗議者們終於應麻薩諸塞議會的提議，在紐約集會討論印花稅的問題即這一稅制對殖民地的政治生活的影響。這次集會在歷史上被稱爲「印花稅法大會」（The Stamp Act Congress），是第一次由殖民地自發組織的具有全殖民地性質的會議，也是北美作爲一個統一的政治實體的第一個行動。這次大會明確表示，由於殖民地在英國議會中沒有自己的代表，所以按照英國習慣法的原則，英國議會並沒有權力爲殖民地立法，即使北美殖民地承認英王作爲自己的國王這一事實也不能爲英國議會制定有關殖民地事務的法律提供合法的依據，因此，除殖民地各相應的代表機關之外，任何其他機構都無權向殖民地人民徵收稅賦，而印花稅則具有「破壞殖民地人民的權利與自由的明顯傾向」。

由於殖民地的普遍反對，加上許多英國商人也因爲北美抵制進口商品而大受影響，因而也反對英國政府的殖民地政策，英國議會終於在1766年做出了讓步，廢除了《印花稅法》，並且修改了《食糖法》，北美的抗議浪潮才基本上得到平息。但是，事隔不久，英國政府又故計重演，英國議會於1767年通過了一系列新的稅則，目的是藉由對北美貿易的稅收來減輕英國人的稅賦負擔。這些被統稱爲「湯森稅則」（Townshend Acts）的法案規定要對英國運往北美殖民地的茶葉、紙張、鉛、油漆和玻璃等商品徵收消費稅。除此之外，當時英國議會通過的另一項法案還授權殖民地的法庭可以簽發空白拘捕證，從而使在殖民地遭到普遍反對的普通搜捕令合法化了。

可想而知，「湯森稅則」在殖民地引起了新一輪的抵抗。人們經由抵制使用英國商品、圍攻和毆打海關人員以及對新稅則進行公開譴責等方式表達他們的反抗。爲了維持秩序，英國政府向波士頓派遣了兩個團的軍隊，但此舉只不過更加激化了當地居民的反英情緒。軍隊和市民的摩擦不斷增加，到1770年3月5日，英國軍隊終於在一次與當地平民的衝突當中開了槍，並且打死了三個人。這一事件被稱爲「波士頓慘案」，它不僅進一步嚴重地損害了英國政府在殖民地人民當中的威信，而且也爲反英的鼓動者們提供了一個絕好的機會。殖民地與英國之間隨時有爆發大規模衝突的可能性。

在這種危機事態之下，英國政府爲了緩和北美的形勢，在1770年作出了重大讓步，廢除了除茶稅之外「湯森稅則」規定的在殖民地的其他全部稅收，而茶稅的保留，在英國方面看來也只不過是對它自身依然保有對殖民地的宗主權的一種起碼的象徵。這一讓步在很大程度上平和了殖民地人民的反英情緒，雖然像塞繆爾・亞當斯那樣的政治家們仍然沒有放棄他們反對英國統治的活動，而且越來越明確地把北美的獨立作爲自己鬥爭的目標，並在各殖民地建立了以通報殖民地應該享有的權利和受到的不公待遇爲目的的「通訊委員會」，但大多數人除了對英國進口的茶葉繼續實行禁運以表示他們對「納稅而無代表權」的不妥協的反對態度之外，不再繼續進行激烈的反英活動，英國與殖民地的政治和貿易關係開始逐步正常化。

但是，和平只存在了三年，局勢又出現了轉變。1773年，英國議會為了拯救瀕於破產的東印度公司而賦予該公司在北美殖民地的茶葉專賣權。由於殖民地一直在抵制英國的茶葉，英國議會的這一行動自然被視為對殖民地的權利的一種蔑視，並且也被殖民地的人民理解為英國議會迫使他們接受議會的徵稅的一種手段。另外，東印度公司為在北美傾銷其茶葉而採取的壓低茶價的措施也引起了殖民地茶商們的不滿，他們與那些原本就鼓吹北美獨立的活動家們一起，展開了大規模的抵制英國茶葉的運動。

這場抵制運動的成效是如此之大，以至於除波士頓之外其他口岸東印度公司的代理都辭了職，而從英國運來的茶葉或者被重新運回英國，或者被封存進了倉庫。只有在波士頓，雙方發生了衝突，因為東印度公司駐波士頓的代理商堅持要卸下11月份到達港口的三船茶葉，而由塞繆爾・亞當斯為首的一群波士頓人則在12月12日夜間化裝成印地安人登上茶船並且把茶葉全部倒入海中。英國政府對於「波士頓傾茶事件」採取了強硬的態度。1774年3月，英國議會通過了一系列被殖民地人民稱為「強制法令」的法案，其內容包括關閉波士頓港口、中止麻薩諸塞的市鎮會議以及其他一些懲罰性的措施。但是，這些法案的實施不僅沒有能夠壓服麻薩諸塞，反而激起了各殖民地對英國統治的進一步反抗。1774年9月，在維吉尼亞議會的提議之下，各殖民地代表在費城集會，以「就殖民地目前的悲慘處境進行磋商」，這就是第一屆大陸會議。大會通過了一份給英王喬治三世的請願書，決定組織聯合會，恢復貿易抵制。大會並且決定，如果英國拒絕殖民地的請求，則將於1775年5月召開第二屆大陸會議。

但是，殖民地的請願被喬治三世斷然拒絕了，他並且把殖民地的行動視爲一種叛亂。這個消息三個多月後傳到了北美，而在殖民地，一些要求獨立的激進分子已經開始準備與英國人兵戎相見了。1775年4月19日，當英國駐波士頓軍隊的司令托馬斯·蓋奇（Thomas Gage）派出一支部隊前往波士頓郊外的小鎭康科德（Concord）沒收殖民地民兵收集的槍枝彈藥的時候，雙方終於發生了正面衝突，北美獨立戰爭的第一槍在一個名爲列克星頓（Lexingong）的村莊打響了。

殖民地的第二屆大陸會議在戰火中於1775年5月如期召開。大會通過了題爲《拿起武器的原因和必要》的宣言，表達了殖民地人民「寧願作爲自由人而死也不願作爲奴隸而生」的決心。大陸會議還決定把各地的民兵整編成大陸軍，並由喬治·華盛頓（George Washington）擔任總司令。在各地獨立浪潮的推動下，會期已長達一年的大陸會議最後於1776年7月4日通過了由托馬斯·傑佛遜（Thomas Jefferson）起草的《獨立宣言》，正式宣布：「我們這些聯合起來的殖民地現在是，而且按公理也應該是獨立自由的國家；我們取消對英國王室效忠的全部義務，我們與大不列顚王國之間的一切政治聯繫從此全部斷絕，而且必須斷絕；作爲一個獨立自由的國家，我們完全有權宣戰、媾和、結盟、通商和採取獨立國家有權採取的一切行動。」《獨立宣言》的通過不僅標誌著北美殖民地正式脫離英國而獨立，而且也標誌著美國作爲一個新的國家的成立。《獨立宣言》把以下的思想作爲美國政治的基本原則：「我們認爲下列眞理是不言而喩的：人人生而平等，造物主賦予他們若干不可讓與的權利，其中包括生存權、自由權和追求幸福的權利。爲了保障這些權利，人類才在他們中間建立政府，而政府的正當權力，則是經被統治者所授予的。」

這些原則構成日後美國的政治生活的基本原則。

三、從邦聯到聯邦

從1776年到1781年，實際治理著獨立後的北美大陸的機構是大陸會議，因爲大陸會議不僅通過了各種各樣的法律文件，而且執掌著建立軍隊、舉借外債以及與外國政府訂立盟約這樣一些權力。與此同時，1776年5月10日，也就是在《獨立宣言》被通過之前，大陸會議就通過了一項要求各殖民地建立政府的決議。據此，在《獨立宣言》通過之後一年的時間內，在北美已經有十個州制定了憲法並且成立了政府。爲了統一全國的立法和行政事務，大陸會議於1777年通過了一項由約翰·迪金森（John Dickinson）起草的被稱爲《邦聯條例》（全名是《邦聯及永久性聯盟條例》）的法律文件，並且在1781年獲得了十三個州的全部通過（最後一個州是馬里蘭州）。按照該條例的規定，殖民地將建立一個永久性的合衆國政府，但合衆國作爲一個國家只是享有主權的各州的一個鬆散的邦聯。新設立的邦聯中央政府被稱爲國會，由每個州選出的十名代表組成，各州不論大小，只有一票的投票權。邦聯政府的主要權力是處理對外事務、締結條約、宣戰、組建陸海軍、鑄造貨幣和設立郵局等。但是，國會的決定只有得到十三個州當中至少九個州的同意方能生效，而且，國會無權徵稅，也無權控制對外貿易，它能夠制定法律，但卻沒有能力保證使這些法律在各州得到執行。加上各州實際上往往不與邦聯政府合作，所以這個政府的行動能力是非常軟弱的。用華盛頓的話來說，就是當時各州之間存在的聯繫，不過猶如一根「泥沙作成的繩子」。

邦聯政府的軟弱無力狀態的原因主要就是因爲各州在獨立之後從根本上說不願意放棄它們從英國那裡爭取到的權力，因此，即使邦聯根據《邦聯條例》獲得了有限的立法和行政權，但各州的權力卻沒有受到任何的限制，也就是說，邦聯國會這個名義上的中央政府並不享有任何排他性的權力。但是，邦聯成立之後形勢的發展很快證明，對於殖民地這樣的政治安排明顯是一種失敗。由於各州獨立之後享有了在英國統治之下所不具備的各種權力，包括釐定關稅、鑄造貨幣、從事外貿，甚至建立軍隊等等，而中央政府的權力又受到各種各樣的限制，所以其控制能力實際上比英國統治時期還要軟弱，中央政府債台高築，各州之間法律和政策不一，關稅林立，貨幣混亂，經濟生活迅速惡化。經濟狀況惡化的直接受害者自然是普通老百姓，而他們表達自己的不滿的最極端的形式就是1786年由退伍的陸軍上尉謝司 (Daniel Shays) 領導的麻薩諸塞州部分農民的暴亂。

謝司的暴亂雖然最終被平定下去了，但它卻讓不少人深切地感受到，如果沒有一個強有力的中央政府，則公民的生命和財產都不可能得到切實的保障，對於那些富有的人來說，這種感受自然更爲強烈，此外，當時法國和西班牙在北美的活動也使美國的一些有識之士意識到必須加強美國自身的統一和團結以應對外來的可能的威脅。增強中央政府權力的要求因爲對一個具體問題的討論而終於在全國範圍內被明確地提出來了。這個問題源於馬里蘭州和維吉尼亞州對於波托馬河航運權的爭執。爲此，五個州的代表於1786年在馬里蘭州的安納波里斯集會，希望能夠制定一項對美國十三個州之間的貿易關係進行統一管理的條例。但是，代表們發現，在《邦聯條例》的框架之內，他們根本沒有辦法對相關各州的權力和利益作出明確的判斷，因而作爲會議代表之一的亞歷山大・漢密爾頓（Alexander Hamilton）建議由各州推選代表，對合衆國的憲法進行修改，使之能夠處理邦聯「所面臨的危急情況」。

漢密爾頓的建議得到了各州的響應，一些州立即著手代表的推選工作，像維吉尼亞州就選出了華盛頓。1787年，大陸會議終於同意召開由各州代表參加的會議，以提出對憲法的修正方案。修憲會議於1787年5月25日在費城召開，參加者一共五十五人，來自除羅德島之外的十二個州。像班杰明・富蘭克林、古維涅爾・莫里斯（Gouverneur Morris）、詹姆斯・麥迪遜（James Madison）等等知名的政治活動家都參加了會議，而華盛頓則被推舉爲大會的主席。就代表的全體來說，他們更多是作爲當時美國社會的精英而不是作爲普通民衆的意願的體現者而被選舉出來的。

雖然大會本來的任務是對《邦聯條例》進行修改，但是，僅僅五天之後，代表們就採納了維吉尼亞州代表提出的方案，即必須建立一個由最高立法、行政和司法機關構成的全國政府，因爲代表們都意識到僅僅依靠修改已經不足以拯救《邦聯條例》以及依據該條例所建立的全國政府。這就使會議的目標發生了明顯的偏移，它意味著必須爲未來的政府制定一整套與以前完全不同的政治和法律框架。因此，費城會議接下來的所有集會都是在嚴格保密的情況下召開的。會議中自然充滿了爭論，但由於像麥迪遜、富蘭克林、迪金森等熟練的政治家的斡旋，大多數的爭論最終都能夠以妥協的方式得到解決。

費城會議的代表們首先在下列問題上達成了一致：需要建立一個有效的中央政府；根據洛克（John Locke）和孟德斯鳩（Charles Louis de Secondat Montesquieu）關於分權的理論，該政府由三個獨立的部門——立法、行政和司法部門——組成，使其中任何一個部門都不能掌握政府的全權以保障人民的基本權利，而且，上述每一個部門都應有明確規定的權力以對其他兩個部門的權力進行適當的制約與平衡；此外，代表們還同意，雖然新的中央政府必須具有原來的邦聯政府所缺乏的權威，眞正享有鑄造貨幣、管理商業貿易和對外事務，以及宣戰媾和的權力，但另一方面爲了防止專制政府的出現和保障人民的權利和自由，中央政府的權力類型必須是有限的，而且必須在新的憲法文件中被明確地列舉出來，至於其餘的權力則必須保留在各州及其人民手中。

但是，代表們之間在政府，具體說是立法機關的組成問題上就分別由維吉尼亞和新澤西州的代表提出的兩個提案進行了激烈的爭論。這場爭論實際上是大州和小州之間的爭論，因爲它們分別反映了大州和小州的利益。按照維吉尼亞的提案，立法機關應該由參衆兩院組成，衆議院議員由全民投票選舉產生，而參議院議員則經由衆議院選舉出來。顯然，按照這一提案，人口衆多的州選出的參衆兩院的代表都比較多，從而可以在立法中占據更大的優勢。另一方面，按照新澤西州的提案，立法機關將按照一院制的方式組成，每個州在其中都應該具有相同的代表權，這樣的一種安排自然對小州的利益更爲有利。這個爭論是如此的激烈，以至於立憲工作都出現了半途而廢的可能。當然，爭論最後也還是通過在兩種提案之間的妥協而得到了解決。妥協方案是由康涅狄格的代表提出的，因而被稱爲「康涅狄格妥協」或者「偉大的妥協」（the Great Compromise）。根據此妥協提案，未來的立法機關由參衆兩院組成，其中衆議院成員在各州按照人口比例選舉產生，而參議院成員則在各州之間進行平均的分配，也就是說，以衆議院作爲選民利益的代表，而以參議院作爲各州利益的代表。爲了防止通過不利於大州的預算案，妥協案規定預算案只能由衆議院提出。此外，南方各畜奴州也因通過妥協方案而得到了利益，因爲根據這個方案，在計算人口時，黑奴可以按照五分之三的比例計入人口總數，這就增大了這些州在選舉衆議院議員時的人口基數。由於這個提案兼顧了大州和小州的利益，包括南部各州的利益，因而最終得到了各個州的一致同意。

當然，大小州之間的爭論遠不是費城會議進程中爭論的全部，實際上，代表們幾乎在每一個問題上都存在著分歧，只不過最終都達成了妥協。比如說，後來在美國政治生活中始終持續不斷的聯邦主義與邦聯主義的爭議在費城會議當中就已經初現端倪，前者如漢密爾頓等強調政府的權力和政府對民衆的自由和權力的限制，後者如帕特里克·亨利（Patrick Henry）則主張爲各州及其人民保留盡可能多的權力，強調政府應該具有盡可能廣泛的代表性。另外，在對於中央政府的貿易管理權問題上，南方與北方也存在著分歧，主要是南方各州擔心政府對貿易的管制會對它們以農產品出口和奴隸貿易爲主的經濟產生消極的影響，只是在北方各州同意在憲法中加入禁止中央政府在1808年以前對出口商品徵稅和干預奴隸貿易的條款之後，南方才作出了讓步。至於在像聯邦政府官員的權力、選舉方式和任期等問題上也都經過反覆的爭論和妥協。最後，到7月底，代表們終於就主要的問題達成了一致，並且任命了一個委員會，負責根據已經達成的協議起草一份法律文件。

第一份憲法草案提出之後，又經過了一個月的修改和潤飾，然後由另外一個委員會起草憲法的定稿，經過第三個委員會對文字進行最後的修飾之後，於1787年9月17日將改定的文件交由代表們簽字批准。其中有三十九名代表對憲法表示了同意，其他代表則或者已經退出了會議，或者不同意新憲法。此後，憲法草案被提交給大陸會議批准，費城立憲會議的工作也就此宣告結束。9月28日大陸會議批准了憲法草案之後，剩下的最後一件工作就是把草案交給各州批准，根據憲法草案本身的規定，只有在取得十三個州當中九個州的議會的批准之後，新憲法方能生效。但實際證明，新憲法的支持者們在各州對憲法的批准過程中所遇到的困難絕不少於他們在討論憲法草案時所遇到的困難。

達拉瓦等五個州率先批准了新憲法，但是，在其他各州，新憲法就遇到了很大的阻力。反對者們或者仍然主張新的國家應該是享有主權的各州之間的一種聯合，或者認爲新憲法沒有能夠爲各州及其人民的權力提供足夠的保障。在麻薩諸塞州，州議會在批准憲法的問題上發生了激烈的爭論，而且以塞繆爾·亞當斯爲首的大多數議員都反對批准憲法。只是最後，當憲法的支持者們提出待憲法在全國範圍內通過之後，麻薩諸塞將在可能的情況下向其他各州建議在憲法中加入一項人權法案（當時各州憲法中都有這樣的一個人權法案以作爲對基本人權的保障）之後，支持者才贏得了微弱的多數。❶在紐約州，漢密爾頓、麥迪遜和約翰·傑伊（John Jay）爲爭取更多的人支持憲法而連續發表了一系列非常精彩的論文，論述憲法的基本原則以及建立一個強有力的聯邦政府的必要性。這些論文被統稱爲《聯邦黨人文集》（*The Federalist Papers*），成爲闡述美國憲法精神和政治原則的重要文獻。

1788年6月，維吉尼亞州作爲第九個州以微弱的多數批准了新憲法，從而使憲法正式在美國生效。隨後即開始了新政府的組建工作。按照大陸會議的決定，紐約市被確定爲新政府的所在地，❷全國先後進行了總統和國會兩院議員的選舉。1789年4月1日和6日，衆議院和參議院分別達到了法定人數而開始工作，它們的第一件任務就是舉行聯席會議計算總統選舉人在總統選舉中所投的票數，華盛頓和約翰•亞當斯（John Adams）分別當選爲正副總統。他們在1789年4月30日正式宣誓就職。就此，美國新的聯邦政府正式成立了。

—註釋—

❶人權法案作為美國憲法的前十條修正案於1791年十二月在議會中得到了通過。

❷1800年之後，哥倫比亞的華盛頓特區替代了紐約市作為聯邦政府的所在地。

第2章

美國政治的基本理念

一、美國政治觀念的哲學基礎——經驗主義與理性主義的結合

北美大陸作爲英國統治下的殖民地存在的時間長達兩百多年，英國憲法在這段時間內實際上也是北美政治生活的根本原則；此外，英國移民在19世紀以前同時又構成了北美地區人口的大多數，因此，英國的政治傳統對北美殖民地以及後來的美國政治生活的影響之深遠可想而知。英國經驗主義的傳統在美國發展成爲帶有更多的美國特色的實用主義（pragmatism），成爲美國人政治思維和政治行動的一個基本出發點。另一方面，從美國獨立到美國憲法的制定這一段時期又正值法國啓蒙運動的高潮和法國大革命的階段，這兩個人類歷史上的重大事件的相互影響不僅表現在觀念上，而且一個衆所周知的事實是不少人同時在這兩個國家裡成爲諸多政治事件的主角，像托馬斯・潘恩（Thomas Paine）和拉法葉特（Marie Joseph Lafayette）就是其中最著名的兩個。前者既是法國《人權與公民權宣言》的起草者之上，又在美國發表了具有廣泛影響的《常識》（*Commonsense*）一

書，爲美國的獨立戰爭奠定了理論上的基礎；後者則同時是美國獨立戰爭和法國大革命的英雄。正是因爲這兩次重大的歷史事件在觀念上和實踐中不可分割的密切聯繫，決定了法國的啓蒙主義和理性思想對於美國人的政治生活的深遠影響。如果我們說構成美國政治基礎的《獨立宣言》和美國憲法受到法國人的影響要比英國的傳統更多，這並不誇張。因爲任何人只要把這兩份文件與幾乎是同時問世的法國《人權與公民權宣言》做一下簡單的對比，其中明顯的相似之處自然就會顯露出來。法國的這種理性思想客觀上恰恰彌補了英國傳統的經驗主義可能具有的一些消極因素，它使美國人比英國人更具有創造性和革命精神，使美國人能夠完全憑藉人的理性和智慧創造出一個全新的政府，並且能夠不斷地把自己國家的政治生活推向進步。

在美國的政治生活中，英國的經驗主義傳統，或者說後來的美國本土的實用主義充分體現爲美國人對傳統的尊重、在政治生活中一種漸進改良的態度以及崇尚實際的精神。甚至也可以說，美國的獨立本身就是對傳統的尊重的結果，因爲北美人民反抗英國的統治和追求獨立的最根本的依據就是英國傳統中納稅者必須具有代表權的原則。在美國建立以後，對傳統和習慣的尊重仍然是美國政治生活的一大特色。正是由於這一特色，美國憲法經歷了兩百多年的歷史至今依然是美國政治生活的基本框架，雖然其間經過了若干的修正，但其最根本的原則卻能夠得以保留。對於傳統的尊重也表現在美國人日常的政治活動當中，自華盛頓之後到富蘭克林・羅斯福之前的歷任美國總統都自覺地把自己的任期限制在兩屆以內，這是美國人尊重政治傳統的一個最好的例證。此外，美國政治生活對傳統的尊重也突出地表現在美國的司法實踐當中。這是英國習慣法傳統對美國司法實踐影響的明顯反映。由於這一傳統，最高法院的判決和司法解釋在美國政治生活當中具有不可替代的作用。華盛頓任期之內的財政部長漢密爾頓透過對憲法的解釋而促成了美國中央銀行的建立是對憲法作出的第一次解釋和引申，此後，根據這一慣例，美國政府和最高法院在不更改憲法的基本原則的前提下對憲法作出了各種各樣的解釋，像對黑人的權利的保護等等都是依據最高法院對憲法的解釋而實現的。對傳統和習俗的尊重保證了美國政治生活的穩定，但同時也促進了美國政治生活的進步。漸進改良的政治傳統的一個重要的結果就是使美國的政治生活避免了激進的變革，減少了動盪，實際上，美國政治在兩百多年的時間裡基本上維持了一種穩定的狀態，這在整個世界範圍內也是少有的。

實用主義傳統的第二個方面是在政治生活中奉行一種漸進改良的態度，這樣一種態度與對傳統和習俗的尊重是緊密地聯繫在一起的。漸進改良的態度避免了政治生活中過於激進的變化和美國政治格局的動盪。在政治活動中，這種態度首先就表現爲善於尋求妥協的精神。美國憲法本身就是不同的政治信仰和政治主張之間進行妥協的產物，實際上，在美國的整個政治歷史上，妥協的精神也一直貫穿始終。甚至是在南北戰爭之後，林肯也是以一種妥協的態度，緩和了南方種植園主對北方的不滿情緒，從而在根本上捍衛了聯邦的生存。

務實的精神也是美國政治生活的一大特色。務實精神的關鍵，就是盡可能解決能夠解決的問題而不在政治中提出超越現實的目標。這種精神使美國政治生活中較少出現政治上的空想和過分激進的變化。作爲美國政治生活基本特點之一的妥協的傳統本身就是美國人的務實精神的結果。制定憲法時大州與小州在立法機關的代表產生問題上，以及在處理南北關係問題上達成的協議就是美國人務實精神的典型體現。在憲法起草完畢之後，作爲主要起草者之一的富蘭克林就曾經指出：「這套憲法中有若干部分是我現在所不同意的，但我不能肯定我永遠不贊同它們。」「因爲我想不會有更好的，也因爲我不能肯定它不是最好的。」作爲美國的開國元勳和傑出的政治家，托馬斯・傑佛遜典型地體現了美國的這種務實的政治傳統。傑佛遜本人是堅決反對奴隸制的，他曾經表示：「我可以坦率地說，世界上沒有一個人比我更願意犧牲自己，以求透過任何切實可行的辦法使我擺脫這種嚴厲的指責。如果能用哪種方法全面地遣返奴隸，那麼，捨棄那命名不當的財產（奴隸），是一件不會使我們猶豫的小事；我想在做出應有的犧牲之後，這種全面的解放和遣返是可以逐步實現的。但是，目前的實際狀況是我們抓住了狼的耳朵，我們既不能使它服貼，又不能放心大膽地放牠走。天平的一邊是正義，另一邊是自保。」❶也就是說，由於傑佛遜意識到不可能在當時的情況下廢除奴隸制，所以在制定憲法的時候和他本人擔任美國總統的時候都對南部各畜奴州作出了一定的讓步，並且以此換取了南部各州對憲法的支持和聯邦政治的穩定。

然而，美國的政治生活中除了經驗主義和實用主義的一面之外，同時還具有理性主義和理想主義的一面。所謂政治中的理性主義，就是相信人們可以透過主觀的政治設計和政治改造改善政治體制和政治生活，這正是法國啓蒙時代最主要的政治思想傳統。實際上，美國的開國元勳們都是洛克、尤其是孟德斯鳩的忠實信徒，而美國憲法正是他們根據孟德斯鳩關於三權分立的理論作出的一項偉大的政治設計，是分權理論第一次付諸於實踐；而根據這部憲法所創建的美國整個政治制度，也是人類歷史上一次從未有過的創造，因而英國首相威廉·格拉德斯通（William Ewart Gladstone）曾把美國憲法譽爲「在一定時間內用人的才智和決心所寫成的非凡的傑作」。

從某種意義上說，理性主義與經驗主義和實用主義是存在著一定的衝突的，因爲前者強調人的理性和創造性，而後者則更注重傳統和習慣的力量。在政治思想和政治實踐中，它們往往分別表現爲政治中的激進主義和保守主義。法國大革命本身就是一次公認的過分的政治理性主義所帶來的激進的政治革命，而法國大革命這場激進的政治革命對法國未來的社會政治生活所帶來的負面影響，如政局的不穩等等也是政治史學界時常討論的問題。法國的例證說明，政治中的理性主義如果過於「純粹」、過於極端，也完全可能帶來政治中的失誤。這一點正是英國著名的政治家和政治學家艾德蒙·柏克（Edmund Burke）的傳世之作《法國大革命的反思》（*Reflections on the Revolution in France*）一書的主旨之所在。美國的政治制度作爲法國理性主義思想的產物卻又能夠避免這種精神在法國本國所鑄成的悲劇，其中一個關鍵的原因，就在於美國的立國者們在這個國家的創立之初，就已經自覺或者不自覺地用英國傳統的經驗主義對理性的崇拜進行了中和。這種中和在憲法的制定過程中明顯地反映了出來，對於像奴隸制那樣在人們中間引起了較大的爭論的問題，立法者們實際上就採取了一種尊重傳統和習慣的態度，一直到因廢除了奴隸制度而被載入史冊的林肯（Abraham Lincoln）執政之時，儘管他本人對這種制度極爲反感，但如若不是因爲南方各州公然宣布脫離聯邦的話，則可以肯定的是，林肯至少還會對奴隸制容忍更長的時間。正是因爲美國的政治觀念中既不乏理性的精神，又具有經驗主義和實用主義的一面，所以美國在政治生活中既始終能夠保持一種創新的精神，又具有穩健與實用的風格，能夠避免過於激烈的政治動盪和政治衝突。

與政治中的理性主義精神相一致的是美國政治理念中的創新精神和理想主義的特色。這樣一種創新精神和理想主義在羅斯福新政（the New Deal of Franklin Roosevelt）時期明顯地體現了出來。在具有濃厚的自由主義傳統，人們對於政府多多少少抱有一種猜忌與防範心理的美國，爲了克服二十至三十年代的大蕭條，羅斯福總統斷然採取了大量的國家干預經濟和社會生活的革新政策，而且新政的推行速度之快足以令人瞠目。甚至美國人自己也承認，羅斯福是把需要幾代人才能完成的工作在短短的幾年內完成了。羅斯福的新政不僅完全放棄了自由放任主義的政治原則，而且深刻地改變了美國的社會結構和社會觀念，因而甚至被他的一些反對者稱爲試圖對美國進行社會主義的改造。但無論如何，這種「改造」的結果畢竟還是爲美國人所接受了。

不僅在憲法的制定和全國政治制度的創立以及羅斯福新政這樣的關鍵時刻，即使是在美國平常的政治生活中，從華盛頓到甘乃廸（John F. Kennedy）再到柯林頓（Bill Clinton），創新也是一個頗具吸引力的詞彙。它激發著美國人的激情和想像力，使他們能夠不斷地改進和發展他們自身的社會和政治制度，使國家的政治生活具有更多的包容性，從而使這個國家能夠渡過種種困難與危機的時刻。在美國歷史中有一個使用頻率很高的詞，那就是邊疆（frontier），這個詞從指實際的西部未開發的新邊疆到指抽象的新的機會和新的創造，一直伴隨著美國的成長。「邊疆精神」激勵了一代又一代的美國人去發現、去創造和去改善他們的生活，也促進了美國社會的進步。

總而言之，經驗主義與實用主義和理性精神與理想主義的結合，是美國政治理念的一個基本特質，也是解開美國政治和美國社會的穩定和發展之秘的一把關鍵的鑰匙——當然不是唯一的鑰匙。美國政治能夠在兩百多年的時間內同時實現了穩定與發展這一個許多其他國家所夢寐以求而又難以企及的目標，還得益於美國社會其他方面的特質，比如說美國沒有類似其他國家的歷史遺留下來各種矛盾和負擔，社會利益具有較多的一致性；美國吸引了世界各地的精英人物，從而具有較高的人口素質，以及美國具有豐富的自然資源和優越的自然條件，從而使其較少面臨社會中貧富分化和對立所導致的衝突和矛盾等等。美國有名的制度經濟學家康芒斯（John Rogers Commons）就曾表示：「歐洲制度和美國制度的不同，是貧窮和豐裕的不同，是低生活水平和高生活水平的不同。」❷這自然也是非常有見地的。

當然，也還不能說，在美國的政治理念中已經實現了經驗主義、實用主義和理性精神與理想主義的完美結合，在美國的政治實踐中也時常會有過分保守與過度激進的時候，像1950年代麥卡錫（Joe McCarthy）擔任主席的美國參議院「調查委員會」（Subcommittee on Investigations）對於所謂的「顛覆分子」的調查就幾乎搞到了人人自危的地步。當然，最終的結果是他自己也受到了調查和譴責。這只是過分保守的勢力在美國政治生活中的影響的一個例子。當然，美國的政治生活被人們稱爲一個鐘擺，意思就是說它能適時地在激進與保守之間來回擺動，從而獲得政治生活從長期來看的大致平衡，不至於向某一個方向偏離太遠。這也是美國政治穩定的奧秘之一。

二、美國人的天賦人權觀念

美國《獨立宣言》以下面的表述而聞名於世：「我們認爲下述眞理是不言而喩的：人人生而平等，造物主賦予他們若干不可讓與的權利，其中包括生存權、自由權和追求幸福的權利。爲了保障這些權利，人類才在他們中間建立政府，而政府的正當權力，則是經被統治者同意所授予的。任何形式的政府一旦對這些目標的實現起破壞作用時，人民便有權予以更換或廢除。」這一段話與法國大革命時期1789年的《人權和公民權宣言》一道，成爲人民、人權和政府的最根本的關係的經典表述。在接下來的時日當中，類似的語言在不知多少政治性的宣言，包括聯合國的《人權宣言》中反反覆覆地出現，而任何政府，無論其本質是專制的還是民主的，也都競相以類似的言辭自我標榜，並以此作爲自己的合法性的基本依據。

實際上，到底基本人權是從何而來的，其內容應該包括一些什麼樣的方面，這是一個至今仍然在學者們當中具有不同見解的問題。甚至曾經擔任過美國總統的科立芝 (Calvin Coolidge) 也不承認天賦人權的說法，他表示：「人們都談及自然權利，但我倒是要問一問，在權利由一套相應的法律體系加以宣布和保護之前，有誰在自然狀態中見過它們的存在或者被承認。」但是，《獨立宣言》的表述，反映的卻是美國的立國者們對於上述問題的一種信念——儘管可能並不是一種科學的回答。美國的立國者們都是以洛克爲最傑出的代表的十七至十八世紀的自然法理論和社會契約論的信奉者。自然法的觀念在歐洲源遠流長，甚至可以一直追溯到古希臘時代，但這個理論的普遍傳播，還是在1640年的英國革命之後，也可以說，是對英國革命的一種理論上的論證。按照自然法理論，人類社會中無論是否存在國家，都必須遵循某種天然存在的法則的約束。這種不依賴於國家而存在的自然法則如同物理規律一樣不容違背，它不僅不能因爲國家的存在和活動而受到改變，而且必須成爲國家存在和活動所依據的最基本的原則。國家所制定的法律（所謂的國家法）也必須以自然法作爲它的基本證據。自然法理論還認爲，人類根據自然法而享有某些天賦的、不可被任何塵世間的力量所剝奪的自然權利，按照洛克的說法，自由權和財產權（包括生命的權利，因爲在洛克看來，生命也是一個人所擁有的一種特殊形式的財產）就是兩種最基本的自然權利。

社會契約論則是用自然法學說來解釋政府的起源和說明政府的目的的一種理論。在洛克那裡，社會契約論是作爲君權神授理論的對立物被提出來的。社會契約論認爲，政府和國家並非從來就有的。人類歷史上存在過一種沒有國家的所謂「自然狀態」（natural state），在「自然狀態」中，人們接受自然法的約束，享有自然法所賦予的所有權利。但是，事實上這些權利並不能眞正得到保障，其原因有三：一則不同的人對自然法有不同的理解，二則每一個人都必須作爲法律的解釋者和執行者；三則沒有一個公認的權力來維持法律的實施，最終的結果就是在人群中還是充滿了恐懼和危險。正是爲了克服這種狀況，保證人們共同的權利，大家以制定契約的辦法達成協議，決定共同讓渡出一部分他們的自然權利以建立一個公共的權力機構即政府，並且由這個機構來承擔對自然法的解釋和維護的功能。因此，政府是人們爲了更完整地維護自身的自然權利，透過訂立社會契約而創立起來的，它的全部作用無非是爲了讓每個公民的自然權利切實地得到保護，除此之外再不能有別的什麼目的。如果政府的存在及其活動被人們認爲是違反了上述基本目的，甚至侵害了公民的自然權利，那麼人們自然完全可能而且也應該解除他們與這個已經事先違背了契約的政府的約定，從它那裡收回自己的自然權利並且重新建立一個能夠爲自己的利益服務的政府。洛克認爲，國王的權力也不是神聖不可侵犯的，對於一個專事掠奪和殘害人民的國王，人們不僅可以起而反抗，甚至可以結束他的性命。這就是著名的「弒君合法」的理論。

這種自然法理論和社會契約論對於美國的立國者們的影響是顯而易見的。在美國獨立戰爭期間曾經享有很大名聲的托馬斯・潘恩就是洛克理論的忠實信徒，他明確指出：「人們認爲政府是統治者與被統治者之間訂立的一種契約，能大大促進自由原則的建立；但這種說法不正確。因爲這是倒果爲因。因爲人必然先於政府而存在，這就必然有一段時間並不存在什麼政府，因此本來就不存在可以與之訂約的統治者。所以，實際情況是，許多個人以他自己的自主權利互相訂一種契約以產生政府，這是政府有權力由此產生的唯一方式，也是政府有權賴以生存的唯一原則。」❸《獨立宣言》的起草者傑佛遜自然更是把自然法理論和社會契約論原原本本地移植到了《獨立宣言》當中，他認爲：「我不知道除了人民本身之外，還有什麼儲藏社會的根本權力的寶庫。假如我們認爲人民的智能不足以審愼地行使他們的管轄權，其補救方法不是剝奪他們的這種權柄，而是經由教育啓發他們的判別能力。」

實際上，在美國獨立戰爭期間，自然法的觀念和社會契約的觀念在美國已經成爲一種「常識」，而在制定美國憲法的時候，幾乎各個州的憲法中都有類似「人權法案」的條款。這裡就產生了一個問題，那就是旣然如此，爲什麼憲法本身最初卻沒有列入有關人權和公民權的條款呢？對此，人們作出了各種各樣的解釋。有人認爲，憲法的制定者們之所以沒有在憲法中明確列舉人權的條款，只是因爲他們認爲沒有必要，也不大可能以在法律條文中進行列舉的方式來對公民的權利作出保證，眞正需要的是一些確定的程序和制度，比如說分權的制度以及制約和平衡的制度等等。甚至還有人提出，在臨近費城會議的最後，在憲法中加入人權法案的提議之所以被一致否決，是因爲代表們經過三個多月炎熱的夏季的討論，已經精疲力盡，急於回家了。如此等等。

其實應該承認，在制定憲法的時候，費城會議的不少參加者的確存在著一種隱憂，那就是如何才能在一個眞正強大有力的聯邦和得到明確保護的公民個人權利之間找到的確是不容易達成的平衡，因爲政府權力的增加勢必意味著對公民的權利和自由的某種限制，而邦聯時期中央政府之所以軟弱無力，其根本原因就在於政府的權力和人民的權利這兩者的關係出現了明顯的失衡。因而華盛頓本人就表示：「我們犯了一些錯誤，需要糾正。我們成立邦聯時，大概對人性作了過高的估計。經驗告訴我們，如果沒有強制力量的干預，即使是最符合他們利益的措施，人們也是不予採納實施的。我認爲，我們要想作爲一個國家長期存在下去，就必須把權力交給某一個機構，讓它雷厲風行地在整個聯邦運用自己的權力，就像每個州政府可以在本州雷厲風行地運用自己的權力一樣。」❺至於像約翰·亞當斯那樣的堅定的聯邦黨人，更明確地表露了對於民衆權利的擔憂，他在給麥迪遜的一封信中表示：

「你我第一次在重要問題上有意見分歧是在你從歐洲回來以後，分歧之處在於法國革命。你的內心確信這個國家將會建立起一個自由的共和政府，而我的內心則確信，治理兩千五百萬人民——其中五百四十五萬既不能讀又不能寫——的這樣一個政府的規劃，就如同管理凡爾賽皇家動物園裡的大象、獅子、老虎、黑豹、狼和熊一樣，是反常、荒謬和行不通的。」❻

亞當斯的觀點與其說是與洛克相近，倒不如說更接近於霍布斯（Thomas Hobbes），因爲他從根本上是把人視爲爲追求個人私利而貪得無厭和野心勃勃的動物。因此，他的欲望更多地是應該得到控制而不是保護。正因爲如此，美國政治學家查爾斯·比爾德（Charles Beard）得出結論認爲，美國憲法的制定並不是眞正爲了保護人民大衆的基本權力，而是在謝司暴亂之後，權貴們爲保護自己的經濟利益不受威脅而進行的一種政治和法律的設計。比爾德的見地自然並非毫無根據，但儘管如此，也不能說在美國的立國者們看來，人權和公民權利在美國政治生活中不再具有一種最基本的地位，或者已經認爲它們並不重要，甚至反對對基本人權和公民權的政治保護。因爲憲法序言也明確指出：「我們合衆國人民，爲了建立一個更完善的聯邦，樹立正義，確保內部安寧，提供共同防禦，增進公共福利，並保證我們自身和子孫後代永享自由的幸福，特制定美利堅合衆國憲法。」也就是說，建立政府的目的，仍然是爲了保障公民的自由、安全和幸福，問題仍然在於如何能夠在公民的權利和政府的權威之間達成一種平衡。

憲法制定者們心中的矛盾自然是由憲法制定之後政治生活的實踐最終加以解決的。麻薩諸塞州在討論批准憲法的問題的時候就明確提出了在憲法中加入人權法案的要求，並以此作爲該州批准憲法的條件，這本身就說明人權的觀念在美國的確已經深入人心，而人權法案能夠在1791年得到議會的順利通過並以憲法頭十條修正案的形式成爲憲法的一個組成部分，就更明顯地證明了人權觀念在美國政治生活中不可動搖的地位。人權法案不僅明確列舉了公民的言論、集會、出版、結社、人身、安全等等基本權利作爲政府不得侵犯而且必須加以保護的對象，更重要的是，第十條修正案明確規定：「本憲法未授予合衆國行使也未禁止各州行使的權力，分別由各州或人民保留。」這既是對政府行爲的限制，也是對公民權利的確認，所以後來英國法學家克拉克（Ramsey Clark）對公民權利作出了一個著名的定義：「權利並非別人賜予之物，而是別人所不能剝奪之物。」

當然，政治理念並不必然地等於政治實現。雖然美國憲法把保護人權和公民權作爲政府的基本目的，但在幾十年的時間內，「人」是必須加以限定的，婦女和黑人在很大程度上且實際上被剝奪了做「人」的資格。美國最高法院的黑人法官馬歇爾（Thurgood Marshall）就曾在1987年指出了這一點，即在憲法被通過的時候，所謂的「我們美國人」並沒有把大多數美國公民包括進去。但儘管如此，正是因爲從一開始就把對人權和公民權的保護作爲政府的根本目的，所以美國的政治生活能夠得到不斷的改進和完善，人權和公民權也才能夠不斷地得到擴展和促進。

事實上，後來美國進步的政治家和法學家正是透過對憲法這一根本原則的解釋不斷為公民權利的擴展提供新的解釋，包括1960年代以後最高法院所作出的促進美國種族平等的一系列司法解釋。因此，美國以提倡人權而著稱的前總統卡特（Jimmy Carter）在他1981年1月14日的告別演說中道出了政治理念與政治實踐的眞實的聯繫：「人權並不是由美國發明的。……從非常眞實的意義上說，是人權創造了美國。」

三、美國人的自由觀念

在其中相當程度反映了美國人政治理念的《獨立宣言》中，自由權被作為僅次於生存權的一項不可剝奪的天賦人權而明確地列舉出來，而美國憲法的頭十條修正案，亦即「權利法案」的主要內容，也是對美國公民的自由權利的保障，其中包括宗教、言論、出版、集會、攜帶武器以及人身等等各方面的自由。「權利法案」實際上在很大程度上是各州對於新成立的聯邦政府的一種限制，是人們擔心一個強有力的聯邦政府可能會妨礙乃至侵害公民的自由權利的反映。

人們常常認為美國人重視自由更甚於安全，這種說法並無過分之處，對於自由的高度珍視的確是深深地植根於美國人的民族特性之中的。著名律師安德魯·漢密爾頓（Andrew Hamilton）的一句話非常典型地反映了美國人的這種精神：「對於一個高尙的人，不自由，毋寧死。」北美最早的移民當中，很多人不畏艱險，遠涉重洋，除了為追逐財富之外，一個重要的目的就是能夠在新大陸獲得政治和宗教的自由。還在殖民地時期，北美各地就爲了能夠享有更多的自由權力而與英國當局進行過反反覆覆的鬥爭，它們涉及到思想、言論、人身、行動和財產等各個方面，正是這些鬥爭進一步培養了美國人酷愛自由的精神。

美國人的自由觀有一個明顯的特點，那就是在美國人眼中，所謂的自由最根本的就是不受政府的獨斷的干涉和侵害的自由，也就是說，主要是一種政治性的自由，所以在幾乎所有宣揚的自由的文獻當中，對於自由的論證都是與政治和政府聯繫在一起的。這種自由觀與英國人特有的政治理念中對於政府和政治的理解是相互聯繫的。作爲自然法理論和社會契約論的信徒，美國人總是把政府看作是自由的人不得已對自己套上的一層枷鎖，而政府本身就是對自由可能的最大的威脅。潘恩非常明確地表述了這麼一種認識，他表示：「在每個國家裡社會是一種幸福，但是政府即使是處於最佳狀態也不過是一種必要的不幸。……政府，就像衣服一樣，是失去天眞無邪的標誌；國王的宮殿建築在樂園的廢墟之上。」❼既然政府的特性如此，那麼就不僅具有一個如何免遭政府侵害公民自由的問題，而且自由本身也就是對抗專制最爲有力的武器。安德魯·漢密爾頓對此進行了非常清楚的論述，他指出：「權力可以被正確地比作是一條大河，當河水保持在河界之內時，既美麗又有用；但是，當河水溢出河岸，那就變成奔騰的激流，無法遏制，它會摧毀一切，無論流到哪裡，都會造成破壞和荒涼。那麼，如果權力的性質是如此，讓我們至少盡我們的職責，做個珍惜自由的聰明人，用我們最大的關心去支持自由。自由是反對濫用權力的唯一堡壘。」❽

出於對政治和宗教迫害的反對，美國人特別重視思想的自由。《獨立宣言》的起草者托馬斯·傑佛遜本人就是思想自由最積極的提倡者和鼓吹者之一。傑佛遜把思想的自由與對眞理的追求結合起來，認爲：「眞理是偉大的。如果聽其自然，它也會傳播開來的，……當眞理得以任意對抗錯誤時，錯誤就不會有危險性了。」❾也就是說，只要讓人們自由地思想和自由地追求眞理，那麼錯誤總是可以被自然而然地克服的。傑佛遜尤其反對政府限制和干涉個人的思想自由。他認爲，思想的自由是人的天性，是受到自然法保護的人的最基本的權利之一。與此同時，人們也有把自己的自由思想用語言加以表達的自由，包括對政府進行批評的自由。傑佛遜特別強調政府不應該禁止或者限制人們批評政府的自由，因爲人都是理性的動物，也是能夠明辨是非的。讓他們自由地表達自己的觀點，自由地在不同的觀點之間進行辯論，眞理才能最終顯露出來，而眞理的發展歸根到底對社會是有利的，因而對政府也是有利的。曾經出任過美國總統的約翰·亞當斯更是充滿激情地呼籲：「我們大膽地去讀、去想、去說、去寫。喚起各階層人民的注意，激發他們下定決心，讓他們都去注意教會和世俗的統治基礎和原則。」

作爲對言論自由的一種引申，出版自由也是基本的公民權利。在傑佛遜看來，出版自由基本上比言論自由還要重要，因爲言論自由涉及的範圍相對說來還是比較小的，而出版自由則可能會影響到世界的每一個角落。他認爲，從政治上來說，出版自由對於一個政府來說是有益而無害的，因爲透過人們的自由評論，政府既可以發現自己的優勢和長處，也可以發現自己的缺陷和錯誤，而一個廉潔公正的政府，也絕不會因爲各種來自出版物的攻擊而倒台。況且，因爲出版自由而帶來的各種觀點的爭辯還可以提高公民辨別是非的能力，這對於一個國家的長治久安也同樣是一個非常重要的因素。亞歷山大・漢彌爾頓則從另外的一個角度闡明了出版自由對於自由本身的重要意義，他寫道：「什麼是出版自由？誰能給它下個定義而不留下最大的迴旋餘地？我認爲這是行不通的。我由此推斷，不管可能在任何憲法中寫上多麼漂亮的聲明，尊重這種自由，但這種自由能否得到保障，必須完全取決於輿論、取決於人民和政府的共同精神。」

作爲思想自由的一個重要方面，宗教信仰的自由也受到了美國人特別的重視。托馬斯・傑佛遜本人就是維吉尼亞宗教自由法令的起草者。他認定，「誰都知道，人們的見解和信仰不取決於他們的意志，而是無意識地順應別人向他們提供的證據；萬能的上帝已經把人的思想創造成自由的，而且透過把思想造成完全不受約束的東西表明他的最高旨意，即思想必須保持自由；任何企圖以人世間的刑罰或壓迫，或以行政法規來影響思想的作法，其結果只能是造成虛僞和卑鄙的習性，背離我們宗教的神聖創始者的旨意。」⑩而且，從現實的角度來說，「如果當初羅馬政府不允許自由探討，基督教就根本不會傳入。如果在教會改革時代，人們不熱中於自由探討，基督教的腐敗現象也就不會肅清。如果它現在受到抑制，現在的腐化現象也就會得到保護，新的腐化現象就會得到鼓勵。」⑪因此，宗教自由也如同思想、言論和出版的自由一樣，是社會自身健康發展的一個重要保障。

除了思想的自由之外，美國人同樣重視人身、財產等等方面的自由。殖民地時期，英國當局在北美地區爲查禁走私活動而對當地居民進行的搜查是引起人們對英國普遍不滿的一個主要原因。英國早期的自由主義者詹姆斯・奧蒂斯 (James Otis) 1761年2月在法庭上爲反對英國就進行這種搜查而頒布的「搜查令狀」所進行的著名辯護中指出：「英國自由的最重要的一部分便是一個人的房屋的自由。一個人的房屋就是他的城堡，只要他安分守紀，他在自己的城堡裡就應當受到王子一樣的保護。」⓬實際上，在當時的英國，並沒有什麼法律依據可以證明英國政府的作法是不合法的，而奧蒂斯最根本的理由就是這種「搜查令狀」違反了人身自由的原則。約翰·亞當斯也參加了這場辯護，他後來回憶說，奧蒂斯的辯護如同「一團火焰！……美國獨立就是在那個地方，那個時候誕生的；愛國者和英雄的種子就是在那個地方，那個時候播下的。反對大不列顛蠻橫無理的要求的第一個行動就是在那個地方，那個時候發生的。」由此可見自由觀念在美國政治生活中所處的中心地位。

美國人的確非常重視政治生活中的自由，但卻不能由此認爲美國政治中的自由就是完美無缺的。當美國人向英國政府索取他們認爲不可或缺的政治自由的同時，他們卻又在剝奪別人的自由（對印地安人的征服和屠殺）以及奴役著別人——大量的黑人奴隸。這只能說明，正如上文所說，當時的美國白人根本就沒有把印地安人和黑人當作人來看待。一位黑人奴隸向麻薩諸塞州皇家總督的申訴中寫道：「您的申訴者明白，如果我們的同胞沒有剝奪我們的自由的話，我們也和其他人一樣都有獲得這些自由的天賦權利，因爲我們是生而自由的而且從未簽訂任何契約或協議放棄上帝的這項恩賜。但是，我們是被殘酷的強權之手把我們從我們最親愛的朋友身邊拖走的，是從一個人口衆多、美麗富饒的國土上被拉走的，我們被帶到這裡，被迫在一個基督教國土裡終身爲奴。」「我們中有許多人是虔誠的基督徒。主人和奴隸怎麼能說是履行了那條友愛相處、有難同當、讓兄弟般的友情繼續加深的訓誡呢？當主人給我套上沉重的奴隸鎖鏈並壓迫我的意志時，怎麼可說他是在分擔我的苦難呢？」「這個國家的法律並不認爲奴隸制是正當的而且譴責奴隸制，可是我們卻不能從這些法律中得到同等的利益。如果眞的有過什麼法律使我們成爲奴隸，那麼我們謹以爲過去從來就沒有過什麼法律規定我們的孩子在一個自由的國家裡一出生就成爲終生奴隸。」這段申訴對於美國人的自由觀念的確是一種辛辣的諷刺。正如後來的美國政論家大衛・梭羅 (Henry David Thoreau) 所說：「如果在一個被認爲是自由的庇護所的國家裡，人口的六分之一是奴隸，那麼，我認爲，誠實的人都應立刻奮起反抗，革命。」

不過，也應該承認，美國人的這種自由觀，雖然不能被完全等同於政治現實，但它對於那些眞正信奉和嚮往自由的人，包括白人和黑人來說，的確還是提供了一種強大的武器。正是這種觀念推動著一代又一代的美國人爲追求眞正的自由而付出不懈的努力，並且使越來越多的人能夠享有眞正的自由。正是在這個意義上，美國已故黑人民權運動領袖馬丁・路德・金 (Martin Luther King, Jr.) 說：「當我們共和國的創建者們寫下憲法和獨立宣言時，他們也就簽署了一份期票，每個美國人都有它的繼承權。這期票是一種許諾，保證給予每一個人不可轉讓的生活、自由和追求幸福的權利。」⓭

另外還需要指出的一點是，美國人對於自由的推崇以及對公共權力機關的防範心理對於美國的社會政治生活也帶來了一些負面的影響，一個典型的例證就是槍枝管制的問題。美國憲法第二條修正案規定：「人民持有和攜帶武器的權利不得侵犯。」這一條款是殖民地時期北美移民自由傳統的反映，也是人們反抗暴政和進行自衛的一個最根本的保證，如同他們在與英國政府的鬥爭中所已經證明的那樣。但是，個人有權持有武器後來被越來越多的人認爲是對公衆安全的一種威脅。因此，在美國歷史上，不少人做出過很多努力試圖廢除憲法第二條修正案，而擁護這條修正案的人也因此組成了「全美來福槍協會」(National Rifle Association of America) 與之抗衡。雖然不久前美國通過了一個槍枝管制法案，要求購買武器者必須等待五天，並且接受對其身份背景等有關信息的調查，但時至今日，個人手中所擁有的武器仍然是對美國人的安全最大的威脅。在某種意義上說，這也可以算是自由的代價吧。

四、美國政治中的民主觀念

雖然林肯在美國內戰時期一次演說中用「民有、民治、民享」這三者來概括美國政府的民主性質，而美國民主制度最著名的研究者托克維爾 (Alex de Tocqueville) 也聲稱：「在美國，立法者和執法者均由人民指定，並由人民本身組成懲治違法者的陪審團。各項制度，不僅在其原則上，而且在其作用發揮上，都是民主的。」⓮但事實上，民主政治在美國的發展，卻經歷了一個曲折漫長的過程。可以說，與歐洲各國一樣，美國也是先有政治自由，然後才逐步建立了政治民主。

應該說，民主意識在美國的政治理念當中是占據了非常重要的地位的，這一點由於早期殖民地的各種自治政治組織的實踐而得到了進一步的強化。在著名的《五月花號公約》中，移民們就明確規定，他們將要建立的，乃是一個「自願結成」的「民衆自治團體」。後來，在各殖民地，移民們基本上都透過民選產生議會，並且透過議會對當地財政的控制而控制了各殖民地當局。後來的北美獨立實際上也是人們爲爭取民主和自由而進行鬥爭的結果。但是，在合衆國成立之初，自由而不是民主才是人們最爲關注的問題，而民主作爲一種系統的政治觀和政治制度則是後來美國政治進一步發展的產物。

當然不能說獨立之後所建立的邦聯政府具有多大的民主性，但是它的確使各州以及各州的人民享有很大的政治自由，也可以把這種自由視爲一種「消極」的民主，而正是這種自由，或者說「消極」的民主帶來了美國政治經濟生活的混亂以及有產者階層的不安，由此決定了依據1787年憲法所建立的聯邦政府的一個基本出發點不是如何擴大人們已經享有的民主，而是如何保證國家的秩序和安全。著名的聯邦黨人漢密爾頓在費城制憲會議上就曾明確表示他反對建立民主制的政府，他認爲：

「一切社區都分爲少數人和多數人。前者是富有的、出身高貴的，後者則是人民群衆。人民的聲音被說成是上帝的聲音；但是，不論這條格言被引用和接受得多麼普遍，事實上它是不正確的。人民是好騷動的、變化多端的；他們很少有判斷或者決定得正確的時候。因此，就讓前一類人在政府中分享獨特的、永久的席位。他們將控制後者的不穩定性；由於他們不會從變革中得到任何好處，因此他們將永遠保持修明的治理。能想像一個每年在人民群衆中輪換的民主議會會穩步地追求公益嗎？只有一個長久性的機構能夠制止民衆的輕率。他們的好騷動的氣質需要控制。」⓯

當然，憲法最後是折衷的結果，是像漢密爾頓那樣的聯邦主義者和像托馬斯・傑佛遜那樣的所謂「民主主義者」之間相互妥協的產物。從現在的觀點來看，最初的美國政府實在說不上具有多少民主的性質。1787年憲法本身並沒有對公民的選舉權問題作出規定，實際上是迴避了這個在憲法制定者們之間引起激烈爭論的問題，選舉權的界定因而就被留給各州自己解決。從實際情況來看，幾乎每一個州都對選舉權作出了對普遍民衆不利的限制，比如說，選民必須具有一定數量的財產，大約半數的州還要求選民必須具備一定的文化程度，至於對在本州的居住年限的規定（最長的是必須在一個州內居住兩年）則使那些經常流動的勞動者事實上被剝奪了選舉權，而婦女、黑人和印地安人更是基本上被排除在選民之外。另外，在代議制政府之下作爲公民的民主權利最重要的體現形式之一的對於公職人員的選舉權本身在美國也受到了不同形式的限制。比如說，聯邦參議院的議員原來是透過各州議會選舉產生的，這樣各州對本州選舉權的限制自然也就影響到了聯邦的範圍之內；至於美國總統則是首先由各州議會推選出總統選舉人，然後再由他們選舉出總統。之所以這麼做的原因，用漢密爾頓的話來說，就是爲了「盡可能不給騷動和混亂提供機會」，避免「以任何非常的或暴烈的行爲使社會劇烈震動。」雖然這一切到後來多多少少都得到了一些改進，但對於公衆民主權利的各種限制則至今仍然在不同程度上存在。實際上，這些限制並不是憲法制定者們的疏忽，他們正是採用各種各樣的限制以避免在美國出現所謂希臘式的民主。在憲法的一些制定者看來，各種間接民主的措施反而更能夠使政府反映國家和人民的眞實利益，即「由人民代表發出的公衆呼聲，要比人民自己集會，和親自提出意見更能符合公共利益。」⑯而且「一種純粹的民主政體

——這裡我指的是由少數公民親自組織和管理政府的社會——不能制止派別鬥爭的危害。」⑰因此，美國的立國者把所謂的民主政體和共和政體進行了區分，並且明確地把新建立的聯邦政府納入共和政體的範疇。

費城制憲會議上兩種立場的爭論在美國一直持續到今天，而美國的民主也就在這種爭論中一步一步地得到發展。1800年，作爲民主派代表人的傑佛遜的共和黨贏得了總統選舉的勝利，這一勝利本身就是美國人對於前一任總統亞當斯（John Adams）任內種種忽視民主的做法不滿的結果。傑佛遜的當選同時也標誌著聯邦黨人的瓦解。這表明，在美國，民主的觀念畢竟還是根深柢固的，從根本上來說，政府只能在原有的基礎上擴大民主，而不能對人民已經享有的民主權利加以限制和剝奪。

傑佛遜就任總統標誌著美國進入了一個新的時期，歷史上把他的統治稱爲「傑佛遜式的民主」，它奠定了後來美國民主思想發展的重要基礎。傑佛遜沒有人們可以從大多數聯邦主義者身上看出的對民衆的恐懼和防範的心理，他更相信人的理性而不是人的本能。傑佛遜曾在1816年寫道：「我不是害怕人民的那種人。人民，而不是富人，是我們繼續享有自由的依靠。」他表示相信：「美德、同情、寬宏大量是人類素質的固有因素。」這樣一種觀念是「傑佛遜式民主」的出發點。正是因爲他更強調民衆正直、善良和可教化的一面，而不是人類自私、貪婪和邪惡的一面，所以他所關心的，並不是如何防止民衆的騷亂，而是如何防止政府的專斷。他認爲：「把政府單獨委託給人民的統治者時，每個政府都會蛻化。因此，人民本身是政府唯一可靠的受託人。」⑱

「傑佛遜式的民主」最大的貢獻就是它首先擴大了美國人的

公民權，並且沉重地打擊了聯邦主義者或明或暗地宣揚的一種貴族政治的觀念。傑佛遜的前任亞當斯事實上就是一個貴族政治的提倡者，傑佛遜本人則表示，人與人之間的確存在著差別，但這種差別並非來自血緣，而是自然選擇的結果，因而眞正的貴族應該是「自然的貴族」，而對一個人是否是「自然的貴族」最好的鑑別者就是民衆本身。傑佛遜寫道：應該「聽任公民去進行自由選舉和區別眞假貴族、區別小麥和谷殼。一般說來，他們是會選舉眞正的優秀者和賢明者的。在有些情況下，財富可能會腐蝕他們，出身會迷住他們的眼睛，但是還不至於到危害社會的地步。」⓳因此，傑佛遜積極鼓勵擴大選舉權的範圍，要求所有納稅人或在民兵中服役的人都享有選舉權。由於傑佛遜和與他具有類似思想的政治家的努力，美國的公民權經歷了它的第一次擴大的過程，1809年和1810年，在馬里蘭州和南卡羅萊納州，選舉權被擴展到了全部成年白人男性公民。

美國民主觀念的第二次大的發展是在安德魯・杰克遜（Andrew Jackson）擔任總統的時期。杰克遜於1829年起就任美國的第七任總統，這個時間與歐洲民主運動的興起是完全吻合的，它同時也標誌著民主主義的運動在美國的開端。事實上，杰克遜本人能夠當選總統，這本身就是美國政治中民主力量得到勝利的一種象徵，因爲與他以前的歷任總統不一樣，他並非出身名門，也沒有受過任何正規的教育，是一位道地的「平民」出身的總統。用同樣擔任過美國總統的約翰・昆西・亞當斯（John Quincy Adams）的話來說，杰克遜是一個「不能寫出一句合乎語法的句子、幾乎不能拼寫自己名字的人」⓴，在他宣誓就職的那一天，華盛頓擠滿了爲他的勝利、也是所謂的人民的勝利表示祝賀的人。

一位編輯在他的報紙上寫道：「這是人民感到驕傲的日子，杰克遜將軍是他們自己的總統。」

可能杰克遜的勝利在很大的程度上是一種宣傳和鼓動的勝利，因爲杰克遜總把他的反對者稱爲貴族或者權貴等級，而把他自己作爲民衆的權利和利益的支持者與保護者，當他1828年把自己的黨稱爲民主黨的時候，這一點就更爲清楚了。在美國歷史上，杰克遜與「政黨分贓制」是被密切地聯繫起來的，因爲在他的任內，他任命了大批自己的追隨者擔任聯邦公職，但他在這麼做的時候提出的理由卻是他是在用普通人代替那些舊的權貴。另外，他在1832年否決了授予美國銀行雙重豁免權的提案時，他的理由則是這是對於那些壟斷的、寄生的權貴以及外國勢力的一種嚴厲打擊，是誠實、正直的勞動者的一次勝利。

歷史學家們現在一般認爲，所謂的「杰克遜式的民主」是一個被誤用了的概念，因爲十九世紀的前四十年美國民主政治的發展與杰克遜本人實在沒有太大的關係，它本質上是代表美國西部邊疆的民主觀念的力量登上了美國政治舞台的結果，而且從杰克遜本人的行爲來看，實在不能說他具有多少眞正的民主意識。換句話說，不是杰克遜促成了這一時期的民主，而是當時民主思想的普及造就了杰克遜的勝利。在杰克遜任內，成年男性的普選權在很多州得到了實現，而婦女們也開始了爭取選舉權和其他權利的運動，一些州的工人還爭取到了每天十小時的工作制。另外，持續至今的美國兩黨政治，以及由黨的全國代表大會推舉總統候選人等制度，也是在這個時期基本定型的。

繼「杰克遜式的民主」之後再一次把美國的民主推進了一大步的事件就是南北戰爭。從某種意義上說，南北戰爭首先是一場北部各州為捍衛聯邦而對南方所發動的戰爭，但是，在這場戰爭中，奴隸制問題卻順理成章地成為北方手中一個強有力的武器。實際上，早在制定憲法的時候，奴隸制就是一個在制憲者當中引起激烈爭論的問題，為了使憲法能夠被各州，主要是南方各蓄奴州所接受，奴隸制最終還是被憲法所認可。但是，從那以後，這種不公正的制度就一直是崇尚民主和自由的人士猛烈抨擊的目標，像大衛·梭羅那樣的激進分子甚至宣稱：「一個人應當怎樣對待當今的美國政府呢？我的回答是，與其交往有辱人格。我絕對不能承認作為奴隸制政府的一個政治機構是我的政府。」㉑因此，當林肯終於在1863年1月1日宣布廢除奴隸制，宣布美國所有地方的奴隸「從現在開始，而且從今以後直到永遠都獲得自由」的時候，這的確是民主在美國取得的又一項重大勝利。

南北戰爭的勝利經由美國憲法第十五和第十六條修正案得到保障。第十五條修正案第一款規定：「在合衆國出生或歸化於合衆國並受合衆國管轄的人，均為合衆國和他所居住的州的公民。無論何州都不得制定或實施任何剝奪合衆國公民的特權或豁免權的法律；無論何州未經正當法律程序不得剝奪任何人的生命、自由或財產；亦不得拒絕給予在其管轄下的任何人以同等的法律保護。」（1868年）第十六條修正案第一款則進一步規定：「合衆國或任何一州不得因種族、膚色或以前的奴隸身份而否認或剝奪合衆國公民的選舉權。」（1870年）至此，美國成年男性公民才算是基本上獲得了平等的選舉權，當然，對於選舉權實際上還存在著其他種種限制，諸如性別、財產和年齡的限制等等，對於這些限制的取消，則是二十世紀的事情了。

應該說，美國的民主伴隨著歷史的發展的確在不斷地擴大，但還不能說這種民主已經完善。時至今日，在美國國內仍然存在衆多對美國政治不民主的批評者。精英主義者斷言美國政府不過是被一小部分「權力精英」操縱在其手中的工具，而民主派則抨擊金錢在美國政治生活中所發揮的支配作用以及政治生活中實際存在的對黑人和其他有色人種的不平等與歧視。但無論如何，這些批評的存在本身也可以被視爲美國政治民主性質的一種體現。另外，人們對傳統的代議制民主的方式也越來越多地感到不滿，因而採取了種種措施來擴大直接民主的範圍，比如說，很多州經常採用全民公決的方式來解決一些政治問題，地方政府則利用現代傳媒的便利，用電視或者廣播向公衆直接轉播地方議會的討論，甚至有的州還舉行了新的制憲會議等等。我們可以認爲，在美國，雖然民主的實踐未必盡善盡美，但它在發展，這是確然無疑的。

—註釋—

❶《傑佛遜文選》，商務印書館1965年版，第69頁。

❷康芒斯：《制度經濟學》，商務印書館1990年版，第570頁。

❸潘恩：《潘恩選集》，商務印書館1981年版，第145頁。

❹《傑佛遜文選》第51頁。

❺見《華盛頓傳》，新華出版社1984年版，第677—678頁。

❻見C. F. 亞當斯編：《約翰·亞當斯文集》（波士頓，1850—1856年），第10卷，第52頁。

❼《托馬斯·潘恩文集》M. D. 康書編，第1卷，第69頁。

❽安德魯·漢密爾頓：「為出版自由辯護」，見戴安娜·拉維奇編：《美國讀本：感動過一個國家的文字》，三聯書店1995年版，第19頁。

❾《傑佛遜文選》，第11頁。

❿傑佛遜：「維吉尼亞宗教自由法令」，見《美國讀本：感動過一個國家的文字》，第54頁。

⓫同上，第75頁。

⓬同上，第24頁。

⑬《美國讀本》，第770頁。

⑭托克維爾：《論美國的民主》，商務印書館1988年版，第194頁。

⑮見Nelson Manfred Blake, *A History of American Life and Thought,* 2nd edition, McGraw-Hill Book Company, 1972,p.204.

⑯Hamilton, Madison and Jay, *The Federalist Papers,* The New American Liberary of World Literature, 1961.No,10.

⑰Ibid.

⑱P. L. 福特編：《托馬斯·傑佛遜文集》（紐約，1892—1899年）。第3卷，第254頁。

⑲P. L. 福特編：《托馬斯·傑佛遜文集》（紐約，1892—1899年）。第9卷，第426頁。

⑳見（美）納爾遜·曼弗雷德·布萊克：《美國社會生活與思想史》，上冊，第341頁。

㉑大衛·梭羅：「論公民的不服從」，《美國讀本》，第161頁。

第3章

美國憲法的原則與特點

一、美國憲法的特點及其基本內容

美國憲法是美國政治生活中的《聖經》，用曾經擔任過美國總統的法學家伍德羅·威爾遜（Woodrow Wilson）的話來說，就是在美國存在著一種對憲法的「崇拜」。❶在兩百多年的歷史過程中，憲法在美國一直作爲最高的政治及法律權威而受到人們普遍的擁護和尊崇，它是合衆國在政治上的象徵，也是這個多元文化的國家政治凝聚力的核心，是統一的美國民族在觀念上的反映。甚至在南北戰爭時期南方的分離主義者所建立的政府也要做出忠於憲法的各項原則並且抗議對它的踐踏的樣子。憲法在美國政治生活中所發揮的重要作用是其他任何的政治機構和政治家所根本無法比擬的，我們完全可以把美國憲法稱爲美國政治生活的靈魂。

美國憲法是世界上的第一部成文憲法。雖然也有政治學家和法學家把1621年的《五月花號公約》稱爲1788年通過的《美利堅合衆國憲法》的藍本，也有人把1639年赴殖民地的英國移民在康涅狄洛經全體大會表決通過並且宣稱國家的最高主權屬於全體人民的《康涅狄格基本法》(Fundamental Order of Connecticut) 稱爲北美的第一部完備的憲法，但由於當時北美尙未獨立，該《根本法》還必須呈請英王查理二世 (Charles II) 的批准，只具有一種由國王頒布的「特許狀」的地位，所以從嚴格意義上來說還是不能稱爲一國的憲法。當然，這些法律文件，包括後來的美國《獨立宣言》，以及1781年的《邦聯條例》都爲1787年憲法奠定了政治和法律的基礎。

與世界其他各國的憲法相比，美國憲法是一份相當簡潔的法律文件，它大致由六個部分組成。序言說明了制定憲法的根本目的，是「爲了建立一個更完善的聯邦，樹立正義，確保內部安寧，提供共同防禦，增進公共福利，並保證我們自身和子孫後代永享自由幸福」。憲法的第二部分是憲法的主體，包括憲法正文的第一、第二和第三條，分別對美國的立法、行政和司法機關的構成、職權、其成員的產生辦法和任期等等有關問題進行了規定。憲法的第三部分爲正文第四、第五、第六和第七條，是對聯邦與州的關係的規定，確定了聯邦憲法作爲「全國最高法律」的地位，另外還規定了對憲法的批准和修正的一些基本的原則。除此之外，從1788年憲法得到通過至今，美國憲法還陸續增添了二十六條修正案，其中第十八條修正案，即禁止在美國領土範圍內生產、出售和運輸含酒精飲料的規定，在1933年被第二十一條憲法修正案所廢除，另外的二十五條修正案（包括第二十一條修正案）至今依然具有法律效力。當然，除了憲法的正式文本之外，美國最高法院的一些重要的判例和它所作出的司法解釋也具有類似憲法的地位和作用。

美國憲法作爲世界上的第一部成文憲法，是後來世界各國憲法的一個基本範例。但是，與十九世紀以後出現的一些國家的憲法相比，美國憲法又表現出一些不同的特點，而且，由於相對而言，美國憲法在歷史上很少受到修正，所以那些屬於早期憲法的特點在美國憲法身上也較多地保留了下來。具體來說，美國憲法具有以下幾個方面的特性。

首先，美國憲法具有很強的規約性。這裡所謂的規約性，指的是美國憲法對於美國的政治生活具有較強的規範和約束的能力。與後來的一些帶有明顯的政治宣傳和意識形態色彩的憲法不同，美國憲法是作爲美國政治結構的基本藍圖而不是作爲對某種政治現實的確認或者對某些政治理想的推崇而被制定出來的。在費城制憲會議召開之前的十年，托馬斯・潘恩就在他的《常識》一書中呼籲美國人召開「大陸會議」，制定他們自己的憲法。潘恩寫道：「在會議成員聚議的時候，他們的任務就是草擬一部大陸憲章或聯合殖民地的憲章（以應答英國所謂的《大憲章》）、確定選舉國會議員和州議會衆議院議員的人數和方式，……並且劃定它們之間的職責與管轄範圍的界限（要經常牢記，我們的力量源於整個大陸，而不是個別的州），以確保所有的人的自由和財產，……以及一個憲章必須規定的其他內容。……可是有人會說，北美的國王在哪兒呢？那麼我們最好甚至在世俗的德行方面都不要暴露出缺點來，讓我們莊嚴地確定公布憲章的日子；讓產生的憲章以神法，即聖經爲依據；讓我們爲憲章加冕，由此世人就會知道，如果我們贊成君主政體的話，那麼在北美，法律就是國王。」❷

當1787年各州代表在費城集會討論起草一部新的聯邦憲法的

時候，潘恩的這段話同樣也表明了他們的共同意圖。這就是說，對他們而言，起草一部新的憲法，目的是爲建立一個新的政府制定基本的法律框架，這也是所謂的「憲政」的眞正意義所在。正如美國學者博林布魯克（Bolinggbroke）所說，「關於憲法，恰當而確切地講，我們意指的是那些源出某些固定的理性原則和爲了達到某些確定的公益目標而制定的法律條文、制度和慣例的總和；而正是這些構成了整個的體制。據此，有關共同體同意受其統治……。當……公共事務得到明智治理並且完全與該憲法的原則和目的相吻合時，我們就稱之爲好政府。」❸這也正是潘恩所謂的「法律就是國王」的含義之所在。

美國憲法實際上是自然法理論在政治實踐中的第一次成功的運用。它反映的正是這樣的一種思想，即憲法乃是某種客觀存在的政治規則的體現，而政府則完全應該而且必須受到這些規則的約束。正因此，美國憲法雖然一方面是對建立一個強有力的聯邦政府的授權，但同時又對政府的權力和能力進行了嚴格的限制，其根本目的則與建立政府相一致，即保護那些被認爲在政府產生之前人們就自然具有的天賦的權利。美國憲法對政府權力的限制體現在四個方面。第一，政府各機構的權力是被明確列舉出來的，而「本憲法未授予合衆國也未禁止各州行使的權力，則分別由各州或由人民保留」（憲法修正案第十條），由此保證了未經明確授權，政府不能隨意擴大自己的權力。第二，憲法對政府的行爲確定了某些絕對不能逾越的界限，即「國會不得制定關於下列事項的法律：確立國教或禁止宗教活動自由；剝奪言論或出版自由；剝奪人民和平集會和向政府訴冤請願的權利」（憲法修正案第一條）。第三，憲法對公民的權利進行了明確的規定，這集中地反映在憲法的前十條修正案即所謂的「權利法案」當中。第四，憲法還通過分權與制衡的原則和司法審查的原則使政府各部門之間能夠彼此監督和彼此牽制，對政府的權力進行一種動態的限制。總而言之，政府的權力是「少而有限的」，而且是被明確限定的，其根本的目的還是爲了限制政府的權力和保障人民的權利。

美國歷史提供了許多足以證明憲法在美國的政治生活中作爲根本原則和最高權威的實例，非常具有典型意義的就是尼克森（Richard Nixon）總統的「水門事件」。在這次事件中，身爲總統的尼克森最終不得不向法律屈服，以辭職的方式離開了權力的寶座。也正是因此，福特總統在繼尼克森就任總統的時候，作爲對尼克森事件的總結，曾經誠懇地表示：「我們的憲法在運作。……我們偉大的共和國是一個法治的而非人治的政府。」

其次，美國憲法作爲早期成文憲法的典範，更多體現的是對公民的所謂「消極權利」（the passive rights）的保護。在這裡，消極權利是相對於「積極權利」（the positive rights）而言的，指的是基本的公民權利，如生命、財產和自由的權利等等；而積極的權利則指那些由政府所提供或者加以保障的除基本的公民權之外的其他權利，如勞動的權利、受教育的權利、社會服務和社會保障的權利等等。積極權利是十九世紀中葉之後歐洲社會運動發展的結果，它的出現標誌著自由主義思想對於保守主義思想的勝利，也標誌著西方政治觀念中對於政府職能問題上的認識的一種轉變。在政治實踐中，伴隨著這種轉變，原來人們所崇尚的「小政府」，或者說「守夜人的政府」開始逐步讓位於一種社會服務型的政府，用英國學者格里夫思（H. R. C. Greaves）的話來說，就是「管制國家不得不讓位於社會服務（社會救濟）的國家」。與此相聯繫，十九世紀中葉以後出現的憲法與早期憲法相比出現了一些新的特徵，即政府的職能和權力範圍都被多多少少地擴展了，而憲法所保障的公民的權利的內涵也比原來增加了。

這種新的憲法的代表是1919年的《威瑪憲法》，該憲法規定，所有權要承擔公共福利的義務；保障勞動權；對失業者要給予物質救濟等等。另外，1946年的法蘭西第四共和國憲法也對於公民的基本權利進行了很大的擴展，除了對公民的基本政治權利作出規定之外，這部憲法還包含了下面這樣一些內容：男女權利平等；公民具有勞動、工會活動、罷工、集體談判，甚至企業管理的權利；關於私有財產可以公有化的規定；保障有關發展個人和家庭的條件；公民的社會保障權利；以及公民的教育機會均等；諸如此類等等。與這種新型的憲法相比，美國憲法顯然保留了明顯的時代特徵，也就是說，它所勾畫出來的，仍然是一個「有限政府」的形象。當然，這並不是說美國政治觀念對於公民權利的理解沒有經歷歐洲式的轉變，只是首先，這種轉變並不主要地透過憲法而是透過對憲法的解釋或者制定其他的法律文件實現的；其次，與歐洲國家相比，美國所提供的社會服務和社會保障的範圍也的確要不同程度地少一些。

最後，美國憲法是一部所謂的「剛性憲法」（rigid constitution）。這裡的「剛性憲法」是與所謂的「柔性憲法」（flexible constitution）相對而言的，指的是其條文不容易被修改的憲法。美國憲法規定，提出憲法修正案必須有國會兩院中三分之二多數的議員或者三分之二的州議會的同意，而在這兩種情況下提出的修正案都只有在得到全國四分之三的州議會或者四分之三的州制憲會議的批准才能作爲法律而發揮效力。這樣的規定自然對憲法的修改設置了很大的困難。自美國憲法在1788年得到批准以來，以各種方式提出的憲法修正案一共有五千件左右，而最終獲得通過的至今只有二十六件，這部憲法的「剛性」由此可見一斑。

美國憲法之所以對它自身的修改設置了如此的障礙，其主要目的自然是爲了保證憲法的穩定性以及由此保證根據該憲法所建立的政治制度的穩定性，同時也保護了少數人的特殊的權利，美國人在槍枝管制問題上遇到的困難就足以說明這一點。憲法的這樣一種特點其社會政治效果自然具有兩面性，一方面可以避免劇烈的社會和政治動盪，但另一方面也可能會妨礙社會的進步，美國直至1964年才通過取消對於選舉權的財產資格方面的限制就是一個明證。不過，美國憲法的穩定性如果從另一方面來看又體現了它巨大的靈活性。正是這種內在的靈活性，使得這部憲法經歷了各種複雜的社會、政治和經濟變化，至今仍具有強大的生命力。因此也可以說，美國憲法的所謂「剛性」，又是由它的所具有的靈活性所保證的。也正因此，美國總統富蘭克林・羅斯福宣稱：「美國憲法已被證明爲人類所有的書面統治規則中在其靈活性方面最出色的一個。」❹

應該說，美國憲法根本的特色和最大的秘密是它的穩定性。在憲法制定之初，班杰明・富蘭克林曾經表示：「我們的新憲法現在是被制定出來了，而且還具有一副永世長存的樣子。但是，在這個世界上，除了死亡和稅收之外，沒有什麼東西可以說是確定無疑的。」❺但是，兩百多年的歷史已經證明，雖然還不能說美國憲法眞的能夠永世長存，但它的確具有比其他所有的成文憲法更長久的生命力。美國憲法是世界上最早的成文憲法，同時又是世界上歷史最悠久的成文憲法，這個事實本身就是一個最好的證明。

憲法的穩定性被普遍地認爲是美國政治的穩定性的根本保證。問題是，憲法本身的穩定性又由什麼來加以保證呢？對此，憲法學家和政治學家們給出了各不相同的回答。不少人認爲，憲法的生命力在於它本身就是一部天才性的法律文件。這樣一種解釋十分自然，但又似乎沒有太強的說服力。另一些學者也是從憲法的文本出發提出他們的解釋的，不過他們的理由要具體一些，比如認爲憲法的簡潔以及許多地方用詞的含混爲憲法提供了極大的伸縮餘地。許多長期使用的憲法用語像「議論自由」、「正當的法律程序」、「一切必要的和正當的法律」、「公民的特殊權利和豁免權」等等在美國歷史上的不同時期就存在著不同的解釋和不同的運用。憲法中的一些條款甚至是相互衝突的，而正是這些相互衝突的條款的存在使得不同的政治群體都能夠在憲法中找到他們所需要的對自己的利益的表達，從而把矛盾的焦點轉移到了憲法之外的實際政治力量對比中去解決。❻另外，有人認爲，憲法作爲美國較早的法律文件這一特點也有利於它的穩定性。美國法學家菲利克斯•法蘭克福特 (Felix Frankfurter) 就認爲：「憲法的詞句在很大程度上並沒有受到它們自身的意義的約束，也沒有受到它們的歷史或者傳統以及以前的判決的約束。這樣一種情況使得每一位法官如果的確不是被迫地，那麼也是自由地從生活而不是憲法條文來解釋它們的意義。」❼

第二種是制度性的解釋。這種解釋認爲，共和政體自身就爲各種政治矛盾在憲法框架內的和平解決提供了可能性，從而避免了破壞性的暴力衝突以及直接的社會對抗和由此而來的對於基本的政治法律制度的衝擊。用托馬斯・傑佛遜的話來說，就是立憲政體提供了一種處理事務的合理方法，而另一種政體則是專制、反抗、革新的不合理循環，然後又是專制，如此周而復始。另外一位政治學家也認為：「如果政黨制度允許理智發揮作用，而各種經濟需要的事實又獲得承認，那麼，憲政就提供一個精神力量的基礎，這個基礎是走直接行動（即直接的暴力衝突——引者）這條近路所沒有的。」❽

第三種解釋強調美國獨特的社會環境對於憲法的穩定性所發揮的決定性作用，曾經在美國所有的社會科學門類中盛行一時的「邊疆學派」的理論就是這個方面的突出代表。所謂的「邊疆學派」的創始人是美國歷史學家弗里德里克・傑克遜・特納（Frederick Jackson Turner）。特納認為，美國西部存在的廣闊的邊疆而不是歐洲的影響對於美國社會的塑造發揮了更為重要的作用，並且在美國式民主的發展中扮演了關鍵性的角色。邊疆為美國人的開拓與進取提供了無窮無盡的機會，並且造就了美國人的性格與才智。特納指出：「那種講求實際、勇於創新、很快地找到應急辦法；精通物質方面的情勢，雖然它不夠高雅，但對實現重大目標卻非常有用；那種永不滿足的性格，和無窮的精力；那種個人至上，不論好歹一心工作的勁頭；再加上與自由自在的生活聯繫在一起的歡快情緒——所有這些都是邊疆的性格，或由於邊疆的存在而在其他地方培養起來的性格。」❾特納的理論被其他的學者加以演繹和闡發，並由此形成了美國歷史、政治、經濟、文化等各個社會科學領域中的所謂「邊疆學派」，這些學派的一個共同特點就是用「邊疆」的存在及其作用來解釋美國長期以來的經濟發展和政治穩定。至於美國經濟學家康芒斯則主要強調了美國的經濟優勢對於美國政治穩定的決定作用，即「歐洲制度和美國制度的不同，是貧窮和豐裕的不同，是低生活水準和高生活水準的不同。」❿也就是說，恰恰是美國的豐裕與高生活水準爲美國的政治和法律制度的穩定提供了基本的前提。

以上的各種解釋雖然各執一端，但也是從不同的角度對同一個問題提供了說明，如果能夠把它們綜合起來考察，那就可能得到一種更爲全面的對事實的描述。應該說，上述因素不僅共同決定了美國憲法的穩定性，而且它們之間也存在著相互促進的關係，從而形成了美國社會政治生活中的一種良性循環。

二、分權與制衡的原則

分權與制衡的原則或者說機制主要是對政治權力的一種制度性的制約的原則。正如詹姆士・麥迪遜所指出的：「如果人都是天使，就不需要任何政府了。如果是天使統治人，就不需要對政府有任何外來的或內在的控制了。在組織一個人統治人的政府時，最大的困難在於必須首先使政府能管理被統治者，然後再使政府管理自身。毫無疑問，依靠人民是對政府的主要控制；但是經驗教導人們，必須有輔助性的預防措施。」⓫分權與制衡的原則就是一種依靠政府各部門之間不同利益取向的相互作用而使政府自己管理自己的重要手段。

分權的理論和實踐在西方有很長的歷史淵源。實際上，西方國家機關之間一直存在著職能上的分工。如古希臘時期的雅典城邦，立法權由五百人大會或者全體公民大會行使，而行政權則由執政官行使。在羅馬帝國，除了皇帝之外，還存在著一個在法律上代表全體羅馬公民行使最高立法權的羅馬元老院。在封建時代，西歐絕大多數的王國都有一個由古老貴族組成的類似於議會的機構，像1215年英國的《大憲章》就是國王與貴族們達成的一項協議，其核心內容是沒有貴族的同意國王不能徵稅。到專制主義時期，貴族議事會的權力進一步擴大，在英國發展成議會，在法國則演變成為三級會議。英國的1640年革命和法國的1789年大革命，都是以議會與國王的衝突作為起點的。縱觀歐洲的歷史，人們可以發現，即使在專制君主時代，國家權力也不曾完全集中在某一個人或者某一個機構的手中，這就為後世的分權理論提供了實踐的基礎。

洛克是1640-1689年英國革命在理論上的捍衛者，也可能正是這場議會與國王的曠日持久的鬥爭激發了洛克的靈感，同時為他提供了分權的實際例證。洛克作為一位自然法理論的信奉者，他首先就不認為存在任何絕對的權力，在他看來，「政府所有的一切權力既然只是為社會謀福利，因而不應該是專斷的和憑一時的高興，而是應該根據既定的和公布的法律來行使。」⓬另外，洛克感到，「如果同一批人同時擁有制定和執行法律的權力，這就會給人們的弱點以絕大誘惑，使他們動輒要攫取權力，藉以使他們自己免於服從他們所制定的法律，並且在制定和執行法律時，使法律適合於他們自己的私人利益」。⓭因此，洛克主張對政府的權力進行劃分，把它分解為立法權、行政權和對外權。立法權即「享有運用權利來指導如何運用國家力量保衛這個社會及其成員的權力」，行政權是「負責執行被制定和持續有效的法律」的權力，而對外權則是那種「決定戰爭與和平、聯合與聯盟以及和國外一切人士和社會進行一切事務的權力」。⓮洛克尤其強調立法權與行政權的區分，他認爲，不僅不能讓這兩種權力掌握在同一批人手裡，而且分掌這兩種權力的機構也應該具有不同的運行規則，即與行政權不同，立法權不必經常存在，法律制定出來之後，立法機關就可以解散，以便使立法者自己受到他們所制定的法律的約束。

可見，對洛克而言，之所以要對權力進行劃分，其根本的目的是爲了防止絕對的權力，也就是暴政的出現。孟德斯鳩對於洛克的理論進行了發揮與完善，他不僅更爲精確地把權力劃分爲立法、行政和司法這三種性質具有較爲明顯的區分的類型（行政權與司法權被劃分開來，是因爲司法權是一種消極的執行權），而且進一步明確地指出：「當立法權和行政權集中在同一個人或同一個機關之手，自由便不復存在了；因爲人們將要害怕這個國王或議會制定暴虐的法律，並暴虐地執行這些法律。如果司法權不和立法權和行政權分立，自由也就不存在了。如果司法權與立法權合二爲一，則將會對公民的生命和自由施加專斷的權力，因爲法官就是立法者。如果司法權和行政權合二爲一，法官便將握有壓迫者的力量。如果同一個人或是由重要人物、貴族或平民組成的同一個機關行使這三種權力，即制定法律權、執行公共決議權和裁判私人犯罪或爭訟權，則一切都完了。」⓯

上文提到，美國人都是洛克和孟德斯鳩的信徒，也就是說，他們對於這兩位理論家所提出的分權原則深信不疑。不僅如此，而且在殖民地時期北美移民在他們的自治組織中就已經有意識地採用了分權的原則，使分權在北美成爲一種政治實踐。美國人自己認爲：「立法、行政和司法全部權力集中在同一個人或同一個集團之手就是不折不扣的暴政。」⓰就此，美國政治史學家查爾斯・比爾德說：美國政治組織不是起源於任何平等自由的口號，而是根源於歷代英國移民從處理自身事務中所取得的經驗。在聯邦建立之前，北美殖民地早就有立法、行政和司法等機關，不過革命後收爲己有而已。⓱不過，美國人也不僅僅是簡單地接受和運用了分權的原則，而且對這一原則進行了獨特的理解和闡發，使之進一步發展爲「分權與制衡」的原則，並且使之在美國憲法中得到了明確的體現。

整體言之，「分權制衡」的原則包含了兩個方面爲簡單的分權制所不具備的重要內容，第一個方面可以大致稱爲「以權制權」的觀念，第二個方面則可以大致稱爲「權力混合」的觀念。

「以權制權」的觀念是美國憲法的起草者們基於對權力的性質和人性的特點的深入考察而得出的基本結論。無論是洛克，還是孟德斯鳩，當他們提出分權理論的時候，考慮的主要是透過對國家權力的分割以避免絕對和專制的權力的產生，從而達到維護公民的基本權利的目的。然而，美國憲法的起草者們還看到了問題的另一個方面，即權力一旦被分割開來，則它們自身之間就可能產生一種相互牽制和平衡的作用，而之所以產生這樣的作用，一個根本的驅動機制就是人的本性。

麥迪遜在論述黨爭的問題時就曾指出，要消除黨爭所引起的危害只有兩種方法，第一是消滅黨爭的根源，這就是實行高度集中的統治和取消公民的自由，麥迪遜認爲，這種方法自然是不足取；第二種方法則是控制黨爭所造成的影響，而控制黨爭的影響的根本途徑，就是「把黨派精神和黨爭帶入政府的必要的和日常的活動中去。」⓲也就是說，要有效地控制黨爭，不僅不需要透過政治方式限制不同利益的存在，而且應該鼓勵盡可能多的不同的利益同時並存，並且使它們相互競爭，這樣，每個人出於個人私利也會在追求自己的個人私利的同時努力阻止別人對於自己的利益的侵害。也就是說，「要嘛必須防止大多數人同時存在同樣的情感或利益，要嘛必須使具有同樣情感或利益的大多數人由於他們的人數和當地情況不能同心協力實現損害他們的陰謀」。⓳或者說「使各人的私人利益可以成爲公衆權利的保護者」。⓴麥迪遜結合美國憲法把政府權力分爲立法、行政和司法三個部分的措施明確表示：「防止把某些權力逐漸集中於同一部門的最可靠的辦法，就是給予各部門的主管人抵制其他部門侵犯的必要法定手段和個人的主動……野心必須用野心來對抗。人的利益必須與當地的法定權利相聯繫。用這種方法來控制政府的弊病，可能是對人性的一種恥辱。但是政府本身若不是對人性的最大恥辱，又是什麼呢？」㉑

對於憲法中所體現的分權的原則，漢密爾頓寫道：「把權力均勻地分配到不同的部門；採用立法上的平衡和約束，設立法官組成的法院，法官在忠實履行職責的條件下才能任職，人民自己選舉代表參加議會——凡此種種，完全是嶄新的發現，或者是在現代趨向完善方面取得的主要進步。」㉒根據美國憲法，分權原則主要體現在以下這些方面：行政權屬於總統，總統由總統選舉人單獨選舉產生，他有明確的任期，不向議會負責，獨立地領導各部部長；立法權屬於議會，總統和部長們不是議會成員，不出席議會會議（發表咨文與聽證除外），也沒有提案權和使之通過的責任，國會兩院定期改選，不能被總統解散；司法權則屬於法院系統，最高法院法官由總統提名經議會同意後任命，他們獨立地行使司法審判權。

從制度上講，美國分權制衡的原則反映了立法、行政和司法三種權力在職能、人事與程序方面的區分。如行政機關（總統和政府各部部長）不能參與立法活動，也不能兼任議員，司法機關也不能像行政機關那樣主動採取行動，而必須遵循「告訴才受理」的原則，由此有效地實現了權力的分散，而且使三者之間在事實上相互牽制。但是，美國的分權制衡制度遠遠不只體現在對上面這三種權力的劃分上面。實際上，美國的整個政治體系都體現了分權與制衡的原則，比如說，立法機關本身又被分爲兩個部分，即參議院和衆議院，它們分別享有不同的權力而且其成員的產生辦法也各不相同；政府官員被分爲政務官和事務官這兩個不同性質的大類，另外，下面將要討論的聯邦制本身就是在聯邦政府與各州政府之間一種特殊形式的分權與制衡，而作爲美國政治主要特色之一的司法審查制度同樣也是分權與制衡的原則的一個重要體現形式。

分權與制衡原則的第二個方面即「混合權力」的原則是與分權原則相輔相成的，它的意思是說在美國的政府架構中，各種權力不僅被機械地劃分開來，而且又被有機地混合在一起，當然，無論是分是合，其根本目的都是爲了實現對權力的監督與控制。那麼，爲什麼既要分權，又要混合呢？實際上，在洛克的分權理論當中，人們可以看出一個明顯的矛盾，即一方面洛克主張把政府權力分爲立法、行政和對外權三個部分，另一方面他又主張立法權在這三權中享有最高的地位，他認爲：「在一切場合，只要政府存在，立法權就是最高的權力，因爲誰能對另一個人訂立法律就必須在他之上。……社會的任何成員或社會的任何部分所有的其它一切權力都是從它獲得的和隸屬於它的。」㉓如果情況眞是這樣，那麼就不可避免地產生了一個問題，即要是立法機關利用它手中的巨大權力制定了有利於它自己或者侵犯了其他機關的權力的法律又怎麼辦呢？

美國憲法的制定者們發現了這個矛盾。麥迪遜寫道：「立法部門由於其他情況而在我們政府中獲得優越的地位。其法定權力比較廣泛，同時又不易受到明確的限制，因此立法部門更容易用複雜而間接的措施掩蓋它對同等部門的侵犯。在立法機關中一個並非罕見的實在微妙的問題是：某一個措施的作用是否會擴展到立法範圍之外。」㉔因此，麥迪遜認爲：分權的「政治原則並不要求立法、行政和司法應該完全互不相關。……除非這些部門的聯合和混合使各部門對其他部門都有法定的監督，該原則所要求的、對一個自由政府來說是不可或缺的那種分立程度，在實踐上永遠得不到正式的維持。」㉕

也就是說，爲了使各種權力眞正做到相互制約，僅僅把它們劃分開來是不夠的，還必須使這些權力相互混合，從而使任何一個部門都不能排它性地壟斷某一方面的權力。從另一方面來說，如果各種權力是完全分開的，那麼也不能指望在它們之間形成建設性的制約與平衡，而只能造成它們之間不斷的衝突和對抗。從美國憲法的實際規定來看，立法、行政和司法三種權力旣是分立的，又是相互混合的。立法權中混合了部分的行政和司法權，比如說總統提名的許多行政和司法官員的任命必須得到參議院的同意，而對於總統的彈劾案也必須由衆議院提出和由參議院加以審理，這是立法機關所擁有的行政和司法權的體現。行政權中也混合了部分的立法和司法權，比如說總統可以對議會所通過的法案行使否決權，也可以透過行政命令的方式發布類似法律的命令，而他所獨有的任命法官的特權也自然使他能夠強有力地影響司法實踐。正如羅斯福新政的時期所表明的那樣。在「混合權力」的體制之下，司法權也不僅僅是一種消極的權力。美國的司法審查和司法解釋制度使司法機關在實際上享有了不可忽視的立法權力。美國憲法之所以長期保持穩定，一個重要的制度上的原因就是美國最高法院通過它的司法解釋權不斷地賦予憲法以新的內容，正是由於最高法院的司法解釋，聯邦政府才獲得了調節國民經濟的比較大的權力，美國的民權運動也才能不斷地取得進展，由於這個原因，人們把美國的最高法院稱爲「常設制憲會議」，也正因此，最高法院法官霍爾姆斯 (Oliver Wendell Holmes) 在五十年前才能不無自豪地說：「假如我們失去了宣布國會某一法案無效的權力，美國不會就此完蛋。但是我確實認爲，假如我們對一些州的法律不宣布其無效，聯邦就會遭殃。」

分權與制衡的原則的實質就是「以權力制約權力」，因而曾經有人擔心這種體制可能會在政府中製造摩擦，分散責任，進而產生政治上的低效乃至分裂。但是，從美國歷史的實際發展來看，這種擔憂並未成爲現實，政府各部門在各種重大問題上仍然能夠相互合作，基本上沒有出現過立法、行政和司法部門各執一端，相持不下而造成政府癱瘓的情況（這種情況在歐洲國家反而常常發生）。之所以如此，美國獨特的政黨制度發揮了不可低估的作用。雖然在美國，政府權力被明確地區分爲立法、行政和司法三個大的部門，但分散在這三個部門中的同一個政黨的成員還是要多多少少服從自己所屬的政黨的政策，也就是說，政黨的政策爲政府的三個部門之間的合作提供了基礎。當然，僅此是不夠的。

如果美國政黨林立，而且彼此激烈對抗，那麼即使各政黨具有統一的綱領，在全國範圍內形成統一的政策也是一件十分困難的事情，如同歐洲大陸一些國家的政治生活所體現的那樣。美國的獨特之處就在於其政治力量的特殊分布。美國並不是一個在政治上激烈對抗的社會，這表現爲民主黨和共和黨這兩個代表不同政治利益的大黨雖然相互競爭，但它們在基本利益和政策主張方面並不存在根本的矛盾和衝突，因而在很多問題上這兩個黨能夠相互合作而不是僵硬對抗。

另外，在立法、行政與司法三個政府部門之間，實際上的權力分配並不是完全均等的，行政權在它們當中處於一種核心的地位。比如說，總統與國會之間在立法權方面的能力就存在著明顯的不平衡，這表現在國會通過的法案可能被總統否決，而國會否決的法案卻可以以總統的行政命令的方式付諸實施，而且在更多的時候，則是由總統首先頒發行政命令，在成爲既成事實之後，再在國會中通過而成爲法律。羅斯福總統在「新政」和第二次世界大戰期間就頒布了大量的行政命令，因而被不少人指責爲破壞了分權與制衡的原則。在戰後年代，伴隨著美國政府職能的迅速擴張，以及美國在國際事務中所發揮的作用的增強，行政權的擴展越益明顯，以致有人認爲，美國在今天已經成爲一個行政主導型的國家。

雖然美國的分權與制衡的制度並沒有在政府各部門之間產生明顯的對抗，但也在某些方面爲處理一些綜合性的問題帶來了不便。爲了克服這種不便，美國政府結構當中還出現了一種特殊的機構，即所謂的「獨立管制機構」，如1887年建立的州際商業委員會、1914年成立的聯邦商業委員會以及1930年出現的聯邦電力委員會等等。這種機構在其自身的權力範圍之內兼有立法、行政和司法權。它們雖然必須對總統負責，但又不在總統的直接控制之下，總統、國會和最高法院對它們的管理權限之內的活動都不能加以干涉。「獨立管制機構」的出現與美國傳統的「分權與制衡」的原則自然是存在矛盾的，但這種機構自其產生之後地位便很快地得到了人們的認可，而且數目也不斷增多，目前已達到六十多個，這一事實本身就證明了社會對這類機構的需要。

三、聯邦制的原則

聯邦制與對這一制度進行了法律規定的美國憲法一樣，也是美國人在人類政治生活中的一個創造。聯邦制的核心是對聯邦政府和州政府各自特有的權力範圍進行了明確的劃分，使它們彼此之間不能相互侵犯。就此而言，根據1787年憲法所確立的美國聯邦政府的結構特徵與十六世紀以來歐洲各國中央集權制的發展是有所區別的，它實際上也是分權與制衡的原則在國家結構方面的具體體現，或者說，如果立法、行政與司法三權分立反映爲權力在水平方向的劃分的話，則聯邦制反映的就是權力在垂直結構上的劃分。另外，如果說立法、行政與司法的三權分立反映的是美國憲法制定者們的理性設計的話，那麼聯邦制的產生並不是任何人事件規劃的結果，它體現了制定憲法的時候美國兩種政治力量之間的一種妥協。因爲美國獨立之後一段時期內邦聯政府所暴露出來的巨大的缺陷已經使憲法的制定者們決心設計一種權力更爲集中的全國性政府的結構，但如果完全剝奪各州一直享有的獨立權力又顯然不可能爲後者所接受。這樣一種矛盾反映爲在憲法制定和批准過程中出現的以強調中央集權為一方和以強調各州的獨立自主權力為一方的聯邦主義和反聯邦主義的爭論，而最後產生的聯邦制反映的正是爭論雙方的一種妥協。

在政府的結構問題上美國憲法最終所採取的立場可以說是憲法對政府地位的界定原則的一種特殊形式的反映——美國人既需要建立一個具有眞正的行動能力的、強大的政府，但又必須保證這個政府的權力不能漫無邊際，而且必須能夠受到限制；在政府的結構方面，既必須保證中央政府的權力必須是確定而有效的，但各州所擁有的權力也必須受到保障而不能受到侵犯。這就是聯邦制原則的本質所在。從憲法上來說，聯邦制的原則體現在兩個方面。一方面，憲法第六條規定，「本憲法及依照本憲法制定的合衆國法律以及根據合衆國權力所締結的一切條約，均為全國的最高法律，即使與任何州的憲法或法律相抵觸，各州法官仍應遵守。」這一條規定了聯邦權力的最高性。另一方面，憲法第十條修正案又規定，「本憲法未授予合衆國也未禁止各州行使的權力，分別由各州或由人民保留。」這是對聯邦權力的重要的限制。第十條修正案所體現的原則在美國政治史上被稱為「二元聯邦」（the doctrine of dual federalism），即州和聯邦政府都是平等的主權實體，它們在各自權力範圍內開展活動。

美國憲法的起草者極言聯邦制國家相對於其他政體的優越性。漢密爾頓曾指出聯邦制四個方面的優點：第一、聯邦制的國家既能夠抵禦外侮，又能夠防止內亂，因為一方面各州能夠對某個試圖奪取更多權力的州形成一種有力的牽制，另一方面發生於某一個州的民衆暴亂也能夠借助於其他州的力量而加以鎮壓；第二、聯邦制對內有利於保留各州的主權，對外則具有君主國的一切優點；第三、聯邦制能夠集中全國的優秀分子，因而既能夠使他們發揮其才智爲全國的利益服務，又能夠避免各州決策不一而導致的混亂；最後，聯邦制促進全國經濟和貿易的發展等等。[26]不僅如此，他還進一步認爲，聯邦制本身是對公民的福利的最好保障。漢密爾頓寫道：「對於選舉公共福利的適當保護人來說，是小共和國好呢還是大共和國好？從以下兩個明顯理由可以看出是後者較好。首先，共和國無論多少，爲了防止少數人結黨營私，代表必須達到一定數目；同時，爲了防止過多的混亂，代表也必須達到一定數目。因此，代表人數並不與兩種共和國的選民人數成比例，在小共和國代表所占比例就大一些。結果是，如果大共和國裡的合適人選的比例並不小於小共和國，那麼前者將有較大的選擇機會，從而就有較大可能作出適當的選擇。其次，由於選舉每一個代表的公民人數，大共和國要比小共和國多，所以不足取的候選人就更難於成功地採用在選舉中常常採用的不道德手腕；同時，由於選民的自由度更大，選票也就更容易集中於德高望重的人身上。」[27]

在聯邦與各州的實際權力劃分問題上，憲法制定者基本上採取了下面這樣兩個基本的原則，即第一，聯邦政府只擁有那些由憲法明確賦予的權利（外交政策領域除外）；第二，各州政府擁有除經聯邦憲法明確賦予聯邦政府之外，並且不與聯邦憲法或者州憲法的規定相衝突的全部權力（即所謂的「保留權力」）。具體來說，聯邦政府的權力均爲涉及全國性的事務，如外交、國防和州際事務等等，而州政府則擁有對於調節當地居民生活所需要的幾乎全部權力。

從文本上看，聯邦憲法對於聯邦與州政府的權力劃分是比較清晰的，換言之，如果美國憲法不需要任何解釋的話，那麼對於聯邦和各州各自所擁有的權力可能不會出現什麼爭論。比如說，憲法修正案第一條規定：「國會不得制定關於下列事項的法律：確立國教或禁止宗教活動自由；剝奪言論或出版自由；剝奪人民和平集會和向政府訴冤請願的權力。」但是，這一規定並不適用於各州議會，因此，在維吉尼亞州批准憲法的會議上，麥迪遜就向當地聽衆保證憲法不會影響各州採用奴隸制的自由，這正是南部各州能夠接受憲法的根本原因。但在實際上，聯邦與州的權力劃分與麥迪遜所作出的保證一樣，根本不是確定不變的。還在憲法的制定過程中，聯邦主義者與反聯邦主義者就在憲法修正案第十條（本憲法未授予……）的具體條文問題上發生了激烈的爭論。反聯邦主義者主張必須在「授予」之前加上expressly（明文地）一詞，這種主張受到了作爲聯邦主義者的代表人物的麥迪遜的堅決反對，他表示：「使政府局限於行使明確授予的權力是不可能的，必須允許暗示的權力（power by implication）。」㉘修正案的最後文本採用了麥迪遜的主張，沒有出現聯邦政府只能行使由憲法明確授予的權力的說法，這就爲事後人們透過對憲法的種種解釋以擴大聯邦政府的權力提供了可能性。

事實正是如此，聯邦主義者與反聯邦主義者的爭論並沒有因爲憲法的通過而告一個段落，相反地，這種爭論在憲法通過之後一再圍繞一些具體的政治問題而表現出來。第一次大的爭論是在作爲聯邦主義者和反聯邦主義者的領袖人物漢密爾頓和傑佛遜之間進行的，而爭論的內容則是當時的財政部長漢密爾頓所提出的一項旨在建立一個美國的國家銀行的計劃。作爲一名堅定的聯邦主義者，漢密爾頓始終主張建立一個強大有力的中央政府，強調政治生活中的穩定、效率和秩序。在國家的經濟問題上，他不僅主張中央政府必須償淸邦聯政府時期國家所欠的全部國債，而且認爲中央政府必須能夠採取一切必要的措施，包括穩定貨幣和保護關稅等等，以促進國家工商業的發展。建立中央銀行的計劃正是這一主張的具體體現之一。

但是，此一計劃一經提出，就受到了當時的國務卿傑佛遜的堅決反對。傑佛遜正是依據對憲法修正案第十條的理解，認爲憲法已經明確規定了聯邦政府的所有權力，其中並沒有設立中央銀行這麼一項，因此該項權力應該由各州保留並且行使。對於傑佛遜的反對，漢密爾頓的答覆是，由於實際情況非常複雜，因而憲法只能用一些一般性的條款對於聯邦政府的權力進行概括。比如，憲法第一條第八款規定，國會可以制定「一切必要而適當的法律」以便能夠履行那些憲法中明文規定的權力，這些權力包括徵收賦稅、償還債款和借貸等等，而中央銀行的設立正是爲了使聯邦政府能夠眞正地行使這些權力，因此，根據「暗含」的權力的原則，國會有權設立中央銀行。也就是說，任何權力，「如果目的是明顯地包含在所規定的任何權限之內的，而措施與這個目的又有明顯的關係，並且又不是憲法任何一個條款所禁止的，那麼，完全可以認爲它是屬於這個全國權力機關（指國會——引者）的權限範圍以內的。」㉙漢密爾頓的觀點得到了當時的總統華盛頓以及國會的支持因而取得了勝利。

漢密爾頓對傑佛遜的勝利也就意味著「暗含」的權力原則對於「明文規定」的權力原則在實踐中的第一次勝利，這一勝利由於1819年聯邦最高法院對「麥克洛克訴馬里蘭州」一案的審判而得到了具有憲法效力的確認。最高法院首席大法官約翰・馬歇爾在對該案的審判意見中明確表示，國會具有設立中央銀行的「暗示的權力」。儘管如此，聯邦主義者與反聯邦主義者的爭論並沒有因此而結束，他們爲支持各自的觀點並且分別發展爲聯邦黨和反聯邦黨，即現在的共和黨和民主黨的前身。

聯邦主義與反聯邦主義的爭論在美國的南北戰爭中事實上達到了一個高潮。林肯本人就把這一問題提得非常明確，他曾在一次演說中指出，共和黨人和民主黨人在一個問題上存在著完全相反的立場，「這個問題是這樣的：地方權威和聯邦權威的適當分開或者憲法中有什麼條文是否禁止聯邦政府在聯邦土地上控制奴隸制？」林肯說，對這個問題，共和黨人的回答是否定的，而民主黨人的回答則是肯定的。㉚關於南部各州企圖脫離聯邦的問題，林肯則明確地表示：「我認爲，從一般法律和憲法上看來，我們這些州所組成的聯邦是永恆的。……沒有哪一個州能夠單憑自己的行動合法地退出聯邦。……憲法賦予我的權力將被用來保持、占有和掌握屬於政府的財產和土地，以及徵收各種賦稅。」㉛

有趣的是，南部各州雖然公開打出了分裂的旗號，但他們卻始終把自己稱爲1787年憲法精神的眞正的捍衛者，認爲是北部各州踐踏了憲法原則。南部各州所通過的南部邦聯憲法實際上幾乎是對1787年憲法的逐字逐句的抄襲，只是對州的權力更加強了法律上的保護，而且明確規定國會不得通過任何「否認或有損於黑人奴隸財產所有權的法律」，而且「與聯邦各州現有制度相同之黑人奴隸制度應得到承認和保護」。正是邦聯憲法這些與1787年憲法的不同之處道出了美國內戰的眞實內容。

內戰中北方對南方的勝利也是聯邦主義對反聯邦主義的勝

利。這一勝利在1865年通過的美國憲法第十三條修正案和1868年通過的第十四條修正案中得到了體現。第十三條修正案規定「在合衆國境內或屬合衆國管轄的任何地方，不准有奴隸制或強制勞役存在」，第十四條修正案則規定，「在合衆國出生或歸化於合衆國並受合衆國管轄的人，均爲合衆國和他所居住的州的公民。無論何州均不得制定或實行任何剝奪合衆國公民的特權或豁免權的法律；無論何州未經正當法律程序均不得剝奪任何人的生命、自由或財產；亦不得拒絕給予在其管轄下的任何人以同等的法律保護。」

第十三條、尤其是第十四條憲法修正案的重要意義，在於它們進一步明確了聯邦政府對於州政府的權力的超越性，並且使聯邦制具有了更多的政治內涵。上面提到過，憲法的前十條修正案實際上是對聯邦政府的權力的一種約束，但它們並不必然要求各州政府也加以遵循，從法律意義上說，各州以及各州的民衆還是對聯邦是否遵守了這些憲法規定的主要評判者。但自通過了第十四條憲法修正案之後，情況發生了某種戲劇性的轉變。因爲它不僅意味著各州也必須同樣遵循權利法案，而且在很大程度上使聯邦政府成爲公民的自由與權利的保護者，以及對於各州是否遵循了權利法案的主要的裁判者。這也正是上面所說這兩條憲法修正案使聯邦制具有了更多的政治內涵的意義之所在。

內戰結束之後，美國聯邦政府的確在促進和保護公民的權利與自由方面發揮了比較積極和主動的作用。與此同時，聯邦與州的權力之爭也並沒有因此而結束。進入1930年代以後，共和黨人還以州權作爲對抗羅斯福新政的武器；甚至到1950年代，一些人仍然打出南部邦聯的旗幟，試圖廢除當時美國最高法院作出的一項反對對黑人進行種族隔離的判決。在聯邦與州的權力之爭中，雙方可以說是寸土不讓，錙銖必較。當國會通過禁止使用童工的法律的時候，州權主義者即提出國會僅有權制定有關州際貿易的法律，因而國會制定關於童工制度的法律即已構成違憲；另外，由於憲法規定國會的權力只在管理與國外及州際之間和與印地安人的貿易，因而國會所通過的全部有關勞動保護和集體談判的立法在州權主義者看來都成了違憲的表現。

聯邦政府在擴大和保護公民的權利和自由方面所取得的勝利同時也就意味著聯邦政府的權力相對於州政府的權力的一種擴展。自內戰結束以後聯邦政府在保護公民的權利和自由方面與各州的對峙中所取得的一個關鍵性的勝利就是1937年美國最高法院對於1935年國會通過的「全國勞工關係法」（National Labor Relation Act）符合憲法的判決。對這項法案，首席大法官休斯（Charles Evans Hughes）認爲，「事實仍舊是，如果不制止工業衝突所產生的那種對抗，將會給州際商業造成一種極嚴重的後果。如果說這種後果將會是間接的和遙遠的，那是毫無根據的。它顯然將會是當下立見，並很可能是災難性的。……各個行業都已經按照一種全國規模組織起來，使它們對州際商業的關係成爲在它們的活動中占主導地位的因素。在這樣的情況下怎樣能堅持認爲，它們的產業勞工關係構成一個禁區，國會在有必要保護州際商業，以免除產業衝突使之癱瘓的後果之時亦不能進入其內呢？」㉜這一判決標誌著聯邦政府權力新一輪的擴展。

從某種意義上說，1930年代聯邦政府權力的擴展本身是伴隨著社會經濟發展而帶來的政府職能總體擴展的一種反映，因此，這種權力擴展的趨勢一直持續到了第二次世界大戰結束之後。在

表 3-1　聯邦政府向州和地方政府提供的財政援助

1950 年	2.3 億美元	1980 年	91.5 億美元
1960 年	7.0 億美元	1989 年	約 119 億美元
1970 年	24.1 億美元	1993 年	約 131.5 億美元

1960年代林登・詹森（Lyndon Johnson）提出所謂「大社會」（Great Society）的計劃之後，美國聯邦政府的權力和職能又有了進一步的發展，雖然1981年雷根總統上台時發誓要大幅削減聯邦支出，但是到1992年，美國聯邦政府的赤字額又比1981年翻了一倍多，因爲政府在衆多社會福利領域的開支仍然呈上升的趨勢。1992年柯林頓入主白宮後強調美國的「經濟安全戰略」，雖然也繼續堅持必須改革社會福利計劃和削減財政赤字，但同時又強調聯邦政府在科技開發、貿易保護和社會改革方面的作用，這顯然又爲聯邦政府職能和權力的擴展創造了新的機會。聯邦政府職能的發展可以從它給州和地方政府的財政援助的迅速增長中看出來(參閱**表 3-1**)。

當然，聯邦政府權力的擴展並不意味著各州政府在現代社會已經無所作爲。實際情況是各州和地方政府在變動的形勢面前不斷地開闢著新的活動領域，比如社會救濟、經濟發展和環境保護等等。雖然有觀點認爲「美國的聯邦制正在經歷著這個國家兩百年來從未遇到過的危機和變化的考驗」，[33]但事實證明，州和地方政府在今天美國的政治生活中仍然具有相當的活力和創造性。這也可以從**表 3-2** 中看出來。

因此，也有人認爲，「今天，至少就正式表現、政策制定和

表 3-2　公眾對美國各級政府的支持率

	1974 年	1976 年	1978 年	1980 年	1982 年	1984 年	1986 年	1988 年
聯邦政府	29	36	35	33	35	24	32	28
地方政府	28	25	26	26	28	35	33	29
州政府	24	20	20	22	20	27	22	27
不了解	19	19	19	19	17	14	13	16

執行方面來看，各州在它們的行動中顯得比以往更具代表性、更負責任、更主動、更專業化。」[35]

總而言之，聯邦制作爲一種權力制衡體制，一方面防止了聯邦權力對於各州權力的過分侵蝕（這可以從聯邦與州在權力分配方面反反覆覆的爭奪清楚地看出來），另一方面也保證了對於公民的權利和自由的一種普遍的保護。除此之外，美國的聯邦制還具有下面兩個方面的積極作用：首先，它能夠鼓勵社會政治和經濟中的創新與試驗，比如說，喬治亞州最先把參與投票的年齡限制降低到十八歲，維吉尼亞州則率先發起了反對水污染的運動，許多州在最高法院之前通過了允許墮胎的法律等等，其次，聯邦制本身也促進了美國政治民主的發展，因爲在長時間內，州以及地方政府是公民直接參與政治生活的最主要的舞台，這正如托克維爾所說：「共和精神，即一個自由民族的這種風氣和習慣，就是這樣先在各州產生和發展起來，而且又順利地通行於全國了。」[36]

—註釋—

❶Woodrow Wilson, *Congressional Government,* (13th ed.), 1898,p.4.

❷Thomas Paine, *Political Writings,* 1837, pp.45-46.

❸轉引自C. H. Mcllwain, *Constitutionalism: Ancient and Modern,* Ithaca: Cornell University Press, 1974, p.3.

❹羅斯福在1930年3月2日發表的廣播講話。

❺富蘭克林1789年11月13日的信。

❻Cf. Gary Wasserman, *The Basics of American Politics,* New York: Scott Foresman and Company, 1988, Ch.2.

❼*Parliament Affairs,* Vol.3, No.1, Winter 1949.

❽轉引自Charles A. Beard, *American Government and Politics,* New York: The Macmillan Company, 1946, p.7.

❾轉引自（美）詹姆斯·多爾蒂、小羅伯特·普法爾茨格拉夫：《爭論中的國際關係理論》，世界知識出版社1987年中文版第62頁。

❿康芒斯：《制度經濟學》，商務印書館1990年版，第570頁。

⓫*The Federalist Papers,* No.51.

⓬洛克：《政府論》下篇，商務印書館1964年版第85-86頁。

⑬同上，第89頁。

⑭同上，第89-90頁。

⑮孟德斯鳩：《論法的精神》上冊，商務印書館1982年版，第156頁。

⑯比爾德：《美國政府與政治》上冊，商務印書館1987年版，第15頁。

⑰Cf., Charles A. Beard, *American Government and Politics,* chapter 1.

⑱*The Federalist Papers,* No.10.

⑲*The Federalist Papers,* No.10.

⑳*The Federalist Papers,* No.51.

㉑*The Federalist Papers,* No.51.

㉒*The Federalist Papers,* No.9.

㉓《政府論》下篇，第92頁。

㉔*The Federalist Papers,* No.48.

㉕*The Federalist Papers,* No.48.

㉖*The Federalist Papers,* No.9.

㉗*The Federalist Papers,* No.10.

㉘A. T. Mason, et al., *American Constitutional Law,* 7th edition, Prentice-Hall, Inc., 1983, p.140.

㉙H. G. 洛奇編：《亞歷山大·漢密爾頓文集》，紐約，1903年，第四卷，第135頁。

㉚《美國讀本》，第302-303頁。

㉛Samuel Eliot Morison, Henry Steele Commager and William E. Leuchtenburg, *The Growth of the American Republic,* Vol. One, sixth edition. New York: Oxford University Press, 1969, p.808.

㉜Ibid, Vol. Two, p.671.

㉝Ninth Annual Report, *Advisory Commission on Intergovernment Relations,* Washington D. C.:U. S. Government Printing Office, 1968, p.,13.

㉞Debra L. Dean, "Advisory Commission on Intergovernmental Relations, "Closing the Opinion Gap: State and Local Governments Fare well in ACIR Poll," *Intergovernmental perspective,* Fall 1988, p.24.

㉟Cited from James MacGregor Bruns et al., *Government by the People,* 14th Edition, New Jersey :Englewood Cliff, 1990,p. 69.

㊱托克維爾：《論美國的民主》，第182頁。

第4章

美國的立法機關

一、美國國會的構成

根據美國憲法的規定，聯邦政府的立法權由國會行使。但國會並非一個統一的機構，它又由參議院和衆議院組成。兩院在其權力和機構方面都具有各不相同的特點。之所以要實行兩院制，一方面是因爲美國憲法的制定者們對於一個掌握全部立法權的部門心存疑忌，害怕出現新的專制，因而不僅以行政權和司法權對立法權加以制約和平衡，而且把立法權本身也一分爲二，使權力能夠相對分散，而且兩者之間彼此牽制，尤其是讓參議院對衆議院進行牽制。對此，美國的開國元勳之一的莫里斯（Lewis Morris）說得很明白：國會的「第二部分（參議院）對第一部分（衆議院）應該是一種牽制。……第一部分由人民中產生，常易流於輕率、善變、愛走極端……第二部分應該由財產多的人（上層階層）組成，……這樣一種上層階層的團體必然能夠抑制民主的騷動。」❶麥迪遜在制憲會議上也表示：「我們的政府應該能夠保證國家的永久利益，防止變革。有土地者應該參加政府以維護這些無價的利益，平衡並抵制其他的利益。我們應該使政府的組織能夠保護富有的少數抵制多數。因此參議院應該是這樣的組織，並符合這樣的目的。參議員應有永久性和穩定性，……他們在職的時候越持久，就越有可能適合於這些目的。」❷

其次，兩院制也是憲法制定者們相互妥協的結果。因爲憲法必須能夠把獨立之後業已存在的十三個州聯合成爲一個統一的國家，而在立法機關的組成問題上，小州的代表顯然不可能同意按人口比例分配立法機關的成員的辦法，而大州的代表也顯然不可能同意以州爲單位分配立法機關的成員的方案。最後決定實行兩院制，就是在上述兩種方案之間的一種折衷。衆議院議員由各州按人口比例選舉，作爲人民的代表，以照顧大州的利益，參議院議員則按照每州兩名的原則選舉，作爲州權的代表，以照顧小州的利益。

按照憲法，衆議院議員任期爲兩年，由各州人民直接選舉產生，他必須年滿25歲，並且必須成爲美國公民7年以上，還必須是其所當選州的居民。衆議員選舉所依照的人口比例由國會根據人口統計的結果加以確定，憲法規定，人口統計應該每十年進行一次，並且根據新的統計結果決定議員的人數和選舉比例。但是，必須保證每個州至少有一名衆議員，同時，每三萬人最多只能選舉一名衆議員。據此，衆議員的人數最初規定爲六十五人，但隨著美國人口的增加以及新州的建立，衆議員的人數也相應地不斷增多。針對這一情況，國會在1922年通過了一項法案，規定衆議員人數的上限爲四百三十五名，這一法案至今仍然有效。這樣，每一名衆議員所代表的人數勢必隨著全國總人口的增加而不斷增多，目前已經從第一屆國會時的每一名衆議員代表約五萬公民增加到五十多萬。目前，衆議員人數最多的州是加利福尼亞州，爲五十二人，而一些小州，如達拉瓦和弗蒙特，則只有一人。

對於衆議員的選舉方法，美國憲法原來規定「衆議院人數和直接稅稅額均應按本聯邦所轄各州的人口比例分配於各州，各州人口數目指自由人總數加上所有其他人口的五分之三。自由人總數包括必須在一定年限內服役的人，但不包括未被徵稅的印地安人。」（第一條第二款）這一規定在以後的歷史過程中受到了憲法第十四條（1868年）、第十五條（1870年）、第二十四條（1964年）和第二十六條（1971年）修正案的修正，這些修正案分別取消了因爲種族、身份、地位、財產和性別而對選舉權所施加的各種限制，比如說在南北戰爭勝利之後不久通過的第十四和第十五條修正案就反映了美國廢奴運動的成果，使原來的黑奴獲得了選舉權。第二十四和第二十六條修正案的通過則應該被視爲美國1960年代之後民權運動發展的產物。

從運作上來看，衆議員的具體名額由國會按比例分配到各個州，在1842年以前，各州以什麼樣的方式進行選舉，聯邦並沒有統一的規定。1842年的一項聯邦法令改變了這一做法，該法令規定，如果某個州需選出一個以上的議員，則再由該州議會將全州劃分爲若干選區，每個選區只能選出一名衆議員。劃分各選區的基本原則是，各選區在地理上必須互相毗連，而且人口應盡可能相等。但是，這項規定在實際上常常遭到各州議會的違反。它們或者不願意根據聯邦國會頒布的新的衆議員名額重新對原有的選區進行劃分（比如說，1960年密西根州的第十六選區選民人數爲八十萬兩千九百九十四人，而第十二選區則只有十七萬七千四百三十一人），或者刻意地以劃分選區的方式，把支持某個黨的選民集中在一兩個選區之內，或者加強、或者削弱它在單州範圍內的影響。這種做法的結果是造成了很多奇形怪狀的選區。在1812年的時候，麻薩諸塞州的州長E. 格里（Elbridge Gerry）爲了使他的民主黨在選舉中獲得優勢，把這個州的一個選區劃成了一條火蛇（salamander）的古怪形狀。後來人們爲了諷刺這種政治花招，就借用格里的姓，稱之爲「格里曼得（Gerrymander）」。

選區劃分不能適應人口分布的變化，以及各州議會中多數黨通過「格里曼得」操縱選區劃分的情況都使得衆議員的選舉難以準確地代表民意以及政治力量的眞實對比。常常會發生這樣的事情，一個政黨在衆議員選舉中從所得的總票數來說居於首位，但在議會中所得到的議席卻被別的政黨所超過；另外，議會議席的實際分配與得票率也相差甚遠。美國著名的政治史學家比爾德就斷言：「衆議員並不準確反映民意。」❸比爾德舉例說，在1942年的選舉中，共和黨和民主黨分別獲得全國選票總數的百分之五十點六和百分之四十七點四，但最後民主黨還是保留了它在衆議員中多數黨的地位；另外，在1920年的選舉中，共和黨在賓夕法尼亞州得到了一百十一萬四千選票，獲得了三十五個衆議員的席位，而民主黨和其他小黨雖然也得了大約六十萬張選票，但結果卻只獲得一個席位。❹但是，直到1964年，美國最高法院才在一項判決中作出規定，要求州和全國議會選區的人口必須盡可能相等。在此後的兩年間，二十七個州重新劃分了二百五十八個選區，對於以前的流弊有所克服。不過，新劃分的選區仍然沒有能夠準確地反映人口的分布情況。按照1964年以前的選區劃分，共和黨影響較大的鄉村地區占有非常有利的地位；1964年以後，由於美國出現了城市人口向郊區遷移的趨勢，意在增加城市人口代表的改革實際上的得利者反而變成了郊區的人口。

根據憲法，有關衆議院議員選舉的時間、方式和地點都由各州議會自行規定，但按照目前的規定，衆議員的選舉都是在選舉年的十一月的第一個星期一後的星期二統一進行（緬因州除外）。至於候選人的提名方式則可以有多種，或者由政黨提名，或者由預選會議提名，也可以由候選人自己徵集一定數量的簽名之後向有關官員提出申請要求參加競選。不過，現在採用得比較多的是由預選會提名的方法。預選會是按政黨舉行的，申請者提出競選要求後即被列入黨的預選候選人名單，預選會議對該名單進行投票，以確定具體的候選人，至於不同的州對於獲得候選人的資格要求則各不相同。

參議員是作爲州權的代表而進入美國的立法機關的，憲法規定每州可以選出兩名參議員。由於美國的州已經從憲法通過時的十三個增加到現在的五十個，參議員的總數也就從當初的二十六名增加到現在的一百名。參議員的任期比衆議員要長得多，爲六年，但每兩年應改選其中的三分之一。參議員必須年滿三十歲，成爲美國公民九年以上，而且必須是他所當選州的居民。而且，按照憲法最初的規定，參議員由各州議會選舉產生。這一切與當時設立參議院的基本考慮是一致的，即保證參議員能夠作爲美國政治生活中保守的政治力量的中心。

憲法原來規定參議員必須由各州議會選舉產生，一個基本的考慮就是認爲如此方能保証所選出的參議員具有更多的理性與政治經驗。由於參議員與衆議員相比，競選的條件要嚴格得多，而且一旦當選之後任期也長得多，再加上下面還要討論的參議院所享有的種種特權，參議員的地位較衆議員要高一些，而且其政治影響也要大得多。但是，由各州議會選舉參議員的方法也有諸多的弊端。參議員的職位成爲政客和其他有權勢的人獵取的目標，或者成爲各州議會中多數黨黨魁操縱的對象，如果州議會中各派政治力量爭執不下，還會出現長時間推舉不出適當的人選的情況。這樣一種現象成爲衆人抨擊的對象，國會因而在1913年通過了第十七條憲法修正案，對參議員的選舉辦法進行了修改，在此之後，參議員也與衆議員一樣，由各州人民直接選舉。這一改革對於參議員的構成和政治傾向都產生了一定的影響。比如說，爲了贏得本州盡可能多的選民的支持，候選人就不能僅僅依靠自己的金錢與權勢，還必須能夠引起選民的興趣和激起他們的熱情，這樣，那些保守而僵化的政治家在改革之後要贏得競選就要顯得相對困難，另外，由於參議員們必須更多地取悅於選民，因而參議員被少數有權勢的人控制的情況也有所改觀。總而言之，在改革之後，參議員的民主性質的確是大大增強了。

在參議員的選舉資格問題上，除具體的年齡、居住年限等規定之外，美國憲法幾次修正案對於選舉權的擴大對參議員的選舉也同樣適用。美國參議員和衆議員的候選人提名辦法一樣，都是既可以透過政黨提名，也可以由候選人透過徵集一定數量的選民簽名之後產生。但是，在實際的競選提名中，政黨發揮著非常重要的作用。每次選舉所產生的議員基本上都被兩個主要政黨所壟斷了，具體情況可參見**表 4-1**。

除黨派之外，議員的構成從其他方面來說也具有一些特點，歸納起來，男性議員要大大多於女性議員，白人議員要大大多於有色人種的議員，另外，律師、教師，以及實業界和銀行界的人在議員中都占有較高的比例。

表 4-1　戰後幾屆議會中民主黨和共和黨之外的議員人數

	眾議員	參議員
第七十九屆	2	1
第八十屆	1	0
第八十一屆	1	0
第八十二屆	2	1
第八十三屆	1	1
第八十四屆	0	0
第八十五屆	0	0
第九十二屆	0	1
第九十三屆	0	1
第一百零一屆	30	0

雖然憲法規定，參議員和衆議員的任期分別爲六年和兩年，但對於連任的次數並沒有限制。不過，在1840年代以前，衆議員的平均任期皆不到兩年，而參議員的平均任期也不到四年，這就是說，當時的政治家們不僅沒有把當議員作爲一種政治職業，而且不少人任期未滿便另謀出路。但是，這種情況在二十世紀有了很大的改變。在二十世紀初，衆議員的平均任期已經增加到六年，到1960年代後更進一步延長到十年。與此同時，參議員的平均任期也延長到了十二年，這就意味著衆議員中的百分之九十和參議

員中的百分之六十都能夠連選連任。近年來，雖然國會議員的任期有縮短的趨勢，但是由於無論衆議員還是參議員中，任期與資歷都已經成爲擔任某些重要職務的最重要的條件，因此議員們仍然把盡可能延長自己的任期作爲一個最重要的政治目標，這也就意味著不少議員已經把在議會中任職視爲自己的終生職業，在當今的美國國會中不乏滿頭白髮，任期長達一、二十年之人。如果考慮到他們當中不少人還擔任過州議會的議員，或者由衆議員當選爲參議員，那麼他們擔任議員這一職業的總時間還要長得多。這就是說，國會議員當中已經出現了一種明顯的職業化的傾向。

議員的職業化傾向對於議會的機構和行爲自然具有多方面的影響。職業化的一個主要結果就是任期，也就是資歷在議會各種職務的選舉中逐步變成了一個重要的因素，因此，雖然在行政和司法部門都可能藉由任命的方式使某個人出任高級職位，但在議會中要想成爲各議會委員會的主席或者是議會的領導人就必須在議會中長期任職。反過來說，那些長期在議會中任職並且擔任各種職務的老牌議員因其通曉議會的各種活動程序和規則，也就是說具有比較豐富的政治經驗，並且占據著重要的職位，故而能夠在很大程度上左右議會的立法活動及其議程。從某種意義上說，議員身份的職業化也可以被視爲議員官僚化的一種具體體現，比爾德因此認爲，「國會很明顯不是業餘者的集會」。❺

美國憲法爲衆議員和參議員都提供了一定的特權。憲法第一條第六款規定：「參議員和衆議員應取得由法律規定，並從合衆國國庫中支付的服務報酬。兩院議員，除犯有叛國罪、重罪和妨害治安罪外，在出席各自議院會議期間和往返於各自議院途中不受逮捕；也不得因其在各自議院發表的演說或辯論而在其他任何地方受到質問。」這些規定爲議員基本的物質生活、他們的言論和行動的自由提供了明確的保障，使他們能夠以一個國家的立法者而不僅僅是普通公民的身份爲國家的利益而行動。當然，與此同時，憲法還對議員的行爲進行了一些相應的限制，即「參議員或衆議員在其當選任期內不得聘爲任何合衆國當局在此期間設置或增加薪俸的任何文官職務；在合衆國屬下供職者，在其繼續任職期間，不得擔任國會任何一院的議員。」這些規定主要還是分權原則的一種體現。

作爲洛克的分權理論的信徒，美國人相信，立法機關一方面不能像革命前的英國議會那樣長期不開會，形成一種行政權專制的局面；但也不應該作爲一個常設機關而不間斷地工作，議員們在有關法律制定完畢之後，應該回到各自的選區，成爲他們所制定的法律約束的對象，這本身是對立法權一種最好的約束。據此，美國憲法對於議會的會期進行了明確的規定。1933年以前適用的規定是憲法第一條第四款，即「國會每年至少應開會一次，除以法律另行指定日期以外，會議應在12月第一個星期一舉行。」1933年以後，此項規定受到了憲法第二十條修正案第二款的修正，該款規定：「國會每年至少應開會一次，開會日期除以法律另行規定外，應於1月3日正午開始。」而議會休會的時間，依據1946年法案的規定，應該是每年的7月31日。也就是說，議會每年的工作時間，實際上大約也就只有半年。另外，之所以在1933年對於憲法中有關國會任期的條款進行修正，其原因在於國會議員的選舉是在選舉年的11月舉行的，而當選議員的任期則從當選後第二年的3月4日開始，由於1933年以前國會要等到12月才能開會，已經落選的議員實際上還能夠在四個月的時間內行使立法大權。這些落選的議員被人們稱爲「跛鴨」，正是這些「跛鴨」往往憑藉憲法對於議員的特權的保護玩忽職守，甚至胡作非爲，從而引起了普遍的不滿。1933年國會通過的對於議會會期進行調配的憲法修正案正是爲了對這種不合理的現象進行糾正，因而也被稱爲「跛鴨」修正案。該項修正案不僅把議會開會的時間提前到1月3日，並且規定原來的國會議員的任期在同一天結束，這樣就大大地縮短了「跛鴨」議員在任的時間。

在國會半年左右的工作時間當中，根據憲法，國會兩院由議長領導行使立法權以及憲法所賦予的其他權力。衆議院的議長由議員們選舉產生，參議院的議長則由美國副總統兼任。不過，在國會的正常運作當中，國會內部的政黨組織與國會委員會實際上是兩個發揮著核心作用的機構。由於美國兩大政黨的黨員在議會兩院議員中占據了絕大多數，因此政黨組織就成爲約束黨內議員活動的一個很重要因素。目前，在國會兩院內部，兩個主要政黨都有比較完善的組織機構。當然，多數黨的情況與少數黨有所不同。在衆議院，議長是由多數黨每兩年一次在其組織會議（Caucus, Conference）上選舉產生的，他一般有較長進行黨務工作的經驗，並且在黨內有較高的地位。衆議院議長主持議會辯論，解釋程序問題，並且能夠影響委員會的組成，因而是衆議院中最具影響力的人物。除議長之外，多數黨組織會議還將選舉出該黨的領袖，黨的領袖又被稱爲黨的議會發言人，他實際上是議長的主要助手，其任務是協助議長決定衆議員的辯論事宜，指定委員會主席的人選，以及協調本黨議員的立場等等。政黨在衆議院中的另一個領袖人物是黨的督導員（Whip），多數黨的督導員協助議長和黨的領袖工作，主要任務是保持黨的領袖與一般黨員之間的溝通，並且協調本黨議員的投票，他也有權力對投票結果進行非正式的調查。目前，美國民主黨和共和黨產生督導員的方式有所不同，民主黨的督導員由黨的領袖經議長同意後指定，而共和黨的督導員則與黨的其他領袖一樣，由黨的組織會議選舉產生。

少數黨自然只能選舉本黨的政黨領袖和黨的督導員，他們的職責與多數黨領袖和督導員並無二致，主要是協調本黨議員在各種問題上的立場。參議院中政黨的幹部情況與衆議員類似，不過由於參議院議長按照憲法規定由副總統擔任，所以多數黨和少數黨都只選舉本黨的政黨領袖的督導員，但是，由於作爲參議院議長的副總統只有在對某個議案的贊成和反對票相等的時候才能行使其表決權，所以參議院多數黨領袖的職責實際上與衆議院議長的職責相似。另外，參議院還設有一個榮譽性的職位——臨時議長，這個職位一般授予多數黨在參議院任職最長的議員，他可以在副總統缺席的時候代行議長的權力。

議會中各政黨除了選舉本黨幹部之外，還各成立了兩個主要的委員會——指導委員會和政策委員會。指導委員會又稱分配委員會，不過這都是學者們爲該委員會取的名字。對於共和黨而言，兩院的指導委員會都被稱爲委員會之委員會，而對於民主黨而言，參議院的指導委員會被稱爲指導委員會，而衆議院的指導委員會則被稱爲指導與政策委員會。當然，無論是哪一個黨抑或國會的哪一個院當中，這個委員會的基本任務是分配各自政黨的議員到議會的各常設委員會。其工作的基本方式是根據兩黨在議會中的力量對比提出本黨各常設委員會委員的名單和委員會主席的人選，然後再由兩黨把這些名單進行合併，並交由本黨組織會議審查，得到通過之後再由議會全體大會通過。另外一個主要的政黨委員會政策委員會是根據1946年的議會改革法案所建立的，這個委員會在國會兩院都由兩黨分別設立，其主要任務是規劃和協調各自政黨的綱領和策略。兩黨在這個方面的差別是，民主黨的政策委員會主席一般就由該黨領袖兼任，而共和黨政策委員會的主席則由該黨黨內其他資深的議員擔任。

國會中最重要的工作機構就是參衆兩院各自所具有的各種委員會，因爲絕大部分的立法工作是在委員會內部而不是在議會全體會議上進行的。國會的委員會可以分爲四種：常設委員會、協商委員會、專門委員會和聯合委員會，其中又以常設委員會的工作最爲重要。常設委員會實際上也就是一些專業委員會，也就是說，是按照議會立法內容的不同而劃分的一些委員會。這種委員會在美國歷史的早期就已經存在，其數量並不固定，多的時候達到四十——五十個，少的時候也有十多個。一般來說，一位衆議員可以在一到兩個常設委員會中工作，而一位參議員則可以在三到四個常設委員會中工作。從形式上說，各常設委員會的委員及其主席是由所在議院全院會議決定的，但實際上主要是由議會中兩個大黨的領袖以及黨的組織會議決定。控制常設委員會的人選，是政黨影響議會活動的一個重要方面。

參衆兩院常設委員會的設置與每一個院的具體權力相聯繫，它們就某一兩個具體的問題開展工作。目前衆議員中共有二十二個常設委員會，其中主要包括籌款委員會、撥款委員會、規則委員會、金融和貨幣委員會、州際商業委員會、陸軍委員會、海軍委員會和勞工委員會等等。參議院中則有十六個常設委員會，其中財政委員會、撥款委員會、外交委員會、司法委員會等等具有比較重要的地位。每個常設委員會又可以進一步劃分出一系列的小組委員會以進行更爲專門的工作。衆議院中的二十二個常設委員會就包含了一百四十個小組委員會，而參議院中的十六個常設委員會也被進一步劃分爲至少八十五個小組委員會。

常設委員會因其長期致力於某一兩個具體問題的工作，因此隨著立法過程和立法內容越來越專業化的趨勢，這種委員會的工作不僅變得日益重要，而且它們的影響也越來越大，原因是在它們各自的問題領域，別人幾乎沒有什麼發言權。另外，立法活動日益專業化對於常設委員會自身也具有深刻的影響，而其中最主要的一點就是大大增加了經驗與資歷在委員會中的份量，其具體體現就是所謂的「資深制度」，即常設委員會主席的職務按照慣例都由每一個委員會中多數黨的資深委員擔任。這一慣例有利也有弊——其有利之處在於由此可以保證立法活動的連續性和專業性，並且在客觀上由於資深議員廣泛的聯繫也有利於立法部門與政府其他部門的溝通；其不利之處在於資歷而非能力成爲任職的幾乎唯一標準，容易導致委員會主席表現的平庸甚至於產生各種各樣的政治醜聞。因此，常設委員會的資深制度近年來受到了各方面的抨擊，而且也的確出現了在某個委員會打破了資深制度的事例，比如說，1985年，來自威斯康辛州的萊斯·阿斯平（Les Aspin）就越過了幾位資歷比他深的議員擔任了衆議院武裝力量委員會主席。儘管如此，資深制度從根本上說還沒有受到動搖。對於常設委員會的工作，下面還有進一步的介紹。

與常設委員會相比，其他三種委員會的作用要小得多。專門委員會是爲了解決一些專門的，而且往往是臨時性的任務而設立的，比如1987年就在參衆兩院設立了負責調查向伊朗出售武器問題的專門委員會。一般來說，問題解決了，專門委員會也就宣告解散。協商委員會實際上也是一種在參衆兩院之間進行協商的專門委員會。如果參衆兩院對同一議案提出了不同的修正文本或者兩院對同一個問題通過了兩個不同的議案，則為了能夠形成一個統一的議案文本交總統簽署，參衆兩院必須指定部分議員組成協商委員會對兩院議案的文字進行協調，當然，統一的議案最後必須由兩院分別批准。協商委員會在完成其工作以後也就自行解散。最後，聯合委員會也是由參衆兩院聯合組成的一些常設性的機構，其任務是對兩院的日常工作進行協調，因而一般是一些事務性的機構。但有一個例外，那就是經濟聯合委員會，它負責對總統的年度經濟報告進行研究並且向國會提出有關的建議。不過，由於參衆兩院都不願意讓聯合委員會享有太多獨立的權力，所以聯合委員會的設立是受到嚴格限制的。

二、國會的權力及其運作

按照美國憲法的基本框架，國會、總統和法院分別行使立法、行政和司法的權力，也就是說，國會從根本上說是作為一個立法機關而設立的，因而立法權也就自然地構成了國會權力的主體部分。

根據憲法規定，國會兩院的權力包括以下幾個方面：「規定和徵收直接稅、間接稅、進口稅與貨物稅，以償付國債、提供合衆國共同防禦與公共福利」；「以合衆國的名義舉債」；「管理合衆國與外國的、各州之間的以及與印地安部落的貿易」；「制定全國統一的歸化條例和破產法」；「鑄造貨幣，釐定國幣和外幣的價值，並確定度量衡標準」；「制定關於僞造合衆國證券和通貨的罰則」；「設立郵局並開闢郵路」；「保障著作和發明家對其著作和發明在限定期間內的專利權，以促進科學與實用技藝的發展」；「設立低於最高法院的各級法院」；「明確劃定並懲罰在公海上所犯的海盜罪與重罪以及違反國際法的犯罪行爲」；「宣戰、頒發緝拿敵船許可證和報復性拘捕證，制定關於陸上和水上的拘捕條例」；「招募陸軍並供應給養」；「制定統轄和管理陸海軍的條例」；「規定徵召民兵以執行聯邦法律、平息叛亂和抵禦外侮的條例」；規定民兵的組織和管理辦法，在得到州立法機關同意的情況下徵用土地和建築物；以及「制定爲執行以上各項權力和依據本憲法授予合衆國政府或政府中任何機關或官員的其他一切權力所必要的和恰當的法律」等等。當然，憲法也明確規定了禁止國會行使的一些權力，包括不能吊銷人身保護令，除非在叛亂或外患時，公共治安需要停止此項特權；不能通過剝奪公民權利的法律或者追溯既往的法律；不能在根據人口普查的結果規定的比例之外徵收直接稅；不能對任何一個州輸出的貨物徵稅；不能對某一個州的港口或者使用這些港口的船實行特別優惠的政策；以及不能授予任何貴族頭銜等等。

美國實行兩院制，使衆議院和參議院分享在上述各方面立法的權力。但是，兩院的權力並不是平均分配的，美國的權力制衡體制要求兩院各自具有不同種類和行使方式的權力，以此保證它們之間能夠保持一定的牽制和平衡的關係。比如，雖然憲法規定國會擁有徵收賦稅的權力，但衆議院和參議院行使這一立法權力的方式就有所區別，憲法第一條第七款規定，「所有徵稅議案應首先由衆議院提出；但參議院可以如同對待其他議案一樣，提出修正案或對修正案表示贊同。」這就是說，在預算問題上，衆議院是以提出議案的方式來行使其立法權的，而參議院雖不能提出法案，但卻又可以透過對衆議院的議案進行修正的方式參與立法。除此之外，參衆兩院之間還存在其他方面的制約與平衡的關係，事實上，任何一院所通過的任何法案都可能遭到另一院的反對，因此任何一院也不可能獨斷專行，而是必須考慮雙方的協調乃至妥協，這種做法猶如給國會的立法權套上了一付籠頭。

國會行使立法權的一個重要標誌就是在全院會議上討論、表決和通過各種法律，但是，立法工作的絕大部分卻是在全院會議之外，也就是說，由各個常設委員會完成的，全院會議上的辯論和表決只不過是這個漫長過程的最後一步。具體說來，一項法律的形成，要經過以下幾個不同的階段：提出議案——委員會審查——議會兩院全院會議討論和通過——經總統批准並成爲法律。需要指出的是，在送交委員會以後的任何一個階段，每一項議案都面臨著被「槍斃」的可能性。具體而言，近年來每年國會收到的方案大約有兩萬件，但最終能夠「過五關，斬六將」，經總統批准成爲法律的大概只占其中的百分之五，也就是說，一千項左右。

首先是議案的提出。提出議案的權力在有的國家被稱爲「創制權」。從形式上看，議案絕大多數都是以議員個人的名義提出的，但它們的實際來源千差萬別。也就是說，各種議案眞正的始作俑者卻往往並不是該議員本人。近年來，幾乎所有重要的議案都不是出自於議員本人之手，而是來自於政府的行政機構（總統或者其他行政部門）以及各種各樣的院外活動集團，而議員們只不過是做爲一種代言人的作用。在提出方案的問題上，羅斯福總統的「新政」是一個轉折性的時期。據稱，在1933年到1943年期間，國會通過的所有重大議案幾乎全是在國會之外創始的，而且一般都是由羅斯福總統的智囊團提出的。因而曾經有針對這一情況驚呼「國會已經退位了！」❻雖然絕大部分的「創制權」落到行政部門和院外活動集團手中的趨勢受到了一些強調國會權力的人的批判，但這畢竟是現代社會發展的一個客觀結果，因為現代社會快速的節奏、複雜的問題以及問題本身的專業性，都決定了只有直接處理這些問題的行政部門或者與這些問題涉及的利益密切相關的利益集團，才能對它們具有直接與深入的了解，這是議員們所做不到的。

其次是委員會對議案的審查。除關於籌款和撥款的議案之外，絕大多數議案都可以向眾議院提出，也可以向參議院提出，或者同時向參眾兩院提出。根據議會的立法程序，任何一個議案，無論是在本院提出的還是由另一院送來的，都必須經過三讀。第一讀便是宣布該議案的名稱，隨後由議長（在參議院是多數黨領袖）作出決定把所提出的議案送交有關的委員會進行審查。

委員會的審查階段是立法過程的核心環節。除了一些特別的議案，如政黨領袖提出的撥款議案和其他某些重要方案能夠在委員會通行無阻之外，對於所接受的議案，委員會有權決定是予以贊成、還是進行修改或者根本不予理睬，委員會不予理睬的議案實際上占了其中的絕大多數。對於那些委員會感興趣的議案，委員會可能舉行全體會議進行討論，也可以交由某個小組委員會進行進一步的調查，對於小組委員會調查的結果，委員會一般都表示同意。

在對其所接受的議案進行調查的過程中，委員會享有十分廣泛的權力。它們可以向各行政部門，甚至總統索取有關資料，也可以要求各有關人員到委員會作證，而議案的支持者和反對者也可以被邀請到委員會陳述他們的理由。委員會舉行的聽證會一般都是公開進行的，除非涉及到國家安全問題，經委員會成員投票同意後才能進行秘密聽證。爲了就某個議案進行調查，委員會成員可以親自耗費巨資到全國各地搜集材料，也可以委託某個行政部門進行調查並且向委員會提交報告。對於那些不願意向委員會提供證詞的官員或者公民，國會甚至可以採取強制的方式要求他們的合作；至於執意與委員會對立的人則要冒被監禁的風險。在整個調查過程中，議案所牽涉到的各個方面以各種方式展開活動，以爭取委員會對議案的支持或者反對，而如果委員會本身對於議案帶有某種傾向，則可能採用各種巧妙的手段左右整個調查的進行，把公衆輿論引向它們自身所需要的方向。委員會的這種聽證制度的支持者認爲它能夠充分聽取各方面的意見，讓民衆參與了立法的過程，因而是政治民主的一種體現；反對者則指責委員會的聽證實際上完全由委員會，尤其是委員會的主席，以及在委員會背後活動的政黨和各種利益團體所操縱，而且浪費了大量的時間和財力，而聽證會本身則不過是一場雜亂無章的鬧劇。

委員會在完成調查之後，可能對議案表示同意並且把它原封不動地送回議會，也可能把它修改得面目全非，當然，委員會也可能對議案作出否定的結論。對於委員會同意的或者經過修改後同意的議案，委員會在將它們重新提交給議會的同時，還必須提交委員會對於這些議案的書面意見，同時附上少數派的觀點，當然，在通常情況下，少數派的觀點也就是委員會中少數黨的觀點。對於那些被委員會所否定的議案，一般無需將它們送回議會，而且也不需要提出委員會的意見，只有在特殊情況下，按照一種所謂的「釋放程序」（Discharge Rule，在衆議院要由多數議員，即二百一十八人以上簽名申請，在參議院也要有參議員的一致支持），被委員會否定的議案才能從委員會取回並交由議會全院大會討論。由於「釋放程序」十分繁瑣，所以實際上很少被採用，被委員會所否定的議案自然一般也就無人問津，只能重新向議會提出。從實際情況來看，大約有百分之八十到九十的議案被埋葬在委員會調查的階段。

國會的常設委員會在立法過程中所起的作用表明，一項議案要成爲法律，獲得委員會的同意是一個至關重要的前提。雖然委員會所同意的議案最終未必能夠成爲法律，但被委員會所否定的議案則基本上就沒有成爲法律的可能性。實際上，國會中通行的所謂「專業化」原則和「互惠」的原則，也就是說，各專門委員會的成員被視爲他們各自的立法領域的專家與權威，而其他委員會的成員則通過對他們的活動的支持或者默認以換取對方對自己的立法活動相應的回報，因而委員會對於某項議案作出的決定在多數情況下能夠得到其他議員的認可，至少是在本黨內部。在這種情況下，國會只不過是對委員會的決定作出一種象徵性的批准。委員會制度的批評者們因此認爲，各常設委員會在立法過程中掌握著生死予奪的大權這一事實已經使國會的作用降低到了「橡皮圖章」的地步。

第三個步驟是國會的辯論和投票。委員會表示同意或者經過修改後表示同意的議案，由各該委員會提交到本院全院大會上，以對其進行辯論和投票。在衆議院，委員會提出的議案根據規則委員會的決定，可以被列入下列五種日程表之一：第一種是「同意的」，指那些沒有爭議的議案；第二種是「釋放的」，指那些根據「釋放規則」從委員會取出由全體會議討論的議案；第三種是「衆議院的」，包括那些不涉及撥款和徵稅的公共議案；第四種是「私人的」，指那些僅涉及私人事務的議案；第五種是「聯邦的」，指那些涉及到直接或者間接撥款以及徵稅的議案。不過，某些由撥款委員會提出的議案可以不經規則委員會而直接進入議會辯論；另外，如果有三分之二的議員同意，也可以將某項議案列入一份所謂的「撤銷日程表」，即不顧委員會的意見撤銷對議案的討論。參議院的辯論日程則主要是由多數黨領袖加以確定。實際上，無論在參議院還是在衆議院，對於各項議案具體的辯論日期以及時間長短的安排往往都是由多數黨領袖在與少數黨領袖私下協商後確定下來的。這也是政黨操縱立法過程的一個重要方面。

一旦日程被確定下來之後，參衆兩院即按照日程對各項議案逐一進行辯論。不過，衆議院和參議院的辯論形式有所差別。衆議院的辯論規則比較嚴格。全院會議必須至少有一半（二百一十八人）以上議員出席方達到法定多數，但如果國會認爲辯論涉及到徵稅和開支的問題，也可將全院的辯論改爲全院委員會（Committee of the Whole）的辯論，全院委員會的辯論只要有一百名議員參加即可達到法定人數。衆議院的全院辯論由議長主持，並且由他制定具體的辯論時間與規則。辯論之前對議案進行第二讀，此時全院會議即轉爲全院委員會，並由議長指定一名主席。議員們辯論的順序和時間都受到限制，一般是負責審查該項議案的委員會主席和其他資深議員首先發言，每個人發言的時間只有幾分鐘。全部的辯論時間一般被分爲相等的兩個部分，贊成和反對該議案的議員發言的時間各占一半。辯論結束之後，議員們可以對議案提出修改意見，不過提出意見時仍需遵守年資規則，發言的時間同樣受到限制。如果議案在全院委員會上得到通過則再由全院委員會轉爲全院會議，全院委員會的主席向大會提出報告，隨後進行該議案的第三讀，並且由全院會議就是否通過該議案進行正式表決。

參議院的辯論規則比較寬鬆，而且議員發言的時間一般不受限制，除非全院議員以三分之二的多數，或者有六十名參議員同意停止辯論（cloture）。這樣一種辯論規則導致的一個奇怪現象就是所謂的冗長發言（filibuster）。冗長發言又被稱爲「馬拉松發言」，由於參議院中辯論時議員可以就任何問題進行任意長短的發言而不能被別人打斷，因此一個或者幾個議員爲了阻撓他們所反對的議案得到通過，就往往故意進行沒完沒了的發言，他們可以在參議院的講壇上宣讀聖經或者莎士比亞的戲劇或者某個地區的電話號碼，如果他覺得累了還可以把他的發言權「轉讓」（yield）給他的同盟者，使其繼續發言。1957年，來自南卡羅萊納州的參議員斯特拉姆·圖爾蒙德（Strom Thurmond）爲反對人權法案而進行了持續二十四小時十八分鐘的發言，這是至今爲止個人冗長發言的最高紀錄。至於幾個參議員聯合起來進行冗長發言，則可能持續幾天甚至幾個月的時間。

在國會會期臨近結束的時候，冗長發言最容易奏效。如果其他的議員希望能夠有足夠的時間討論其他的議案，則一個通常採用的方法就是與進行冗長發言的議員達成妥協，即不再對後者所反對的議案進行辯論，而後者也中止其冗長發言。當然，由於冗長發言遭到了來自各方面的批評，所以參議院也不斷簡化中止辯論的要求。1959年之前，按照參議院議事規則的第二十二條，要中止辯論，必須有十六名議員提出要求，參議院全體成員的五分之三同意才算有效。1959年之後，此項規則有所放寬，只要出席會議的議員的三分之二同意即可中止辯論。在1964年、1965年、1968年和1972年，自由派的議員正是通過中止辯論才阻止了南部保守派議員的冗長發言，通過了一系列的人權法案。到1975年，中止辯論的程序進一步放寬，只要有六十名參議員同意即可中止辯論。但儘管如此，要中止冗長發言也還是比較困難的。從1919年到1986年，在二百二十八次提出中止辯論的議案當中，只有八十次得到了通過。❼

相對於辯論而言，參衆兩院對議案的表決過程要簡單得多。一般性的法律只要得到出席全院會議的議員的簡單多數的贊成就算是在本院獲得了通過。但是，無論一項議案首先在哪一院通過，同樣的議案還必須送交另一院以得到通過。如果兩院最後通過的議案文本有較大的差異，則由衆議院議長和參議院的多數黨領袖分別指定幾名議員組成協商委員會，對兩個不同的議案進行協調，以形成一個統一的文本。在指定協商委員會成員的時候，原來負責審查該項議案的委員會的主席、委員會中少數黨的首席代表以及其他的資深議員往往是首先考慮的對象。實際上，協商委員會的成員往往是由委員會主席自己挑選的。委員會對於方案的討論和修改都是秘密進行的，在對議會兩院通過的議案文本進行協調之後，再次把新的議案文本遞交給國會兩院，對於協商委員會提出的修正文本，國會兩院一般不能進行修改，而只能表示同意或者不同意。因此，雖然按照規定協商委員會不能在妥協方案中增加參衆兩院原來的議案中所沒有的內容，但由於一方面這實際上不可能完全做到，另一方面協商委員會的妥協議案具有最終的性質，所以該委員會在立法過程中的權力還是很大的。

立法過程的最後一個階段是總統的簽署。當國會兩院就某一議案達成一致之後，在其成爲法律之前的最後一個步驟是由兩院議長簽署後送交合衆國總統簽署。如果總統同意此項議案則在簽署之後交由國務院正式頒布使之成爲法律，但總統也可以對該議案行使否決權。被總統否決的議案只有在國會兩院中分別再次由三分之二的多數通過之後才能自動成爲法律。但是，對於總統的否決權也存在一定的限制，即總統必須在收到議案之後的十個工作日之內對該議案採取行動，如果在此期間總統沒有行使其否決權，則該議案也將自動成爲法律。當然，無論是總統還是國會都會盡可能地避免出現這種直接對立的情況。從總統方面來說，如果他對某個議案不滿但又不願意直接行使否決權的話，則他還可以採用「擱置否決權」或者「口袋否決權」。因爲憲法有規定，如果在議案向總統提出之後十日內國會休會而在此期間總統又未簽署此議案的話，則該議案不能成爲法律。從國會方面來說，由於總統在1996年之前不具有「單項否決權」(line-item veto)，也就是說總統對於議案的否決只能針對整個議案而不能針對其中的某個或者某些條款，所以國會對於估計總統可能會否決的議案可以採用附加議案的方法處理，即把總統所不喜歡的議案作爲附款附加在某個他特別希望通過的議案的後面，雖然這兩個議案的內容可能根本毫無關係。這樣，總統就面臨著一種困難的選擇：他或者把他不喜歡的議案與他希望通過的議案一道否決，或者爲了使他所喜歡的議案得到通過而不得不同時接受他所反對的議案，以此作爲一種代價。

值得注意的是，自從1996年國會通過了授予總統在有關稅收、財政等的法律方面的單項否決權的議案，並在1997年1月生效後，情況發生了很大變化。總統可以在簽署一項議案後的五天內否決其中的單項條款。這意味著國會主動縮減了自己享有的部分立法權限，在實踐中將有關稅收等的部分經濟政策的決定權賦予了總統，因而在很大程度上改變了立法程序，並使得在立法權與行政權的相互制衡中總統的權力得到了前所未有的擴展。

單項否決權使總統在簽署一項法案之後的五天之內能夠取消某項具體的預算支出或者稅款，當然，國會對此還可以進行否決，但是，如果總統再度行使否決權之後，只要國會中任意一院比三分之一多一位的議員的動議即可中止國會推翻總統的否決。在國會賦予總統單項否決權之後，在1997年一年之中，柯林頓總統即一共82次行使了這一項權力，並且將使聯邦政府在五年中節省19億美元的支出。

但是，這項權力也遇到了不少人的反對。1997年6月，S・羅伯特・比爾德（Sens. Robert Byrd）等六名國會議員就曾針對總統的單項否決向最高法院提出上訴，最高法院當時認爲，他們的上訴缺乏足夠的法律依據，因爲當時這項法案還沒有被運用，而他們作爲個人也並沒有受到他們所訴訟的法案的直接傷害。但與此同時，最高法院又指出，在單項否決權實際行使之後的任何時候，任何受到這項法律影響的人都可以對其提出上訴。

據此，紐約市市長魯道夫・基尤拉尼（Rudolph GFiuliani）以及依達荷（Idaho）的農場主們分別對於單項否決權提出了上訴。基尤拉尼的目的是能夠恢復前年的平衡預算案，並使紐約市和紐約州能夠對醫院徵稅。而斯耐克河（The Snake River）地區的土豆種植者們則對柯林頓在去年八月份對於一項法案的否決提出了上訴，該項法案使農產品加工機械的生產者們能夠在他們把這台機械出售給農業合作組織時緩交資本獲得稅。1998年2月，紐約州地區法院法官托馬斯·霍根在對此上訴的審判中裁定單項否決權因其破壞了分權與制衡的原則因而無效。

對於此項判決，柯林頓表示「失望」，同時，美國政府對於霍根的判決向最高法院提出了上訴（所謂的柯林頓訟紐約市案），美國司法部提出上訴認爲，單項否決權並沒有導致總統對於權力的濫用，這一權力「與歷史經驗完全一致」。柯林頓本人則表示相信最高法院將會作出支持單項否決權的判決。據此，美國最高法院於1998年4月27日對於單項否決權是否違反憲法開始進行辯論。

從技術上說，爭論的焦點在於，憲法規定總統可以簽署或者向國會退還所送交給他的法案，他必須對「它」（指法案），還不是其中的某個部分表示他的贊同與否。而從政治與法律的觀點來看，爭論的實質則在於單項否決權是否破壞了美國政治體制中分權與制衡的原則。首席大法官威廉·倫奎斯特在辯論中指出，如果最高法院支持這項能夠影響新的預算案的法案的話，那麼國會還會向總統提供在撥款方面的更多的權力。當然，也有的法官對於最高法院是否能夠最終裁定單項否決權違反了憲法表示懷疑，因爲聯邦政府方面堅持認爲對單項否決權提出上訴的兩個方面都並沒有受到這一權力的直接影響。如果的確如此的話，那麼最高法院就會再次作出類似上一年的裁決。

目前，最高法院對於單項否決權的辯論還在繼續進行中，估計要到六月或者七月才能作出最後裁決。不過，要指出的是，這一辯論並不是以美國的政治力量爲分野的，它所涉及到的，只是行政權力不斷膨脹的今天，到底如何看待美國傳統的權力制衡體制的問題。從總的趨勢來看，即使這一權力被最高法院宣布爲違憲，也還會出現類似的權力。也正因此，所以在圍繞單項否決權的爭論中，有人甚至提出了對憲法作出修正的建議。

國會作爲立法機關的權力及其運作的情況大致如上所述。但是，國會並不僅僅享有立法權，實際上，國會還擁有部分的行政控制權、調查權和司法權。國會的行政控制權首先反映在國會對於它自身的行政管理方面。根據憲法的規定，「各院應自行審查本院議員的選舉，選舉結果報告和議員資格；……（出席會議的議員）不足法定人數時可以逐日休會，並可依照各院規定的方式與懲罰規則強迫缺席議員出席會議。」「各院可制定其議事程序規則，處罰擾亂秩序的議員，並可經三分之二多數同意開除議員。」此外，對於國會工作人員和各委員會人員的任命也由國會自己進行等等。其次，國會對於政府的行政部門亦具有一定的控制權，這就是國會根據憲法或者對憲法的解釋擁有設立各行政部門的權力，並且也有權對政府各部門設立的情況進行變更。另外，總統所任命的某些公共職務，如駐外使節、最高法院法官、內閣成員、軍事官員等等事先必須得到參議院的同意，1984年雷根總統試圖任命埃德·米斯出任司法部長就遇到了參議院的阻力；總統只有得到參議院三分之二的多數同意的時候才有權與外國締結條約，而總統要對某個國家宣戰也必須國會兩院的同意等等。第三，國會還在特定的時候擁有某種選舉權，根據憲法規定，如總統或副總統所得到的選舉人票數不滿總票數的半數的時候，則由衆議院選舉總統並由參議院選舉副總統，當總統和副總統不能行使職權的時候，也必須由國會決定產生新的人選的具體方法。

國會的行政控制權的一個重要體現自然就是國會對於政府的開支和稅收的控制權。1974年以前，國會對於政府開支和稅收的控制僅僅表現在衆議院對於總統提出的預算案行使一年一度的審批權，這樣一種制度使議會不可能對於具體的政府開支與稅收進行持續不斷的控制，從而招致了多方面的批評。爲了改變這種狀況，國會於1974年通過了一項「國會預算與保管控制法」，簡稱「預算法」。根據這一法案，國會每年都必須提出一份對整體的財政支出進行控制的預算案。爲此目的，參衆兩院都設立了各自的預算委員會，由這兩個委員會指導國會確定政府的總開支、稅收和債務的水平。爲了幫助這兩個委員會的工作，該法案設立了一個國會預算局向預算委員會提供所需的專家以及各方面的有關數據。「預算法」還爲國會對於各類預算案的討論確定了一系列的時間表，目的是保證國會有時間對總統提出的預算案進行評估，並且在各種相互競爭的預算案之間作出選擇。

到1985年，由於聯邦赤字額已高達2200億美元，國會爲了削減財政赤字，又通過了一個被稱爲「格拉姆——拉德曼法」（The Gramm- Rudman Act）的法案，該法案要求政府強制性地逐年減少財政赤字，並且在1991財政年度實現預算平衡。但是，僅在八個月以後，美國最高法院就裁定「格拉姆——拉德曼法案」違反了憲法，因爲它破壞了分權制衡的原則，侵犯了總統的權力範圍。儘管如此，國會削減預算的決心依然十分堅定。1987年，國會再次通過了「格拉姆——拉德曼法案」，但是，考慮到最高法院的態度，國會這一次把制定削減目標的任務交給了國會所屬的預算與管理局。新的法案同樣也規定了年度預算的上限，並且要求到1993年實現預算平衡。當然，「格拉姆——拉德曼法案」在實際的操作中困難重重，因而連國會中的某些議員也認爲它只會爲國會的工作增加了沉重的負擔，以致有人宣稱該法案注定要成爲一個宣言，但不會被人們嚴格遵守。但是，國會近年來在控制政府預算方面所做出的努力卻也從另一個方面表明了國會的行政控制能力有所上升，關鍵的問題是，新的預算程序「把巨大的權力集中到了預算委員會手中。」❽

國會在立法權之外的第二個方面的權力就是其廣泛的調查權。至於國會進行調查的目的，則可能是爲了就未來的立法搜集必要的資料，可能是爲了了解已經通過的法律的效力，也可能是爲了了解議員以及政府其他部門的官員的資格和表現，或者爲對政府某一官員進行彈劾準備相應的證據等等。其調查的範圍從政府部門到私營企業乃至於包括某些犯罪團體，換句話說，國會幾乎可以對一切問題和一切人進行調查。一般而言，國會往往把進行調查的權力賦予各個委員會：常設委員會、特別委員會或者由國會兩院共同指定的聯合委員會。在國會進行調查的時候，國會有權要求有關的政府部門或者公民個人到國會提供證詞，對於那些拒絕作證的人則可能以藐視國會的罪名加以拘捕，而對於提供僞證的人也將以僞證罪而加以懲罰。

國會行使其調查權最有名的例子可能就是對尼克森總統的所謂水門事件所進行的調查了。1973年，首先由於新聞界的披露，參議院的一個委員會對於尼克森的競選班底計劃盜竊位於華盛頓水門公寓的民主黨總部的事件進行了全面深入的調查。在一年多的時間內，衆議院法律委員會、最高法院，以及衆多的新聞媒介都介入了對此事的調查和報導，尤其是電視也對一些重要的聽證會進行了實況轉播。這些調查和報導不僅向人們揭示了美國政府機構內部諸多以前不爲人所知的內幕，而且揭露了尼克森政府的一些上層人物所從事的大量不法行爲，包括徵集非法捐款、扣壓罪證、侵犯個人自由、非法利用聯邦機構以及向大陪審團、聯邦調查局以及國會有關委員會提供僞證等等，在全國範圍內激起了軒然大波。國會及其他司法機構對於水門事件的深入調查的最終結果就是尼克森被迫辭去了總統的職務。尼克森的屈服從某種意義上向人們昭示了國會的調查權力的巨大威力。

繼水門事件之後，國會在1987年又對雷根政府向伊朗出售武器並把所得款項轉交給尼加拉瓜反政府武裝的事件進行了公開的調查，這也被稱爲「伊朗門事件」，曾經使白宮處於十分尷尬的境地。當然，國會廣泛的調查權力有時候也會被濫用從而對公民的自由構成威脅。參議員約瑟夫・麥卡錫在1950年代主持的參議院常設調查小組以及衆議院非美活動委員會的調查就造成了許多無辜的受害者，他們中有的人被解除了政府的職務，另一些人甚至鋃鐺入獄，從而在當時的美國形成了一種人人自危的局面。

對於國會的調查權力，政府的行政部門自然並不滿意，因而它們往往以「國家機密」作爲搪塞的藉口。最高法院也擔心國會的調查可能對公民的權利造成侵害，因此從1957年以後陸續作出一系列判決，認爲國會的調查不能「爲暴露而暴露」，國會調查委員會所提出的問題必須與其立法目的相關等等。❾不過，由於新聞媒介在政治生活中越來越多的介入，這對於國會的調查自然是發揮了一種推波助瀾的作用，因此整體而言，國會的調查權力比以前是更爲強大了。

國會在立法權力之外的第三個方面的權力就是司法權。國會的司法權主要表現在衆議院可以以簡單多數對聯邦政府的官員提出彈劾，然後由參議院對該彈劾案進行審理。1868年安德魯・傑克遜總統曾經受到了衆議院的彈劾，不過參議院並沒有給他定罪；尼克森在1974年被迫辭去總統的職務，就是因爲他清楚地意識到如若不然，他面臨的將是衆議院的彈劾和參議院的審判。由此也可以看出，雖然國會掌握的司法權力有限，但對於行政機構而言，它仍然能夠形成一種巨大的壓力。

三、地方立法機關

所謂地方立法機關，在美國指的就是州以及州以下政治實體的立法機關。美國的州政府從某種意義上說是聯邦政府的縮影，因爲它們在組織原則、結構和權力的劃分等等方面與聯邦政府都非常相似，也就是說，各州政府也都實行分權和制衡的原則，把政府機構分爲立法、行政與司法三個組成部分，而這三個機構之間的關係也與聯邦一級類似。但是，在另外一些方面，州政府與聯邦政府又存在著明顯的不同，比如說在它們所具有權力以及其具體行使的職能方面，兩者就表現出了較大的差異。

美國各州立法機關的名稱不完全相同，因爲它們大都保留了加入聯邦之前的稱呼。絕大多數州把它們的立法機關稱爲「General Assembly」或者「Legislative Assembly」，只有麻薩諸塞州和新罕布什爾州還繼續沿用帶有英國傳統色彩的舊的名字「General Court」。除內布拉斯加州之外，美國其他各州都實行兩院制。其上院都被稱爲參議院，下院的情況稍有不同，大多數州稱之爲衆議院，其他的州有的簡單地稱之爲「Assembly」，有的則稱之爲「The House of Delegates」。至於議會兩院的性質也與聯邦議會兩院有相似之處，在傳統上上院被認爲是類似於英國的貴族院那樣的一個機構，實際上主要考慮的是有產者階級的利益。當然，在現代社會這樣的說法不再能夠爲人們所接受。現在各州的參議院也與聯邦參議院一樣，被認爲是有助於立法過程的慎重和周密。

美國各州之間議會的規模相差很遠。小州如阿拉斯加兩院議員總共只有六十名，而大州的議員人數就要多得多，比如說新罕布什爾州兩院議員的總數就多達四百二十四名。另外，各州兩院議員的人數比例也各不相同，比如說，明尼蘇達州有參議員六十七名，下議院議員一百三十四名；而新罕布什爾州下議院議員雖然多達四百名，但參議員卻只有二十四名。不過，與聯邦議會相同的一點是各州參議院的議員人數都少於下議院議員的人數，而且前者的任期都比後者長。一般來說，各州參議員的任期爲四年，每兩年改選其中的一半；而下議院的議員任期在絕大多數州都爲兩年，而且到期全部改選。

與聯邦議會兩院之間的關係不同的是，州議會中的兩院不存在參議院代表地方的利益而下議院代表全體人民的利益的問題，也正因此，有不少人主張在州一級實行一院制。不過，如前所述，目前除內布拉斯加州之外，尙沒有第二個實行一院制的州。現在，美國州參議院和下議院的議員都是由公民直接選舉產生的，只不過他們有不同的選區劃分。

州議員的選舉資格也與國會議員類似，要求候選人在本州以及本選區居住一定的年限，具體的規定則各州間有所不同，在本州居住年限的規定由一至七年不等，而在本選區居住的年限則可能只需要一至兩年。州議員的產生方法也同樣分爲候選人的提名和選民對於候選人的正式選舉兩個階段。產生候選人的方式各州有所不同，在南部各州一般採用黨的代表大會提名的辦法，另外的州則採用預選會議的方式產生候選人。當然也有的州把兩種方法結合起來使用，比如說麻薩諸塞州在1932年就採用這一種方法，首先由黨代表大會提名，但如果本黨內有人對此不滿，也可能通過申請書提出另外的候選人提名，然後再舉行預選會。不過無論採用哪一種方法，政黨在州議員選舉當中都發揮著決定性的作用。

州議員的社會成分也與國會議員相似，律師、商人和企業家仍然占據了其中的大多數。有人指出：「在州議員當中最大的職業群體是律師，他們占議員總數的五分之一，……很少有白領和藍領工人在議會中任職，即使在那些擁有大批工會會員的工業州中也是如此。……婦女在州議會中正在贏得越來越多的席位，特別是在過去的十年中（指1970年代——引者），但在1980年，她們在州議員總數中也只占了百分之十。」❿還應該指出的一點是，州議員往往是美國的政治家們步入政治生涯的入口，雖然只有極少數州議員能夠最終身居高位，但的確有不少的總統、國會議員、最高法院法官、內閣成員、州長以及其他的重要官員是從地方議會中開始他們的政治生涯的。⓫

州議會的議員是按選區選舉出來的，雖然各州的憲法或者其他法律都規定代表應該在選民人數大致相等的選區中分配，但是，由於兩百多年來美國人口地理分布的巨大變遷，以及在原有的選區劃分格局中得利的選區拒絕作出不利於它們的調整，州議員選區劃分中的不合理現象與聯邦衆議院議員的選區劃分一樣非常嚴重。由於在過去的大部分時間裡都市化是美國人口流動的基本趨勢，因此城市和鄉村的人口的分布出現了嚴重的不平衡。但是，舊的選區劃分方式卻很少作出相應於人口變化的調整，不僅如此，代表鄉村利益的政治力量還刻意維護自己的特權地位。⓬這樣，到1950和1960年代，由選區劃分而導致的鄉村和城市在代表權問題上的不平等已經發展到了十分嚴重的地步。比如在1950年代，威斯康辛州的州議員城市選區平均人口爲六萬七千四百四十六人，而鄉村選區的平均人口則只有一萬五千八百二十七人；新澤西州屬於城市的各縣其人口占全州的百分之八十，但只有八名議員，屬於鄉村的各縣雖然其人口僅占全州人口的百分之二十，但卻擁有十三名議員。儘管如此，新澤西州在1947年還責令其赴制憲會議的代表，要他們保證不得提出重新分配議員名額的問題。⓭極端的情形出現在田納西州。1960年時，該州最小的州議員選區只有三千四百人，而最大的選區人口則多達七萬九千人！當然，這樣的現象在最高法院於1962年和1964年先後援引憲法修正案第十四條第一款「衆議員名額應按各州人口總數的比例分配……」作出裁決，要求各州議會議員選區的劃分必須以人口爲基礎，「相同數量的人口必須擁有相同數量的代表」之後已經有所改觀。

美國州的立法機關在其內部組織與立法程序方面都與聯邦議會十分相似。一般來說，各州立法機關都有自己的院內政黨委員會以及議會本身的各種專門委員會和常設委員會，而議會中的各種關鍵職位也往往由議會中的多數黨所控制。在立法程序方面，州議會一般也是經過三讀，第一讀宣布議案的名稱後，所提出的議案即交由相關委員會進行審查，如委員會對該議案表示同意或經修改後表示同意，則送回本院全院會議進行二讀，二讀後經全院會議討論並進行三讀。如獲通過，即將該議案送交另外一院批准，如兩院通過的議案文本有較大差異，則與聯邦議會的情形一樣，由兩院共同組成協商委員會進行協調，並形成統一的文本。兩院都通過議案後送交州長簽署，當然，與總統一樣，州長也可以對議案進行否決。與聯邦議會不同的是，美國各州立法機關的會期普遍都很短。現在五十個州中有三十八個州的議會每年開會一次，剩下的十二個州則是兩年才開會一次，而有四分之三的州憲法規定，議會正常工作的時間只限於六十天，短暫的會期實際上對州立法機關的工作能力是一種限制。

美國的州議會在法律上享有非常廣泛的權力。按照聯邦主義的理論，聯邦政府只能享有由憲法賦予（無論是「明確地」還是「暗示地」賦予）的權力，而州議會的權力相比之下則是無限的。當然，美國憲法也對州的立法機關的權力進行了一些限制。首先，州的憲法和法律不得與聯邦憲法相抵觸（憲法第六條），其次，各州不得鑄造貨幣，不得發行信用券，不得通過溯及既往的法律和損害契約義務的法律，不得制定和實施剝奪合衆國公民特權和豁免權的法律，不得維持奴隸制或強制勞役制度，未經正當程序不得剝奪任何人的生命、自由和財產，不得拒不爲在其管轄下的任何人以同等的法律保護等等（憲法第一條第九款和第十款，以及憲法修正案第十三條和第十四條）。另外，每一個州的憲法也如同聯邦憲法一樣，附有一個「人權法案」，它們的內容大致相同，也是對州的立法權的一種明確的限制。

除去這些限制之外，州的立法權具有幾乎是無限廣闊的空間。首先，州立法機關具有制定和修改憲法的權力，州立法機關可以提出憲法修正案，而對於修正案的批准也必須由州議會進行；另外，至少從理論上說，各州議會也完全可以通過召開一次制憲會議而通過一部新的憲法。其次，州議會在其所在州還具有一些類似於聯邦議會的權力，像在所在州設立各種必要的行政機關以執行其通過的法律、通過州的預算案、批准州長對一些重要的行政官員的任命，以及對自州長以下的行政官員行使監督和彈劾的權力等等。最後，州議會還享有聯邦議會所沒有的許多特權，州議會在整個民法和刑法領域擁有廣泛的權利，可以制定有關合同、財產、婚姻、治安方面的法律，另外，州立法機關還享有廣泛的管理經濟和社會事務的權力，包括管理公共教育、制定有關公共衛生、社會福利、市政發展的政策等等。

與州立法機關理論上所擁有的廣泛權力不相稱的是，它們在實際工作中的表現並不令人滿意，特別是在1970年代以前。對於州立法機關的批評主要集中在以下幾個方面。首先，人們普遍認爲州立法機關的效率比較低下。這是因爲州立法機關成員的專業水準都比較低，由於州議會的議員薪水和地位都不是很高，因此大多數州議員都把立法工作作爲一種業餘工作，而且缺乏連任的積極性，這就使他們不大可能熟悉各種立法程序和相關的知識與經驗。至於那些希望以從政作爲自己的終身職業的人則又往往只是希望以州議員作爲晉升的台階，所以也不把主要精力放在本州事務上面。另外，原來州立法機關當中委員會的數目繁多，一名議員往往在多個委員會任職，而如上面所說，州立法機關的會期一般又都很短，因而議員們也的確不可能有足夠的時間、精力與能力處理好他們所面臨的各項任務。

其次，州立法機關的立場往往趨於保守。鄉村與城市的對立在現代社會中往往表現爲保守與進步的對立。由於在長時期內鄉村地區在州議員的選舉中明顯地占有優勢，而1960年代以後開始的選區改革的眞正受益者又是郊區的選民，因而城市居民的利益在州議會中始終沒有得到充分的代表。有了這樣一種事實，人們視州議會爲保守力量的營壘也就是十分自然的事情了。

最後，人們認爲，州立法機關比聯邦立法機關更容易出現政治腐敗現象，因爲各種利益集團，如工業和商業巨頭、各種職業團體和地方性組織對於州議會都比對於聯邦議會具有更大的影響力。州議員們自身缺乏足夠的專業知識和工作熱情，也在客觀上爲形形色色的院外活動集團操縱立法提供了可乘之機。至於不時被披露出來的州議員受賄和腐敗的事實更強化了人們的上述觀念。

當然，針對州立法機關的威信在人們心目中普遍下降的事實，各州從1980年代以來也採取了一些改革措施，比如減少州立法機關中的委員會數目，使其設置進一步合理化，強調州議員的職業化，強調立法機關及其委員會的工作盡可能地公開化，以減少各種利益集團對立法活動的影響等等。當然，在聯邦政府客觀上發揮著越來越大的作用的情況下，要眞正恢復州立法機關在美國建立之初的活力並不是一件容易的事情。

美國州以下的行政單元非常複雜，目前州以下的各類地方政府數目不少於七萬八千二百一十八個，有市、縣、鎭、教區及特別區等等類型，其立法機關的形式也多種多樣，不一而足。就市的情形而言就包括三種類型，第一種類型是市長加議會的形式，這是美國最古老的城市組織形式，由一名市長擔任行政長官，一個民選的議會作爲立法機關，兩者之間的關係與州和聯邦的立法與行政機關的關係類似。第二種類型是委員會制，在這種制度之下，立法與行政職能都由一個全市居民選舉產生的委員會行使，每一個委員負責一個或者幾個行政部門的工作，委員會中有一名委員被任命爲主席，也常常被稱爲市長，但只是一種名譽職，他並沒有超出其他委員的權力。第三種類型是行政官制度。在這種制度下，城市的立法權由一個民選產生的議會行使，但這些法令的執行者卻不是一個獨立的行政長官，而是一名由議會雇用的行政官（City Manager），他沒有確定的任期，其任職時間長短取決於市議會對他的滿意程度，兩者之間的關係類似於企業中的董事會與經理的關係。縣的情形與城市的委員會制相似，即由居民選舉產生一個委員會，它同時行使立法與行政的權力。至於在鎮和區一級，美國基本上保持了殖民地時期的自治傳統，由全體公民大會行使立法權，並且選舉產生本地的行政官員和其他公職人員。當然，在實際運作中，由於並非所有的人都對公共事務感興趣，所以其立法活動往往受到政黨、利益團體和職業政治家的操縱與控制。

—註釋—

❶Milton C. Cummings, Jr. and David Wise, *Democracy under Pressure,* second edition, Harcourt Brace Jovanovich, Inc, 1977, 451.

❷Cited from *The Growth of the American Republic,* vol.1, p.290.

❸Charles Beard, *American Government and Politics.* p.88.

❹Ibid., pp.88-89.

❺Charles Beard, *American Government and Politics.* p.106.

❻Charles Beard, *American Government and Politics.* p.147.

❼Milton C. Cummings, Jr. and David Wise, *Democracy under Pressure,* sixth edition, Harcourt Brace Jovanovich, Inc, 1989, p. 526.

❽Allen Schick, *Reconcilation and the Congressional Budget Process.* Washington, D. C. :American Enterprise Institute for Public Policy Research, 1981, p.37.

❾Watkins vs. United States, 354 U. S. 178(1957).

❿Samuel C. Patterson, "Legislators and Legislatures in the

American States," in Virginia Gray, Herbert Jacob, and Kenneth N. Vines, eds., *Politics in the American States: A Comparative Analysis,* 4th edition, Boston:Little Brown, 1983, p.154.

⓫Charles Beard, *American Government and Politics,* p.601.

⓬在1894年紐約州代表大會上，一位得天獨厚的演說家約瑟夫·喬特使出他的全部看家本領為縣的權利辯護，宣稱一個縣無論多麼小都應該在議會中擁有自己的代表，他的一篇演說讓聽衆幾乎感動得流下了眼淚。由此之後形成了一個非常普遍的規則，每個縣在下議院至少要有一名代表，無論其人口數目是多麼少。見Charles Beard, *The American Government and Politics,* pp.595-596.

⓭Johnson,*American Government,* 1956, p.411.

第5章

美國的行政機關

一、美國總統及聯邦行政機構

美國憲法第二條第一款規定，「行政權屬於美利堅合衆國總統」，當然，在此不能把「總統」僅僅視爲一個孤立的個人，而應該將其理解爲一種職位，政府的一個部門，行政機關的首腦，由總統、副總統以及在總統領導下的聯邦政府各部構成的整個聯邦行政機構的代表和象徵。

美國的制憲者們之所以採用了總統制，是兩個方面的考慮的結果。一方面，殖民地時期英國總督濫用職權的教訓人們還記憶猶新，對此，制憲會議期間《賓夕法尼亞先驅報》表示：「雖然我們不能肯定地告訴你們我們正在做什麼，但可以告訴你們我們不會做什麼——我們從來沒有想到實行君主制。」❶但另一方面，邦聯政府的軟弱無力及其所帶來的混亂又使人們感覺到應該建立某種強有力的行政機構。因此，在制憲會議上，雖然最初比較普遍的意見是設立一個附屬於立法機關的行政首腦，但後來建立一個獨立的和強有力的行政機關的觀點還是逐步占了上風。不過，發生這種轉變的主要原因是當時的制憲者們一個十分特別的考慮，即在新憲法的框架之下，聯邦立法機關的權力已經大大擴展，爲了能夠對這個反映一般民衆的意願的，帶有危險的激進傾向的機構相抗衡，保護公民的財產和自由，則必須建立某種強有力的行政機關。由於當時一些有影響的人物，如詹姆斯·威爾遜（James Wilson）、莫里斯和詹姆斯·麥迪遜都持這樣一種觀點，因此最後制憲會議以七比二的多數決定採用現行的制度，即一方面設立一個享有較大權力、獨立於國會的總統，同時又通過分權與制衡的原則以及聯邦制的原則對他的權力進行牽制。

關於總統候選人的資格，美國憲法有如下的規定：「任何人除出生於合衆國或在本憲法通過時已爲合衆國公民者外，不得當選爲總統。年齡未滿三十五歲及居住於合衆國境內未滿十四年者亦不得當選爲總統。」（第二條第一款）之所以對總統候選人的資格作出如此嚴格的限制，一個基本的目的是爲了保證總統能夠維護合衆國的利益。至於憲法中特別規定的憲法通過時已經成爲美國公民的人也能當選，則是因爲考慮到當時美國政治生活中一些關鍵性的人物，如漢密爾頓和詹姆斯·威爾遜等都不是在美國本土出生的人，對於後人來說，這一項規定當然就不再有什麼意義了。

根據憲法規定，總統選舉採用間接選舉制，即首先選舉總統選舉人，然後再由總統選舉人選舉總統和副總統。這樣的一種選舉方法，與美國政治生活中其他方面的諸多制度一樣，是制憲者們矛盾心情的結果。一方面，他們感到總統這樣一個執掌著執行法律和制定國策的大權的合衆國最高行政長官的產生必須反映民衆的意願，但另一方面，他們又擔心「未經提煉的」民衆的意願會過於極端，而且如果由選民直接選舉總統也有可能會出現騷亂。對此，漢密爾頓說得非常清楚。他曾經解釋道：「遴選擔負如此重責大任的人物（指總統——引者），應該希望人民的意志能夠發揮作用。為此，沒有把這項權利交付給某一現成機構，而是交付給為此特殊目的由人民在特定時刻選出的人。」「同樣應予希望的是，直接選舉能夠由這樣一些人來實現，他們最善於辨別適宜於這一職位需要的品質，可以在有利於慎重審議的條件下行動，並使一切理由和主張都能適當地結合在一起，以便作出選擇。」另外，「尤其應予希望的是，要盡可能地減少引起騷動和紊亂的機會。……選出若干人，組成一個選舉人的中間機構，比起選舉一個人，作為公衆寄望的最終對象，就不那麼容易造成震動整個社會的非常的、暴亂性的運動。而且，由於由每州選出的選舉人將在其所由選出的州內集合並進行投票，這種各自分離的情況，比起把他們同時召集到同一地點，可以使他們不那麼容易招惹激情和怒氣轉而又影響到全體人民。」❷不過，由於憲法通過之後不久美國就出現了相互競爭的兩大政黨，並且在後來的發展中形成了由政黨提名總統候選人的制度，因此總統選舉人實際上是按照政黨所提出的候選人進行投票的，他們並沒有獨立作出選擇的可能性。從這個意義上說，實行由選舉人選舉總統的制度已經不能達到制憲者們當初的目的，因而也有人提出應該用直接選舉制替代已經不合時宜的選舉人制度。當然，要做到這一點還必須對憲法進行修正。

關於產生總統選舉人的方法，憲法第二條第一款規定：「各州應依照州議會規定的方式選派選舉人若干名，其人數應與該州所應選派於國會的參議員和衆議員的總數相等；但參議員或衆議員或在合衆國政府中受俸任職之人，不得選派爲選舉人。」按照這一規定，美國五十個州和哥倫比亞特區現在一共可以選出總統選舉人五百三十八人（其中哥倫比亞特區三人），他們一同組成所謂的「選舉團」。

選舉人產生出來之後，由他們在各自所在州的首府在總統選舉日投票選舉總統和副總統。對此，憲法修正案第十二條進行了詳細的規定：「選舉人應在本州集會，投票選舉總統和副總統，所選的總統和副總統中至少應有一個人不是選舉人本州的居民；選舉人應在選票上寫明被選爲總統之人的姓名，並在另一選票上寫明被選爲副總統之人的姓名。選舉人須將所有被選爲總統及副總統的人分別開列名單，寫明每人所得票數，在名單上簽名作證，封印後送至合衆國政府所在地，呈交參議院議長。參議院議長應在參議院和衆議院全體議員面前開拆所有證書，然後計算票數。獲得總統選票最多者，如所得選票超過選舉人總數之半，即當選爲總統。如無人獲得這種過半數票，衆議院應立即就總統候選人的名單中得票最多的人中（不超過三個）投票選舉一人爲總統。但選舉總統時應以州爲單位投票，每州代表有一票表決權；以此種方式選舉總統之法定人數爲全國三分之二的州每州有一名或數名議員出席，選出總統需要全國過半數州的投票。如選舉總統之權轉移給衆議院而該院於次年3月4日前尚未選出總統，則副總統應按總統亡故或憲法所規定之其他有關總統喪失能力之條款代行總統職務……」副總統的選舉方式與總統相同，只不過如果沒有人得到選舉人過半數票的情況下不是由衆議院而是由參議院來選舉副總統。

當然，實際的總統（包括副總統）選舉過程要複雜得多。大致說來，現在美國的總統選舉需要經過以下的四個階段：候選人提名、競選、選舉總統選舉人，最後由選舉人投票選出總統。

美國憲法原先並沒有對總統候選人的提名程序進行規定，這當然也可以算得上是憲法的一個漏洞。不過，政黨政治發展從某種意義上來說正好彌補了這個漏洞。1800年以後，總統候選人的提名工作就開始由各政黨承擔。不過，最初的做法是由國會兩院中各政黨的議員在其政黨委員會中提出該黨的總統候選人。這種做法有一個問題，即那些在國會中沒有議員的政黨就沒有辦法提出它們的總統候選人，因此從一開始就遭到反對。1831年的時候，一個叫「反共濟會黨」（Anti-Masonic Party）的小黨開創了一個先例，在這一年舉行的該黨全國代表大會上，該黨首次提出了它的總統候選人。民主黨在第二年即仿照這一方法提出了自己的總統候選人，其他政黨也紛紛仿效，到1838年，由政黨的全國代表大會提名總統和副總統候選人的做法已經被普遍實行。

各政黨全國代表大會的代表由各州選派（具體情況可參見第九章），會議的時間一般是總統選舉年的六月，地點則由黨的全國委員會決定。當然，提名總統候選人並不是黨的全國代表大會的唯一任務，因為代表大會還要通過黨的各個委員會的報告和黨的綱領。總統候選人的提名一般是在大會的第三天或者第四天進行。提名的程序是由各州代表團按州名第一個字母的順序依次向大會主席提出自己州提出的候選人姓名，沒有提出候選人的州可以依從下一個州所提出的人選。全部州都提出候選人之後就由大會代表透過個別投票的方式選舉本黨的總統候選人，得到多數票的候選人將最終獲得本黨總統候選人的提名。當然，有的時候產生總統候選人提名並不容易，在這種情況下，黨內不同的派別進行激烈的競爭，投票的過程也就變成在各派之間進行妥協的過程，這個過程可能會持續好幾天。由於每個政黨只能提出一名總統候選人，所以如果兩個派別相持不下的話，也有可能以提出第三者充當候選人而結束爭論。這種時候出現的第三者就被稱為總統候選人提名中的「黑馬」。

在此還需要指出的是，雖然總統候選人的正式提名要等到黨的全國代表大會召開時才能進行，但由於本世紀越來越多的州實行了總統預選制，所以通常的情況是早在黨的全國代表大會之前，有意問鼎總統的政治家們往往已經在各州展開了競選活動。甘乃迪在1960年、卡特在1979年以及柯林頓在1992年都是這麼做的。在州預選會上的競選活動可以為未來的政黨提名創造輿論基礎，形成某種既成事實，因此也有人說，自1960年以後，黨的全國代表大會已經不再是總統候選人的提名大會而是批准大會了。另外，雖然從形式上看總統候選人是在黨的全國代表大會上產生的，但實際上什麼樣的人能夠成為候選人卻不是一個能夠在黨代表大會上解決的問題。首先，美國總統選舉中的一些技術性的因素對候選人形成了客觀的限制，比如說，由於各州總統選舉人的人數與該州國會參眾兩院的議員總數相等，因而在總統選舉時大州所擁有的票數就要比小州多；加上在選舉人在投票時一般傾向於本州出身的候選人，所以在同等條件下大州出身的人就可能比小州出身的得到更優先的考慮。其次，由於美國的政黨組織比較鬆散，除黨代表大會會期之外的時間，黨的活動主要也就是黨的領袖們的活動，所以在候選人提名的時候，尤其是在預選的時候，黨的領袖的傾向對於競爭候選人的人來說就成為一個不容忽視的因素。一位前民主黨全國委員會主席就曾經表示：「操縱每次代表大會的不到一百個人，一般代表實際上沒有參加大會的工作，只在需要表決時參加投票。」再次，候選人個人的經歷也是一個很重要的決定因素。州長、著名的軍事將領、參議員和副總統是最有希望成為總統候選人的人選。最後，由於總統競選所需的開銷越來越大，因而非常自然的，那些為競爭總統職位的人提供大筆捐款的人的政治影響也就按比例地上升了。

總統選舉程序的第二步是由獲得政黨提名的候選人在全國範圍內進行競選。這種全國性的競選是總統選舉過程中關鍵性的環節，一般在總統選舉年的九至十一月進行。競選的主要內容是向選民介紹本黨的政治主張及候選人自己的施政綱領，向選民作出各種各樣的承諾，目的是爭取盡可能多的選民的支持。競選的形式包括在全國各地發表演說、接見選民，以及與競選對手進行公開的辯論等等。甘乃迪曾經奔走四萬四千英里，在四十三個州發表過三百六十次演說，尼克森第一次競選時更是行程六萬五千英里，並且在五十個州發表了二百一十二次演說。由於候選人是政黨所提出來的，所以各政黨也開動它們的一切宣傳工具，為本黨的候選人搖旗吶喊，同時對競爭對手進行各種形式的批評和指責，甚至向公衆揭露其他候選人的醜聞以損害其形象。近年來由於電視的普及，這種便捷的傳媒手段已經成為總統競選中最重要的工具，當然，從另一個方面說，電視也提高了總統選舉的全民性。

總統選舉自然不僅僅是候選人個人的事情，傳統上各政黨都由黨的全國委員會對本黨的競選活動進行統一的籌劃和領導，該委員會在競選中的另外一個主要任務則是負責招募和管理來自各方面的捐款，委員會的主席就是競選活動的總指揮。近年來，除黨的全國委員會之外，各候選人都另外成立一套自己的競選班底，負責爲候選人出謀策劃、設計形象、宣傳鼓動等等。

美國的總統選舉不僅是一場熱鬧非凡的宣傳大賽，而且也是一場令人瞠目的花錢大賽。據統計，1976年，福特和卡特在競選中各花費了二千二百萬美元，福特爲了在共和黨內擊敗雷根還額外花了一千四百萬美元，而雷根本人在其失敗的努力中也花費了近一千八百萬美元，卡特爲了在民主黨內擊敗其對手同樣額外花了一千三百萬美元。但比起1972年的總統選舉來說，1976年的選舉費用已經是有所下降了。在1972年，尼克森爲連任總統而花費了六千萬美元，而他的對手，參議員喬治・麥高文（George McGovern）也花了三千萬美元。❸大量的花費來自各種各樣的捐款，但是，正如一位國會議員所說，「這是一個無法改變的事實，當大量金錢流入政治角逐場的同時，大量的義務也就承擔下來了。」問題是，雖然國會通過了相關的法案試圖控制捐款的數量，但總統的選舉方式本身就決定了這種控制無法取得眞正的成果。

總統選舉過程的第三步是由各州選舉它們的總統選舉人。各州總統選舉人原先是由州議會選舉產生的，後來就改成了由各州人民直接選舉他們的總統選舉人。這個過程又分爲兩個階段。第一個階段採用選區制，即先從全州選出兩人，其他人則按照衆議員選區選舉。第二個階段則進一步廢除了選區制，改爲由政黨按照憲法規定的數目提出本黨的全部候選人名單，然後選民對這些名單進行投票。按照這種新的選舉方法，某個政黨只要得到相對多數的票數就能在實際上囊括該州的全部選票，也就是說，該政黨提出的選舉人全部當選，而其他黨派的提出的候選人則全部落選。

各州選舉其總統選舉人的日子也叫總統選舉日，雖然他們並不是眞的對總統進行選舉。這一天按規定爲選舉年十一月的第一個星期一以後的第一個星期二。在現在的總統選舉制度之下，總統選舉人的選舉對於各政黨競爭總統職位具有至關重要的意義。由於總統候選人的提名是在黨的全國代表大會上進行的，而總統選舉人也是以各政黨爲單位進行選舉的，加上一般情況下選舉人總會投本黨總統候選人的票，因而總統選舉人的選舉實際上也就等於總統選舉。由於這個原因，美國的兩大政黨以及總統候選人都要花費極大的精力在各州的預選活動中爭取選民的支持，尤其是在那些兩黨的影響旗鼓相當的大州。比如說，柯林頓在1992年的總統選舉當中能夠戰勝布希，一個重要的原因就是前者是1964年以來第一次作爲民主黨的總統候選人在加利福尼亞贏得了預選的勝利。加州的選舉人人數是五十四人，占當選總統所需票數（二百七十票）的五分之一，可以想見競選中這樣的州的得失所發生的影響。

總統選舉程序的最後一個階段就是由總統選舉人在總統候選人之間投票正式選出總統。當各州選出其總統選舉人之後，這些人便組成選舉團，並且於選舉年的十二月的第二個星期三之後的第一個星期一在各州首府所在地分別投票選舉總統和副總統。由於總統和副總統的候選人總是配對參加競選，所以對於這兩個職位的選舉也就是在各個政黨之間進行選舉。加上上面所說的原因，正式選舉的結果實際上在總統選舉人被選舉出來之後便已經確定，因此選舉人的投票基本上就只是一種形式，沒有什麼實際意義。

各州總統選舉的投票結果將在選舉之後的第二年的一月六日下午一時由參議院議長在參衆兩院聯席會議上公布。當選總統和副總統的就職時間是同年一月二十日中午。根據憲法，總統的任期爲四年，但最初並沒有對總統是否能夠連任和如果能夠連任，能夠連任幾屆等問題作出規定。但是，第一任總統華盛頓僅連任一屆就宣布不再參加競選這一事實爲後來的總統們確立了一個先例，因爲沒有什麼人能夠自認享有比合衆國的最主要的奠基人具有更傑出的才華和更高的威信。❹ 因此從華盛頓以後到富蘭克林・羅斯福總統之前，沒有一位總統打破只任職兩屆的傳統，也沒有人表現出這個方面的企圖。只有羅斯福是一個例外。當1933年羅斯福當選爲美國總統的時候，這個國家正處於大蕭條的危機當中，羅斯福的「新政」使這個國家擺脫了危機，這是他能夠第一次連任的原因。但是，1939年第一次世界大戰爆發，又再次使美國面臨困難和複雜的形勢。正是在這種特殊的環境下，加上羅斯福本人的崇高威信，使他連任四屆總統，創下了歷史的紀錄。不過，美國人雖然連續選舉羅斯福作爲他們的總統，但這畢竟與他們對於民主和自由的信仰是有矛盾的。因此，在羅斯福去世之後，第八十屆國會便於1947年通過了一項憲法修正案，該修正案規定：「無論何人，當選擔任總統職務不得超過兩次；無論何人，在他人當選總統任期內擔任總統職務或代理總統兩年以上，不得當選擔任總統職務一次以上。」這項修正案於1951年得到了四分之三多數的州的通過而正式成爲憲法的一部分。按照該修正案的規定，可能擔任總統的最長年限爲十年（如副總統代行總統職權不到兩年，則他還有機會當選總統並連任一次）。對於總統任期的限定是美國人民主觀念的一種反映，但是，這種制度也帶來了某些消極的後果，其中一個主要的方面就是總統如果能夠連任的話，則在第二屆任期內往往消極無爲，但求無過，因爲無論其如何努力都已經沒有再次連任的可能性。這樣的總統也如同上面所提到的已經落選而尙未去職的議員一樣，被人們稱爲「跛鴨」 (lame duck) 。

作爲聯邦行政機構的首腦，總統領導著一個龐大的行政班底，它們包括下面幾個大的組成部分：副總統和總統行政公署、政府各部以及各種獨立機構。首先是關於副總統的問題。美國憲法的制定者們之所以決定設立副總統這樣的一個職位，一個主要的考慮是在出現總統不能履行職責的時候有人繼任總統，因此，憲法中除對副總統繼任總統的程序進行了規定之外，有關副總統權力的唯一規定就是副總統同時是參議院議長，他主持參議院的會議，但只有當投票時反對和支持某一議案的票數相等時他才有一票表決權。副總統的選舉程序與總統相同，但候選人提名和具體的選舉方式在歷史上經歷了一些變化。1804年以前，副總統由在總統選舉中得票僅次於總統的人擔任；根據1804年通過的憲法第十二條修正案，總統選舉人應對總統和副總統候選人分別進行投票；1832年以後，在採用由政黨提名總統候選人的方法的同時，副總統候選人也改爲由得到總統候選人提名的人提出，並且由黨的全國代表大會批准，總統和副總統候選人同時參加競選。

憲法雖然對於總統不能履行職責時副總統繼任總統的程序進行了規定，但對於副總統職位出缺時應由何人繼任卻沒有作出任何規定，這也從一個側面反映了憲法的制定者們對於副總統這個職位的不重視。由於這個遺漏，美國歷史上一共出現了八次副總統職位一直空缺的情況。直到1967年，憲法第二十五條修正案才對這個懸而未決的問題作出了解答。該修正案規定：「當副總統職位出缺時，總統應提名一名副總統，經國會兩院皆以過半數票批准後就職。」1973年和1974年，福特（Gerald R. Ford）和洛克菲勒（Nelson A. Rockefeller）就是根據這一新的修正案而分別被任命爲副總統的。

由於憲法沒有對副總統的權力進行明確的規定，所以他的實際權力只能來自於總統的授予。在較長的時間內，美國的副總統形同虛設，僅僅是一種榮譽性的職位。不過，在第二次世界大戰之後情況有所變化，在艾森豪（Dwight D. Eisenhower）任總統的時候，就曾把諸多行政和外交事務交由他的副總統尼克森辦理。在卡特任總統的時候，他的副總統蒙代爾（Walter F. Mondale）更是承擔了廣泛的權力與責任。現任總統柯林頓的副總統阿爾・戈爾（Al Gore）掌握的權力大概要大於以往的任何一位副總統，他不僅直接領導新設立的科技政策辦公室和國家經濟委員會，而且負責全面監督政府的工作。在對外政策方面，戈爾也發揮了非常明顯的作用，在波黑內戰期間向波斯尼亞空投物資的決定就是戈爾作出的。

另外一個包含在總統的法律概念之內的機構是總統辦事機構（Executive Office of the President）。總統辦事機構也被稱爲總統行政公署，是1939年羅斯福任總統的時候設立的，是總統的諮詢和顧問機構。不過，除白宮辦公廳之外，總統辦事機構的成員與政府各部一樣，由總統提名後必須得到參議院的批准。總統辦事機構的具體設置經常變化，一個整體的趨勢是其規模不斷擴大，人員不斷增加。現在的總統行政公署包括白宮辦公廳、行政管理和預算局、經濟顧問委員會、國家安全委員會、政策發展辦公室、環境質量委員會、科技政策辦公室、美國貿易代表辦公室、國家藥品控制政策辦公室等等，工作人員超過二千人。這些機構有的主要發揮顧問和協調的作用，沒有它們自己的執行部門，比如行政管理和預算局與科技政策辦公室等，有的則有自己領導的下屬機構，如國家安全委員會就下設有美國最大的情報機關——中央情報局（CIA）。

政府各部是聯邦政府的主要機構。美國立國之初，國會只設立了三個部（國務院、陸軍部和財政部），作爲總統領導下具體的執行機構，後來，隨著聯邦政府職能的擴展，聯邦政府部門的數量也不斷增加，現在已經發展到十四個，即農業部、商務部、國防部、教育部、能源部、衛生與公衆服務部、住房與城市發展部、司法部、勞工部、國務院、內政部、交通部、財政部與退伍軍人事務部等。總統、副總統和上述聯邦政府各部也作爲一個整體而被稱爲內閣。

最後是聯邦的各種獨立機構。這些獨立機構雖然也由總統領導，但享有很大的獨立性，對它們，下面還要進行具體的介紹。

二、美國總統的權力

作爲聯邦最高行政長官，總統最基本的權力就是執行憲法的有關規定以及國會制定的各種法律。總統的行政權具體來說又包括以下幾個方面。

首先，總統統領著聯邦政府的整個行政機構，後者必須保證貫徹和執行總統的意志和命令。按照憲法規定，聯邦政府各部的主要官員都是總統經參議院同意之後加以任命的，在履行公務的時候他們只對總統而不對議會或者其他任何機構負責。雖然總統與政府各部的部長和其他某些高級行政人員也常常以內閣會議的方式商討政務，但由於總統的基本施政方針或者早在其競選的過程中就已經確定並爲人們所熟知，或者每年以國情諮文的形式向國會提出，加上總統在對政府主要官員的任命時首先考慮的就是挑選那些對自己的方針政策的支持者，所以和英國的內閣與實行議會制的國家不同，對於總統除了具有一定的參謀和諮詢的作用之外，並沒有任何實質上的約束能力。林肯在這個方面提供了一個非常典型的例證。據說，在一次內閣會議上，林肯遭到了他所有的內閣成員的反對，但最後總統以下面的一句話結束了激烈的爭論：「七票反對，一票贊成，贊成的占多數。」❺由此可見，總統在行政事務方面具有最後的決定權，正如杜魯門（Harry Truman）總統辦公桌上的一個字條所說，「莊家在此」。那些其政策觀點與總統發生了明顯的分歧而又不能調和的政府官員，最後的結局往往只能是辭去他們在政府中的公職。

美國總統作爲行政首腦的權力得到了憲法第二條第三款的保證，該款規定，總統「負責使法律得以切實執行」。而總統執行憲法和各項法律的過程也就是他通過發布各種指示和命令，督促政府有關部門解決其權力範圍內的各種問題的過程。從現在的情形來看，幾乎國會每通過一項法律（以下還要說明，國會的諸多法律本身就出自於總統的創議），總統都會發布一個相應的命令，以明確具體執行該項法律的部門與方式。除此之外，總統還有權要求政府各部就其工作的情況向他提出報告，也可以對政府各部的工作進行具體的監督和指導。

總統的行政權力的第二個主要的方面就是行政機構的人事

權，包括對行政官員的任命、免職與赦免的權力。美國憲法第二條第二款規定，總統根據參議院的同意，有權「任命合衆國的一切官員」。總統的任命權是其作爲行政首腦的一項重要權力，也是他能夠控制聯邦政府各部，保證自己的方針政策得以實施的一個基本前提。當然，總統作出的各項任命必須得到參議院的批准，這是對總統的任命權的一種制約，因此，總統在考慮他將要任命的人選的時候往往需要照顧參議院的態度，作爲回報，參議院對於總統的提名一般也都予以通過，在美國歷史上只有八位政府部長的提名遭到參議院的否決。

總統任命的行政官員分爲兩個大類，第一類一共大約有五千人，包括政府各部的正副部長、駐外使領館高級官員如大使和公使等、陸海軍高級將領、聯邦最高法院法官，以及各種獨立管制機構的高級官員等等。「政務官」的任命需經參議院批准。第二類行政官員的任命不需要經參議院批准，他們一般是聯邦的低級行政人員，目前其人數近三百萬，其中大約百分之八十五是公務員，自1883年公務員法被通過之後，他們基本上是經考試被錄用，其任命權也被下放到各有關部門，這對於總統的任命權也是一種限制，主要就是爲了防止當時十分盛行的「政黨分贓制」。

除任命權之外，總統還享有對他所不滿意的行政官員予以免職的權力。憲法對於這項權力並沒有明確的規定，僅提到可以由衆議院提出彈劾，經參議院審訊被定罪後之合衆國官員應被免職。不過，在美國建立後較長時間內，人們都認爲總統有權在不經參議院同意的情況下免除在任命時經參議院批准的任何官員。但在這個問題上後來又有反覆。1867年，參議院通過一個法案，規定凡由參議院批准任命的任何文職官員，總統不得在未經前者同意的情況下將其免職。此後參議院作出了一些讓步，而且1926年最高法院的一項判決認定，總統免除他與參議院共同任命的官員的權力不應受到國會的干預。❻但在1935年，最高法院卻又作出一項相反的判決，認爲總統不能因政見不同而隨意解除那些具有半立法和半行政職能的聯邦獨立管制機構的官員。對他們的解職必須根據國會設立這些機構的有關法律規定的理由——諸如無效率、瀆職、違法等才能進行。❼雖然如此，但總統對這一類官員的任職仍然具有相當的影響力。比如，當聯邦通訊委員會的主席在1960年捲入一樁醜聞而當時的艾森豪總統表示了他的不安之後，該主席便主動辭去了自己的職務。

總統人事權的第三個方面是他所特有的人事赦免權。根據憲法規定，總統有權對所有觸犯了聯邦法律的罪犯行使赦免權，不過被彈劾者以及觸犯了各州法律的人不能由總統宣布赦免。總統的赦免權包括大赦和特赦兩類，前者適用於犯了某種罪行的一批人，而後者則僅適用於某個特定的個人。行使赦免權的方式和時間則完全由總統自己決定。在美國歷史上第一次行使赦免權的總統是華盛頓。1792年，他爲了平息賓夕法尼亞農民因爲反對聯邦對生產和出售烈酒徵稅而發起的動亂曾宣布赦免所有參與動亂的人。南北戰爭以後，林肯總統也對所有的南方軍隊及其政治領袖宣布實行赦免。不過，總統赦免權的政治意義直到水門事件之後繼尼克森出任總統的福特對前者宣布實行特赦才引起了人們的廣泛關注。水門事件被披露出來之後，由於尼克森總統被指控在國會和最高法院進行的調查中隱藏證據並且阻撓調查的進行而面臨著被衆議院彈劾的可能。在這種情況下他不得不宣布辭去總統的職務。原來是副總統的福特在繼任總統職位之後表示，由於國會可能對尼克森進行的彈劾和審訊會導致國家的「分裂」，因此他決定赦免尼克森作爲美國總統期間「所犯下的或者可能犯下的罪行」。當然，福特在後來作證時發誓，此前他並未與尼克森就赦免的問題達成任何安排。尼克森之後得到類似待遇的另一位高級政府官員是美國前國防部長溫伯格（Caspar Weinberger）。他曾經因涉嫌參與「伊朗門事件」而預定在1993年1月受審，但卻被布希總統在1992年聖誕節之前宣布特赦。

總統作爲行政首腦第三方面的重要權力是宣布全國進入緊急狀態的權力。對於此項權力，憲法本身亦未作任何規定，在南北戰爭之前，宣布緊急狀態都是由各州政府進行的，只是在南北戰爭時期，林肯總統才首次不經國會授權而宣布全國進入緊急狀態。雖然憲法並沒有明文規定總統宣布全國進入緊急狀態的權力，但這一權力被認爲可以藉由對憲法進行解釋而獲得。因爲憲法規定，「根據人身保護令享有的特權，除非在發生叛亂或遭遇入侵、公共治安需要停止此項特權時，不得中止。」（第一條第九款）「合衆國應保障聯邦各州實行共和政體，保護各州免遭入侵，並應根據州議會或州行政長官（在州議會不能召開時）的請求平定內亂」（第四條第四款）總統「應監督一切法律的切實執行」（第二條第三條）以及國會有權「規定徵召民兵以執行聯邦法律、平息內亂和抵禦外侮的條例」（第一條第八款）等等。

總統宣布緊急狀態的權力在1933年經濟危機時由國會正式授予羅斯福總統。此後1950年朝鮮戰爭爆發的時候以及1971年美國郵政工人罷工的時候，杜魯門總統和尼克森總統都先後宣布全國進入緊急狀態。宣布進入緊急狀態之後，總統能夠行使平時所沒有的非常廣泛的權力，這是國家在關鍵時刻所必需的，但對於公衆的自由而言就成爲一種廣泛的限制，因此國會和最高法院對於總統宣布全國進入緊急狀態的權力總是盡可能地加以約束。根據1976年通過的「緊急狀態法」，總統如決定宣布緊急狀態應事先通知國會，並說明他準備使用哪些法律；緊急狀態持續六個月之後即自動終止，而且國會任何一院都能以簡單多數通過而中止緊急狀態——當然，如果總統認爲必要的話，仍可以重新宣布緊急狀態。從這項法律的基本內容來看，不能說是對總統宣布緊急狀態的權力施加了明顯的限制，只是使總統宣布緊急狀態需要更爲複雜的程序罷了。

行政權只是美國總統所行使的多重權力當中的一種。根據憲法、慣例與最高法院的判決，總統還享有如下權力：國家元首的權力、立法權、最高軍事首腦的權力、外交權以及作爲政黨領袖所擁有的非正式的權力。

美國憲法並沒有對總統作爲國家元首的權力作出明確的規定，當然，憲法也賦予了總統以諸如接受外國使節和實行大赦和特赦的等等屬於國家元首行使的象徵性和禮儀性的權力。總統作爲國家元首的地位和權威來自於下面這樣一些事實。首先，總統是唯一經過全民選舉產生的（雖然是間接選舉）聯邦公職人員，因而也被自然而然地視爲全體人民利益的代表和國家統一的象徵。其次，自美國建立以來總統權力的不斷擴張也有助於總統作爲國家的象徵這麼一種地位的加強。再次，美國國勢的上升也在無形中加強了總統的權力和地位，尤其是美國作爲一個世界性大國的地位的確立更使總統由於他所特有的外交權力而成爲一個世界性的角色，這自然反過來強化了總統在國內社會政治生活中的影響。最後還應該指出的是，由於大衆傳媒，特別是電視的發展以及它們對於以總統爲核心的政府活動的大量報導，總統的形象在實際上被塑造成爲一個民族英雄，成爲人們崇拜的對象。這對於提高總統作爲國家元首的權力和地位是一個重要的促進因素。羅斯福總統曾經表示，他是「既是一位國王，又是一位首相」，這正是對美國總統作爲國家元首的地位和權力的形象的表述。

其次是關於總統的立法權的問題。總統的立法權表現在以下三個方面。第一個方面就是總統是大量的法律和法案的提出者。美國憲法第二條第三款規定：「總統應隨時向國會提出有關國情的報告，並將他認爲必要而妥當的議案提請國會審議……」這被認爲是總統擁有立法創制權的憲法依據。不過，總統直接向國會建議立法的做法直到第二次世界大戰以後，特別是杜魯門政府以後才開始被普遍採用，其形式包括每年一月份總統向國會提出的表明總統立法意圖的國情諮文，總統就某些具體問題向國會提出的諮文，總統根據「預算和會計法」向國會提出的政府預算報告，以及出自政府各部門之手但以議員個人身份提出的各種議案等等。當然，總統所提出的法案能否得到國會的通過，在相當大的程度上要取決於總統和國會的關係。如果總統與國會屬於同一政黨，則前者的提案通過的可能性就比較大，而如果兩者不屬於同一政黨，則國會往往會給總統出難題。另一方面，總統也可能採用各種策略手段以換取國會議員對於他所提出的議案的支持。比如批准給某個議員的家鄉的政府投資、邀請議員到白宮並且向他們解釋自己的立法意圖並說服他們接受等等。

第二個方面是總統可以行使所謂的委託立法權。總統的委託立法權的法律依據是憲法關於總統有權監督法律的執行的規定。爲了使國會所通過的法律在各種具體的環境中得到執行，總統被認爲有權制定相應的實施細則。合衆國剛剛建立不久，國會在1809年就規定把立法上一些細節問題交由總統靈活處理，這是國會委託總統立法的開始。進入二十世紀以後，總統行使委託立法權的情況越來越常見，比如說，在第一次世界大戰期間，國會便委託總統對經濟進行全面管理；自1939年以後，國會又定期通過一些機構改革法，委託總統對聯邦政府機構進行改組——當然，總統的計劃需要得到國會的批准。從現在的情況來看，委託立法權主要表現在兩個方面。首先是總統發布的大量的行政命令。雖然說行政命令本來只是爲了便於執行國會所通過的法律，但現在往往被總統用來拯救那些他所提出來卻又未能得到國會批准的法律，使其能夠以行政命令的方式得以實施。其次是在總統領導之下的各種獨立管制機構制定的各種具體的法則和條例。

第三個方面是總統特有的立法否決權。根據憲法規定，對於國會通過的法律，總統都可以行使否決權。對於賦予總統的否決權的政治意義，漢密爾頓有如下的表述：「授予總統此項權力的首要考慮在於使其具備保衛本身權力的能力；其次則爲防止立法部門的倉促行事，有意或無意造成通過有害公益的不良法律。審議法案的次數愈多，則審議者之分歧愈多，由於缺乏適當討論從而產生錯誤之危險也愈小。來自某些意氣之爭或利益集團之偏見的失誤的危險也愈小。」❽如前所述，總統行使否決權可以有兩種方式，一種是直接否決，另一種是擱置否決。憲法本身並沒有對於擱置否決權作出規定，但憲法又規定，某項議案「如因國會休會而阻礙該議案（在十日內）退還，則該議案不得成爲法律」，這就爲總統有意利用此規定以阻撓他所不同意的議案通過提供了法律上的可能性。自麥迪遜總統首次運用擱置否決權之後，這項被稱爲「口袋否決權」（pocket veto）的權力一直被總統們大量地使用。雖然對於「口袋否決權」人們始終有不同的看法，而且最高法院也在1970年代作出判決，認爲總統不能在國會任何一次休會期間，而只能在其第二次會議結束而休會之後才能行使該項權力，但在1981年至1989年期間，雷根總統還是一共行使了三十九次口袋否決權。另外，雖然憲法還規定對於總統否決的議案國會仍然能夠以其兩院三分之二的多數再次通過而自動成爲法律，但從歷史上看，被總統否決的議案當中，只有百分之三得到議會的再次通過，由此可見總統的立法否決權影響之大。

當然，總統的立法權力除以上三個方面之外，還有一個不應忽視的方面，那就是按照憲法規定，總統還享有以下的權力，即「總統可於非常時期召集國會兩院或任何一院舉行會議，如兩院對休會時間意見分歧，總統可使兩院休會到他認爲適當的時間爲止」。

總統作爲最高軍事首腦的權力主要反映在兩個方面，即總統享有最高軍事指揮權和宣布戰爭的權力。憲法規定，總統是美國「陸海空軍總司令，並在各州民兵被徵召爲合衆國服役時任民兵總司令。」憲法的這一規定反映了所謂的「文職至上」（civilian supremacy）的原則，使民選產生的總統能夠對職業軍隊加以控制，這被認爲是民主政治的一項重要保證。當然，通常情況下，總統總是把具體的軍事指揮權交由國防部長和以參謀長聯席會議主席爲首的軍事指揮官們行使，但無論在什麼時候，最終決定權還是掌握在總統手裡。朝鮮戰爭時期，美軍將領麥克阿瑟（Douglas MacArthur）憑藉其在太平洋戰爭中的赫赫戰功，試圖對總統的這一權力發出挑戰，但最後的結果卻是他本人被解除了職務。

不同的總統以不同的方式行使他們的軍事指揮權，在1794年的「威士忌叛亂」中，華盛頓總統甚至親自指揮軍隊進入賓夕法尼亞鎮壓叛亂。當然，總統的最高軍事指揮權更多地是反映在他們進行宏觀的戰略部署和對重大軍事行動進行最後決策方面。像林肯在南北戰爭時期、羅斯福在第二次世界大戰期間、杜魯門在朝鮮戰爭期間、詹森和尼克森在越南戰爭期間以及布希在1991年的海灣戰爭期間都是如此。在核子時代，總統作爲最高軍事指揮官的權力更是令人矚目地表現在總統對於所謂的「核按扭」的控制權上。它意味著總統在必要的時候擁有發動核戰爭的權力，這使得美國總統與其他少數幾個國家的領導人一道，成爲在某種程度上決定著整個人類的命運的人。

總統作爲最高軍事指揮官的權力的第二個方面表現在他宣布戰爭的權力。雖然憲法把宣戰權賦予了國會，但自1941年12月國會相繼對日本和德國宣戰之後，國會便一直沒有機會行使這項權力，此後的朝鮮戰爭和越南戰爭都是總統以武裝部隊總司令的身份發動的，而國會也通過向這些軍事活動撥款而承認了總統的這一權力。不過，越戰時期國內對於總統的批評導致國會在1973年通過了一項「戰爭權力法案」，要求總統在向國外派遣武裝力量之後四十八小時之內必須向國會提出關於所從事的軍事行動的詳細報告，而且美軍在國外的作戰時間最長不能超過九十天。雖然「戰爭權力法案」是對總統發動戰爭的權力的一種限制，但也有人認爲它實際上是擴大了總統的戰爭權力。對這項法案，雷根總統在其任內一直與國會發生尖銳的衝突。他在1982年8月到1984年2月期間把美國海軍派往黎巴嫩，遠遠超過了「戰爭權力法案」所規定的時間限制；而在1988年3月他把三千二百名美國軍人派遣到宏都拉斯時就根本沒有向國會報告。布希任總統的時候與雷根不同，他在有關「戰爭權力法案」的問題上對國會表現出了更多的尊重，比如說，1991年的海灣戰爭，布希總統就及時向國會進行通報並且徵得了國會的同意。當然，到底「戰爭權力法案」的實際效力如何——如果不考慮總統的個人因素的話——還是一個需要由時間來檢驗的問題。

美國總統享有的廣泛的外交權力使他又被人們稱爲「首席外交官」。雖然憲法並沒有明確地把外交權賦予總統，但它規定了總統一些具體的外交方面的權力，比如接受外國使節，經參議院三分之二多數同意後任命美國的駐外使領館成員及其他外交官員，以及批准條約等等，正是在行使這些具體權力的過程中，以及由於美國政府機構的特性（外交部、國防部和中央情報局都處於總統的直接領導之下）和外交事務的特殊性，總統的外交權力變得越來越大。尤其是在美蘇冷戰期間，由於冷戰對於美國內政外交的重大影響，總統的外交權力也得到了前所未有的增強。從目前的情況來看，總統的外交權力包括以下四個方面：外交決策、締結條約和鑑定行政協定，以及外交承認權。

所謂的外交決策權指的是在具體的外交事務中作出決斷的權力。美國作爲一個世界性的大國，在世界外交舞台上扮演著十分重要的角色，而外交實踐的特點又使得一些重要的外交決策不能以國會討論的方式進行。比如說在1962年10月豬灣事件和古巴導彈危機的時候，美蘇兩國的關係一度處於十分緊張微妙的狀態，此時兩國都必須根據對方的反應作出適時的、明智的決策，稍有不慎就可能帶來難以預料的後果。總統作出外交決策的重要性在此得到了充分的體現。這只是一個典型的例子，實際上，由於美國的利益遍及全世界，總統每天都必須根據國際形勢的變化作出各種各樣的外交決策，而總統作爲首席外交官和國家元首的一言一行也會在實際上對國家的外交發生重要影響，比如說，他的對外政策演說，甚至針對某個國家而發表的講話，即使純粹代表他的個人意見，但也可能引起相關國家的強烈反應。當然，總統的外交決策權是受到國會限制的，一些重要的外交戰略決策必須得到國會的贊同。總統外交決策的不可替代性在於在具體的外交事務中的適時決策，與此相適應，一些外交危機也就往往突出了總統的外交決策權的重要意義，像卡特時期的伊朗人質事件，以及上面提到的豬灣事件和古巴導彈危機都屬於這種場合。

總統在外交方面的另外一項主要權力是締結條約的權力。憲法規定，總統在得到參議院出席會議的三分之二多數議員同意的情況下有權與其他國家締結條約。不過，自1920年參議院拒絕批准凡爾塞條約之後，參議院對於總統所締結的條約一般都能夠加以批准，雖然對於有些條約參議院可能作出一定的修改，而對於有的條約，參議院則要花很長的時間才予以討論。比如1977年時卡特總統曾向參議院提交了兩份關於在2000年向巴拿馬交還巴拿馬運河的條約，這兩個條約經過幾個月的爭論才在參議院獲得通過，而且後者同時還提出了由參議員德康西尼（Dennis DeConcini）提出的一項保留意見，即在交還運河之後仍應保證美國有權在巴拿馬駐軍以確保運河的開放。近年來唯一一個在參議院被撤銷的條約是1979年美蘇兩國簽署的第二階段限制戰略核武器條約（SALT II）。該條約在提交參議院批准之後受到了強烈的反對，1980年，由於蘇聯武裝入侵阿富汗，作爲報復，參議院應卡

特總統的建議中止了對該條約的辯論。❾

與總統締結條約的權力相聯繫的是對於條約進行談判以及廢除條約的權力。雖然總統或者外交部門在與其他國家對有關條約進行談判的時候也可能會向國會通報情況，但根據慣例和實際的需要，談判的形式、時間和具體的內容都由總統決定。另外，根據美國歷史上形成的一個慣例，雖然條約的批准需要得到參議院的同意，但廢除條約卻完全由總統一人決定。

除締結條約之後，總統還有權與其他國家的國家元首和政府首腦協定行政協定。與條約不同，行政協定不需要通過參議院的批准，因此那些總統認爲需要爭取時間的、或者對公衆保密的、或者他認爲必要又感到被參議院通過的可能性不大的外交文件，他都採用了行政協定的方式來訂立。在第二次世界大戰中，羅斯福總統就曾利用行政協定對英國和蘇聯提供幫助。1936年，美國最高法院曾作出一項司法判決，認爲行政協定與正式的條約一樣具有同等的效力，這個立場一直得到重申。二十世紀以來，尤其是第二次世界大戰以後，隨著美國在國際事務中的影響的擴大，以及國際形勢本身的發展和複雜化，總統們越來越多地利用行政協定這種形式與其他國家建立各種各樣的關係，在一年當中，一位總統簽訂的行政協定可能就有數百項之多。

總統外交權力的最後一個方面就是承認或者不承認外國政府的權力。總統的外交承認權是憲法規定的總統接受外國外交使節的權力的引申。自威爾遜總統之後，總統們開始自覺地把承認或者不承認外國政府的權力作爲外交中的一個重要工具，1933年11月，正是羅斯福總統力排衆議，作出承認蘇聯的決定，美蘇兩國才在十月革命十六年之後建立了正式的外交關係。

美國總統除享有上述根據憲法、慣例或者最高法院的司法判決而來的正式的權力之外，還具有一些非正式的權力，其中最重要的一項就是他作爲政黨領袖的權力。美國兩大政黨的組織都比較鬆散，並沒有嚴格意義上的全國性的黨的領導機關，執政的黨也並不單獨選舉自己的政黨領袖，而是由總統充任黨的領袖的角色。作爲黨的領袖，總統在本黨內享有如下的權力：第一，任命本黨成員擔任自政府各部部長以下的總統能夠任命的政府職位（作爲本黨總統候選人的時候他還能提名本黨的副總統候選人），並且幫助本黨成員競選其他的政府公職，如國會議員、州議會議員以及州長等等；其次，提名黨的全國委員會主席，並透過他對黨的組織與政策進行領導和控制：第三，督促本黨的議員支持自己提出的各項政策和施政綱領，以及委託他們爲本黨提出各種議案；第四，作爲本黨的象徵，宣傳本黨的綱領，以及爲本黨進行募捐等等。

美國總統作爲個人還享有一定的特權。憲法規定，「總統應在規定時間獲得服務報酬，此項報酬在其擔任總統期間不得增加或減少。總統在任期內不得收受合衆國或任何一州給予的任何其他酬金。」國會最初規定總統的酬金爲每年兩萬五千美元，1873年增加爲五萬美元，到1909年又增加爲七萬五千美元。此外，總統的酬金又增加了幾次，到1969年，總統酬金已增加到二十萬美元，外加九萬美元免稅的津貼。另外，總統在任職期間不能被任何法院審訊，也不能因其所犯的任何罪而被逮捕。雖然衆議院可以對總統提出彈劾案並由參議院進行審訊，但在宣判之前也不能以任何方式限制總統的自由。最後，在總統任期期間，白宮作爲總統官邸以免費的方式由其居住。總統離職之後還可以享受種種特殊的榮譽。

三、立法機關與行政機關的關係

與其他許多西方國家不同，美國既不是一個議會制的共和國，也不是一個完全由行政領袖主導的國家。美國憲法把國家的主要權力分散在立法、行政和司法三個不同的部門之間，使它們掌握的權力種類、行使各自權力的程序與方式各不相同，並且使它們的選舉與任期也各不相同。這樣一種規定的主要目的是使這三個部門能夠實現相互之間的制約與平衡。在立法、行政與司法這三個部門當中，立法和行政兩個部門由於在很多方面共享著政府的權力從而產生了非常密切的關係，也使它們之間出現了很多的矛盾和衝突，而伴隨著這些矛盾和衝突，美國政治的權力重心也就不斷地在以總統爲首的行政機關與由參衆兩院組成的立法機關之間發生偏移。

立法與行政機構之間在權力關係上之所以會出現各種各樣的變化，一個主要的原因就是憲法在對這兩個機關的權力進行界定的時候採用了不同的方法。憲法規定，立法權屬於國會，但對於國會能夠行使立法權的領域進行了詳細的列舉，同時還詳細列舉了國會不能立法的領域；而當憲法把行政權賦予總統的時候，對於總統的權力範圍的規定卻相對來說顯得比較含糊。這樣一種情況就必然使得總統爲首的行政機構的權力具有相當的彈性，它可能會因爲總統個人的爭取和國會的認可而擴大，也可能會因爲總統的平庸或者國會的反對而減少。

從美國歷史上看，立法與行政機關之間的權力關係表現出明顯的階段性。在國家建立之初，由於第一任總統華盛頓所享有的崇高的威信以及他對於國會的尊重，總統與國會之間保持了一種比較融洽的、相互合作的關係。這樣一種關係在華盛頓離職之後持續了近一個世紀，主要的原因自然是美國的社會發展比較平穩，當時的美國人又還是「最好的政府就是什麼也不管的政府」的自由主義理論的信徒，政府很少介入社會與經濟事務，因而也沒有擴展其權力的需要，無論總統還是國會都能夠在傳統的權力框架內行事，兩者的權力之間也就能夠保持一種基本上平衡的狀態。

立法與行政機關權力關係中的第一個轉折點是南北戰爭。戰爭自然導致行政權力的擴張，這是自古羅馬以來人們就深信不移的一個公理，這在美國也不例外。林肯總統的權力比起以往歷屆總統都明顯增強了，而立法與行政機關之間的權力對比的天平也明顯地向後者一邊傾斜，林肯在未經議會同意的情況下便宣布國家進入緊急狀態；大量招募新兵，從而使軍隊的數量超出了法律規定的限額；在戰爭中所花費的數百萬美元的開支也未經過議會的撥款。更重要的是，林肯以總統發布宣言的方式宣布廢除了南方叛亂各州的奴隸制，並且暫時中止了人身保護令狀（habeas corpus）的效力。實際上，如果按照憲法的規定，在林肯宣布釋放奴隸的時候，奴隸還是奴隸主們的合法財產，只有到1865年第十三條憲法修正案通過時，林肯的上述命令才算是得到了法律的承認。林肯自己表示，「我認爲那些可能不符合憲法的措施，只要它們是對於保護聯邦從而保護憲法而言是必不可少的，那麼它們就具有合法性。」

不過，林肯在特殊環境下以及依靠他的個人魅力爲總統職位所贏得的超越於議會的權力並沒有能夠長期持續下去。他的繼任者安德魯•約翰遜（Andrew Johnson）的很多做法，特別是他對於南部叛亂各州的奴隸主的縱容，使他遭到了國會的強烈反對，因而兩者的關係十分緊張，1867年，約翰遜未經參議院同意而免去在奴隸制問題上比較激進的陸軍部長斯坦頓（Edwin M. Stanton）的職務，而當參議院於1868年1月根據「公職任期法」把斯坦頓召回之後，他又在2月再次解除了後者的職務。在這種情況下，衆議院終於對約翰遜提出了彈劾，在參議院進行的審訊中，約翰遜雖然以一票之差而保住了總統的職位，但這場衝突對於總統擴張其權力，以凌駕於國會之上的企圖自然是一次沉重的打擊。

鑑於約翰遜的教訓，他以後的幾任總統在處理與國會的關係時都比較謹慎。因此行政機關與立法機關的權力關係的天平又再次向國會一端傾斜，這種狀況一直持續到十九世紀末二十世紀初的時候才發生變化。這一時期，美國一方面在美西戰爭中打敗了西班牙，另一方面也開始積極謀求擴大自己的國際影響，這種努力由於第一次世界大戰在1914年的爆發而達到了一個小小的高潮。與此同時，總統的權力也相應地再次得到了擴張。西奧多•羅斯福總統是這一時期幾位總統中具有代表性的人物，他對於總統權力的觀點與林肯類似，他宣稱：「我不接受這樣的觀點，即除非總統能夠得到專門的授權，才能做國家迫切需要的事情。」「根據這樣一種對行政權力的理解，我做了而且指導別人做了許多以前的總統和行政部門的負責人未曾做過的事情。我並沒有濫用職權，但我的確大大擴展了對於行政權力的使用。」羅斯福在沒有向國會通報的情況下就推動哥倫比亞脫離了巴拿馬，然後又開始開鑿巴拿馬運河，這正是他的上述觀點的證明。對於國會對他進行的調查，羅斯福也基本上採取了一種不予理睬的態度。

二十世紀初美國總統的權力在威爾遜任總統的時候達到了頂峰。威爾遜的觀點是：「總統是完全自由的，無論在法律上還是道德上都是如此……他的（權力）的界限由他的能力決定。」威爾遜相信，總統應該超越國會的控制，因爲他代表的是全體人民的意志。在與國會的較量中，威爾遜取得了一系列的成功，諸如建立了聯邦儲備制度、聯邦貿易委員會和聯邦能源委員會等等。但是，他的一次挫折可能就抵消了他所有的成績，因爲他的得意之作，「凡爾賽條約」分別在1919年和1920年兩次被參議院否決。威爾遜最終的失敗也就基本上爲上個世紀末和本世紀初總統權力的擴張時期劃上了一個句號。實際上，他的繼任者，包括哈定（Warren Harding）、柯立芝（Calvin Coolidge）和胡佛（Herbert Hoover）都反對總統擁有太大的權力，柯立芝本人就表示：「我從不認爲我有義務去強迫參議員或者衆議員們行事。」他們擔任總統的時期也因此被人們稱爲「國會權力的復興時期」。

總統和行政機構的權力經過一段時期的衰落之後，從富蘭克林・羅斯福總統的新政開始又進入了一個新的「黃金時期」。羅斯福可以說是「臨危受命」，他在1933年3月4日第一次宣誓就職的演說中明確表示：「我們當然希望行政和立法權限的正常平衡，完全足以應付我們當前沒有先例的任務。但是很有可能，某種沒有先例的對毫不遲緩的行動的要求和需要，使得我們必須暫時拋開公務程序的那種正常平衡。」他並且宣布：「我將絕不規避那時會使我面臨的、十分明確的履行職責的方針路線。我將向國會要求剩下來的一個應付危機的手段——廣泛的行政權力，就像如果我們實際受到外敵入侵時將會給予我的一樣大，以使我們展開鬥爭來對付緊急情況。……合衆國的人民一直在要求有領導地恢復紀律和方向。他們已經使我成爲實現他們的願望的工具。」

羅斯福就職之後的確雷厲風行地行使了總統的權力，而且在最初的一百天之內，他的行動也得到了國會的支持，因而就在這一百天當中國會一共通過了總統提出的七十多項法案，並由此拉開了新政的序幕。新政的一個基本方向就是通過政府對於社會經濟生活的廣泛調整和干預以克服當時美國面臨的嚴重的經濟危機。爲此，羅斯福大大擴展了聯邦行政機構的規模，使其幾乎增加了一倍，除了推動國會通過了一系列的新政法案（如「農業調整法」、「工業復興法」、「全國勞資關係法」、「社會保險法」等等）之外，他還頒布了數千道行政命令。在羅斯福任內，行政機構的準司法權也有了進一步的擴展，僅在1936年，聯邦財政部就處理了在其管轄範圍內的六十萬個案件，而在同一年，聯邦所有法院判決的案件也就只有兩萬六千個。新政涉及到了美國社會政治經濟生活的每一個方面，事實上也涉及到了每一個美國人，它不僅大大改變了傳統的政府機構與職能，而且也在很大程度上改變了美國人關於政府與政治的觀念。雖然新政自其開始之日起就不斷受到批評，而且這種批評一直持續到了新政結束，甚至至今也還有人對此持否定的態度，另外羅斯福總統提出的許多法案或者遭到了國會的反對，或者甚至被最高法院宣布爲違憲（比如1933年政府設立的全國工業復興總署），但大多數的美國人畢竟認可了新政的措施及其成果，羅斯福本人在1936年在總統選舉中取得的決定性的勝利就是最好的證明。

1939年第二次世界大戰的爆發以及美國對於戰爭的逐漸捲入實際上從另一個方面鞏固了羅斯福總統在新政時期爲行政機構贏得的權力。在戰爭前夕以及戰爭期間，羅斯福不僅使國會擺脫了傳統的獨立主義的立場，以國會立法和總統行政命令的方式對遭到德國和日本侵略的國家提供援助，而且也促使國會通過了「海軍擴充法」，從而加強了美國的軍事力量。在戰爭開始以後，羅斯福總統無論是內政還是外交的權力都得到了空前的擴展。尤其是因爲總統早在戰爭開始之前就對於戰爭的不可避免作出了預言，而且努力加強美國的國防力量，所以戰爭爆發後原來反對總統的一些人也變成了他的支持者，這對於總統當然是非常有利的形勢，並且爲他的行爲增加了合法性。在國際舞台上，羅斯福作爲美國的代表與盟國簽訂了大量的條約和協定，規劃戰爭的進程，決定戰後的世界格局。在國內，他利用總統的戰爭權力，使政府對全國的生產、就業、物價和分配等等都進行了全面的控制，從某種意義上來說，戰時的一些管制措施恰好是新政的繼續，但它們達到了在新政時期沒有能夠達到的效果。

整體來說，經過新政和第二次世界大戰，在美國無論是政府在社會經濟生活中的角色還是總統的權力，都進入了一個新的發展階段。在戰後半個多世紀的時間裡，隨著政府職能的不斷擴大，總統的權力也呈現出一種不斷增強的趨勢，其中總統的外交權力和軍事權力的擴展尤其明顯。可以說，總統以及以總統爲首的行政機關的權力在一些特定領域的擴展已經不可逆轉。

戰後總統外交權力的擴展與美國國際地位的上升以及總統在美國外交活動中的獨特地位（即「首席外交官」的地位）是緊密相關的。按照憲法的規定，外交權實際上應該由總統和國會（主要是參議院）共同行使，這主要表現在總統主要的外交行為，如與其他國家簽訂條約、任命主要的外交官員等等都必須經過參議院的批准。但是，從戰後的情況來看，總統往往繞過了國會而獨立行使外交大權。這主要表現在三個方面。一方面是總統透過與其他國家簽訂行政協定的方式大大減少了國會對於國家的對外關係方面的控制權。據統計，1950年到1988年，美國共簽訂了五百六十一個國際條約，一萬零六百八十七個行政協定，後者占全部外交協約的百分之九十五。美國在韓國、越南、老撾和泰國的軍事活動，都是總統以行政協定的方式實現的。另外，總統也可以透過發布行政命令的方式扭轉國會確定的對外政策方向，比如說，國會曾經通過了對古巴實行經濟制裁的赫爾姆斯——伯頓法案（The Helms-Burton Law），但由於該法案受到了美國的歐洲盟國的激烈反對，也在一定程度上損害了美國的商業利益，因此柯林頓總統連續三次透過發布行政命令的方式推遲該法案部分條款的生效時間，最後一次推遲的決定是1997年7月16日作出的。另一方面是總統在外交人事任命方面的自主性有了明顯的擴大。雖然憲法規定主要的外交官員的任命必須得到參議院的批准，但後來國會又授權總統可以任命聯邦法官和其他高級官員，據此，戰後每一任總統都任命了自己的「私人代表」、「密使」、「特使」以及私人助理等等，他們的任命都不需要經過參議院的同意。在戰後國際關係中發揮了很大作用的季辛吉（Henry Kissinger）和布里辛斯基（Zbigniew Brzezinski）都是以總統的國家安全事務助理的身份活動在國際舞台上的，而他們所發揮的影響絕對不亞於當時作為外交部門主管官員的國務卿。最後一個方面的表現是總統的外交承認權也有很大的擴展。外交承認權是總統作爲國家元首接受和接見外國使節的權力的一種引申，戰後歷屆總統都自覺地運用這一權力以表示美國對某一政權的承認或者支持與否，在柯林頓之前的美國總統都拒絕與巴勒斯坦解放組織的領導人會談，並以此方式表達了美國對於後者在外交上不予承認的立場。

總統在軍事權力方面的擴展也十分引人注目。憲法規定國會有宣戰的權力，也就是說，只有國會才擁有發動對外戰爭的權力，但是，在羅斯福總統時期，他就已經在美國正式向德國和日本宣戰之前下令美國海岸衛隊爲英國的船隻護航，從而使美國與德國處於一種事實上的戰爭狀態。戰後總統的戰爭權力又有了進一步的擴展，實際上，美國的朝鮮（1950年）、古巴（1961年）、越南（1964年）、黎巴嫩（1982年）、格瑞納達（1983年）、利比亞（1986年）以及其他許多地方的軍事行動都沒有經過國會。對於總統的軍事權力的擴展，美國國務院曾經進行了如下的說明：「在二十世紀，世界已經變得更小了。對於一個國家遠離其海岸的攻擊也會直接損害這個國家的安全。……憲法使總統能夠作出決斷，某次特殊的武裝攻擊的形勢是否如此急迫，以及它潛在的後果對於美國的安全是否造成了如此嚴重的威脅，以致他必須在不經正式請示國會的情況下採取行動。」[10]應該說，這種說法在某種意義上也的確反映了現代國際社會的實際情況。因此，雖然國會在1973年通過了「戰爭權力法」，但在此之後由總統下令採取的一系列海外軍事行動仍然既沒有事先通知國會，更沒有得到國會的批准。只有1991年的海灣戰爭是一個例外，布希總統在對伊拉克採取軍事行動之前曾致函國會，要求後者授予他宣戰的權力，他也因而成爲戰後第一位在國會授權之下向敵國宣戰的總統。不過，很難說布希總統對於國會的尊重有損於總統的戰爭權力。當布希再度登上國會兩院聯席會議的講台向對他歡呼致意的議員們宣布戰爭已經結束的時候，他作爲民族的領袖、國家的象徵以及獲得勝利的英雄而得到的榮耀和受到的崇拜足以讓以往的任何一位總統感到嫉妒。

除軍事與外交權力之外，總統其他方面的權力在戰後也有所擴展，比如說，在行政權力方面，總統於1950年獲得了對其不滿意的預算撥款進行扣押的權力，在立法權方面，目前遞交到國會兩院的議案由於其中許多涉及非常專業的問題，因而也往往出自總統或者其他的行政部門之手，同時國會委託總統進行立法的領域也越來越多。另外，總統還終於在1996年4月獲得了一項非常重要的，是自格蘭特總統之後歷屆美國總統汲汲以求的權力，即單項否決權。這一權力使總統能夠對議會通過的有關政府支出的法案中某些單獨的項目在收到法案的五天之內進行否決，這就使國會無法再以附加議案的方式迫使總統簽署那些他所不喜歡的法案。柯林頓在簽署「單項否決權法案」之後表示，運用這一武器，他將向聯邦預算中「那些最黑暗的角落」開戰。作爲國家元首，由於現在新聞媒介，尤其是電視對於總統的大量報導以及對他的形象的刻意塑造，他已經成爲一個唯一具有全民性的政治形象，人們關注的焦點，他能夠直接訴諸全國的民衆，這也是自羅斯福以來美國總統權力的一個新的特點。

美國總統擴展其權力的方式是多種多樣的，可能是透過國會的授權，可能是出於總統對於他自己的職權的理解和他提出的要求，也可能是通過最高法院的司法判決。在導致總統權力擴展的各種原因當中，美國國力的增強及其國際地位的迅速上升，現代社會發展對於政府職能擴展的客觀需要都占據了重要的作用，但總統們的個人素質也是一個不可忽視的因素。那些強有力的總統對於總統權力的觀念與他們的行爲，當然必須加上他們的政績，往往能夠改變公衆甚至國會對於總統的地位和權力的看法，從而爲後來的總統的行爲提供某種範例或者是依據。林肯就是一位這樣的強有力的總統，因爲在他看來，總統的政治能力有多大，他的權力也就有多大。羅斯福也持類似的觀點，他曾經在一篇公開演講中表示，如果國會不將一項以合乎憲法的程序通過的法律廢除，那麼他將運用總統的權力將其廢除。他對此解釋說：「等戰爭勝利以後，我的行爲所依據的權力將自動歸還人民——這些權力是屬於人民的。」⓫也就是說，權力的最終依據不是國會所通過的法律，也不是憲法所作出的規定，而是人民的需要。強有力的總統的另一個典型就是尼克森，他甚至認爲：「只要是總統做的，就不會是不合法的。」⓬當然，尼克森本人爲他的這種觀念付出了代價，但是也正是因爲有了像尼克森這樣的總統的推動，總統的權力才一天一天地逐步擴展。

對於總統權力的擴大，國會也並非始終是無動於衷的，它曾經採取過各種方式對總統擴展的權力施加新的限制。1868年國會對約翰遜總統的彈劾、1919年和1920年國會兩次拒絕批准威爾遜總統提交的凡爾賽條約，都是國會對於總統擴張其權力的企圖的幾次大的反擊。對於國會這種不願輕易妥協的態度，羅斯福總統也深有感觸地表示：「如果我既是總統又是國會該是多麼好啊——哪怕十分鐘也行！」戰後幾十年，國會對於總統權力的擴張也不斷地進行反擊，而正是在總統權力擴展最明顯的外交和軍事領域，國會試圖對總統加以約束的努力也最明顯。1973年國會通過的《戰爭權力法案》就是對總統發動戰爭的權力的一種明確的限制。在外交領域，國會也充分利用自己的立法權力對總統進行控制，比如說1975年當安哥拉發生內戰的時候，國會就通過了一個法案禁止美國政府向交戰的任何一方提供軍事援助，國會為了防止總統壟斷有關外交問題的情報，又於1974年通過了一項法案要求總統必須將中央情報局在國外所從事的秘密活動向國會相關委員會進行通報。另外，國會對於總統的行政權力也進行了一定的限制，1974年通過的《預算與扣押管制法》就是這個方面的一種體現。為了對總統的權力進行牽制，國會還大量地使用了它在批准與其他國家簽訂的條約方面的權力。在1974年批准美蘇貿易協定時，國會就在其修正案中附加了一個蘇聯根本不可能接受的條件，從而導致了這一協定最終被取消的命運。這種權力也被人們稱為國會的立法否決權。據統計，從1953年到1983年中，國會通過的法案當中至少有二百一十項帶有某種形式的立法否決，而其中又有一半是在1973年到1983年之間，也就是說水門事件導致了人們對總統權力的一種普遍的不信任之後通過的。

不過，由於卡特總統在伊朗人質事件中被認為是軟弱的表現而使國會在1973年以後所發起的對於總統權力的挑戰並沒有取得太大的成果，因為當時的輿論還是明顯地傾向於美國需要一位強有力的總統。這種傾向典型地反映在當時的憲政制度委員會所提交的關於美國政府體制的修憲建議中。該委員認為美國的立法與行政過程之間分散的結構、選舉制度的不合理的運作法及政黨凝聚力的下降直接導致了國會與總統之間的對立、國家政策制訂的不連貫和低效率。因而，它提出了一些修憲建議，包括：一是將衆議員和參議員任期分別改為四年和八年，使得改選期限與總統選舉期限一致，避免出現中期選舉的情況，目的在於減少選舉次數和費用，使議員減少對利益集團經濟上的依賴，從而使議員能有充裕的時間和精力與總統一起周密地考量國家政策的制定；二是允許議員擔任行政職務，這樣既能使總統在內閣中任用有才幹的議員，又能加強行政部門與立法機關之間的合作。值得肯定的是，這些建議是基於對美國政黨體制的衰落和國會與總統的複雜關係的認識的基礎上提出的，但這些主張在加強政黨凝聚力和國會與總統合作關係的同時，無疑將大大增強總統的權威，從而在行政權與立法權出現僵局時可能使行政權處於優勢地位。這顯然難以為分權制衡原則的信徒們所接受，因而其建議並沒有被採納，但它畢竟是一種擴展總統權力的嘗試。實際上，由於客觀形勢的變化，總統權力的擴展具有一定的必然性，因為一個非常簡單的事實是，對於日益複雜的內政外交事務，一個權力分散，而且不可能常年視事的國會根本沒有辦法作出迅速明確的決斷，這是國會在與總統的權力爭奪中對它自己最不利的，也是無法克服的一個弱點。正因此，雖然戰後國會與總統的權力在某些方面，在某一時期會出現此消彼長的情形，但就整體而言，權力的重心還是不可避免地傾向了總統一邊。

四、美國政府中的獨立機構

在美國成立以後很長的時間內，國會在政府部門的設置問題上一直嚴格地遵循分權與制衡的原則，使新設立的行政部門作為政府的一個部，並且成為總統領導下的整個行政機構的一個組成部分，並且把相同或者相似的職能歸併到同一個部門當中，這種情況一直到1883年才開始發生變化。這一年，爲了執行新通過的公務員法，國會成立了一個由三個人組成的公務員委員會負責實行公務員的考績制度。1887年，國會又通過了「州際貿易法」，並依照公務員委員會的先例成立了一個州際商業委員會，負責獨立地進行對全國的鐵路運輸的管理。在此之後，隨著美國社會經濟生活的發展和政府職能的日益複雜化，此類機構的數量也迅速地增加，尤其是在羅斯福新政期間，獨立機構經歷了一個急劇膨脹的過程。這些機構或者對國家的經濟生活的某一方面，或者對某一特定的社會問題領域進行協調與管理，成爲美國政府體制當中一個獨具特色的部分。

這類新設立的機構都有一個共同的特點，即它們都被設立在行政部門之內，其行政首腦由總統經參議院批准後任命，對總統和國會負責，但這些部門又在很大程度上獨立於總統的控制，它們根據國會就其職能和權力通過的有關法律展開活動，而且其行政首腦雖然由總統任命，但又與內閣各部的部長不同，不參加內閣，也不與總統同進退。正因此，人們把這類機構稱爲「獨立機構」，也有人稱之爲政府中的「第四個部門」。目前這種獨立機構的數量已經增加到六十多個。

獨立機構的一個重要特點就是它們都具有不同程度的獨立的立法、行政和司法權。在立法權方面，根據《聯邦行政程序法》的規定，獨立機構可以行使委託立法權，即在國會立法的框架之內，享有制定、修改或者廢除具體的規章制度的權力，有人也稱之爲「準立法權」。在司法權方面，獨立機構享有很大的行政裁判權，即根據有關法律的規定，在獨立機構管轄範圍之內的行政案件，包括有關公民個人或者法人與該機構或者其下屬的行政機關之間的糾紛以及與該機構管轄範圍內的公司或者企業之間的糾紛都必須首先經由有關的獨立機構加以裁決，否則聯邦各級法院也不予受理，只有當有關當事人對此行政裁決不服的情況下才能上訴到聯邦法院系統。當然，獨立機構最主要的權力還是行政權，它們的行政權力包括三個方面，首先是在其管轄範圍內發布各種行政命令與決定，頒發、核准與收回許可證、批准專利以及徵收稅款等等；其次是對其管轄範圍內的企業的營運、產品的價格與質量進行監督與管理；最後是監督各項法律法規的執行情況，對於各類違法行爲進行處罰等等。

政府的獨立機構一般都由一個委員會進行領導，委員都是單數，主要是爲了投票時方便。不過，獨立機構之間的情況也是千差萬別。它們的規模各不相同，較大的機構如環境保護署有一萬五千多人，而較小的機構如職業安全和健康複審委員會則只有六十多人；權力大小不同，權力較大的如州際商業委員會對整個聯邦範圍內州與州之間的運輸、貿易和通訊具有全面的管理權，權力較小的如和平隊僅僅管理自願到國外進行公益活動的人員；與總統和國會的關係不同，關係密切的如中央情報局處於總統的直接領導和控制之下，關係較爲疏遠的如聯邦通訊委員會（FCC）主要負責監督電話、廣播和電視的活動，獨立性較強；活動方式和權力性質不同，有的被稱爲獨立管制委員會，負責對聯邦範圍內某一特定的經濟或者社會領域進行全面的管理，如州際商業委員會和聯邦貿易委員會等等，有則是對某一特定區域的社會經濟生活進行全面的管理，如田納西河流域管理局和阿巴拉契亞地區委員會，有的乾脆是從事某一專業領域的活動，如中央情報局和國家太空總署（NASA）；組織結構與活動方式不同，有的更接近於政府機構，如環境保護署和聯邦選舉委員會，有的實際上不過是政府開辦的公司，如海外私人投資公司和聯邦儲蓄保險公司等等。

下面是聯邦政府設立的一些主要的獨立機構：

人事管理局。人事管理局在1979年接替原來於1883年成立的公務員委員會的工作，主要負責人事制度的制定，對公務員進行監督，保護公務員的權利，以及主持公務員的考試和培訓等等。

州際商業委員會。州際商業委員會成立於1887年，主要負責管理州際之間陸上和海上以及管道運輸及一切公共交通工具，規定運輸等級和價格，它還負責監督公共運輸公司發行的股票和債券，並執行各類安全法律等等。

聯邦貿易委員會。聯邦貿易委員會成立於1914年，主要負責透過進行調查和聽取各種申訴，保證貿易自由與公平競爭，防止貿易壟斷和貿易限制，以及商業欺詐和其他不正當的商業行爲。

證券交易委員會。證券交易委員會成立於1934年，主要負責有關實施種類債券發行與交易的法令與規則，保障股票和債券購買者的合法權益。按照聯邦法律的規定，凡計劃通過出售證券籌集資金的企業，都必須向該委員會呈報業務情況。

行政服務總局。行政服務總局成立於1949年，主要負責管理聯邦政府的實物財產，興建與維修聯邦政府的建築物，提供辦公設備，以及出售剩餘物資等等。

全國勞工關係委員會。全國勞工關係委員會成立於1935年，主要負責實施國家有關勞資關係的法律，防止和糾正不合理的勞工條例，調節勞資之間的關係，仲裁工會之間的糾紛，監督工人選舉談判代表，以及促使簽訂平等的談判協定等等。

聯邦儲備局。聯邦儲備局成立於1913年，是美國的中央銀行，主要發行貨幣，負責規定和執行貨幣與信貸政策，處理政府存款和債務，監督私人銀行系統等等。

小企業管理局。小企業管理局成立於1953年，主要負責保護小企業的利益，向它們提供貸款，協助小企業與聯邦政府訂立合同，幫助它們改善管理技術，同時負責救助災民。

國家太空總署。國家太空總署成立於1958年，主要負責美國的太空研究和探索計劃，並與科學界進行密切的合作，開發太空運載工具和各類人造衛星，以及對它們進行發射與跟蹤等等。

國家科學基金會。國家科學基金會成立於1950年，負責加強國家的科學研究和教育工作，對各大學和其他科研機構提供撥款，並且協調聯邦政府進行各種科學研究的交流活動。

國家藝術與人文基金會。國家藝術與人文基金會成立於1965年，主要負責以提供基金的方式鼓勵和資助全國人文科學和藝術方面的發展。

軍備控制與裁軍總署。軍備控制與裁軍總署成立於1961年，主要負責研究、制定與實施軍備控制與裁軍政策和計劃，代表美國參加國際性的有關裁軍問題的談判。

聯邦通訊委員會。聯邦通訊委員會成立於1934年，主要負責頒發廣播和電視台的營業執照並且分配電台和電視台的頻道，管理州際電話和電報服務，規定州際通訊服務的收費標準，執行國際有關的通訊條約等等。

美國郵政總局。美國郵政總局成立於1970年，作爲一個自主經營的公司替代了原來的郵政部。主要負責管理全國的各個郵政局，接收、轉運和投遞種類郵件，以及透過萬國郵政聯盟和與其他國家的郵政協定提供國際郵政服務。

田納西河流域管理局。田納西河流域管理局成立於1933年，最初是一個由政府開辦的公司，目的是開發田納西河流域的電力，現在主要負責對該地區的經濟發展和資源開發進行綜合性的計劃與管理。

中央情報局。中央情報局成立於1947年，主要負責蒐集和研究世界各國的政治、經濟、社會和外交情報，進行諜報甚至顛覆活動等等。

環境保護總署。環境保護總署成立於1970年，主要負責制定和執行各種環保政策和標準，控制和減少各類環境污染，保護自然環境等等。

各類獨立機構的發展本身是社會發展的需要的一種反映。這些機構在某種意義上已經突破了美國傳統的分權與制衡的原則，也可以說是對這一原則的一種彌補。它們處於政府與社會之間，或者對州際經濟進行管理，或者提供某些方面的社會福利與社會服務，或者從事某些專門領域的工作，發揮著無論是政府還是社會單獨都無法發揮的作用。當然，獨立機構的發展也是英國獨特的政治傳統的產物，因爲美國人對於龐大的政府始終有一種無法擺脫的反感，而如果完全取消政府的管制在現代社會的情況下又不能促進經濟的協調發展，也不能提供那些非市場性的社會服務，如環境保護等等，這也是獨立機構這種特殊的政府機構在美國能夠大量產生和迅速發展的原因。

當然，對於獨立機構的地位和作用，在人們當中還是存在著不少的爭論的。自羅斯福新政時期獨立機構第一次獲得較大的發展之後，國會就因爲這類機構的權力太大而通過了「聯邦行政程序法」對其加以限制。但是，由於這些獨立機構往往具有較高的專業性質，因此對它們進行控制並不是一件容易的事情。從實際情況來看，獨立機構的立法和司法權力一直呈現出不斷增強的趨勢。尤其是在司法權力方面，目前美國甚至已經把部分刑事案件的處理權交給了某些獨立機構，有的獨立機構如聯邦調查局和移民歸化局都具有逮捕權，而且不經審訊就可以對犯罪嫌疑人實行監禁。針對這種情況，國會、總統和法院都相應地加強了對於獨立機構的各種控制。國會採取的兩個主要措施，一是通過了所謂的「日落法案」，對於獨立機構執行特定任務的權力確定期限，到達期限之後，如果國會不對其加以延長則獨立機構的權力即自行中止；二是強調了國會對獨立機構的立法否決權，國會對獨立機構所制定的法規和條例在六十至九十天之內有權進行否決或者提出修改意見，國會的立法否決只需兩院當中一院的多數通過即成立，而且不需要經過總統簽署。在總統方面，也反覆強調獨立機構的活動必須與行政部門整體的方針相一致，同時對獨立機構的預算進行十分嚴格的控制。法院則主要透過強調對獨立機構所作出的行政裁決進行司法審查以限制獨立機構的司法權力。

另外，由於獨立機構相對於總統和國會都享有較大的獨立性，公衆更是缺乏對它們的控制手段，所以也有不少人指責它們往往不僅沒有能夠對其管轄範圍之內的各種大的企業集團進行有效的控制，反而成爲某些具有比較雄厚的經濟實力的集團追逐其特殊利益的工具。「它們往往受到其管理的集團瘋狂的遊說，以致在它們制定政策的時候不得不考慮這些集團的要求。」⓭而這些集團爲獨立機構的成員提供的種種好處，如免費的交通與住宿，各種各樣的禮物和榮譽，也十分容易讓獨立機構的官員們成爲他們的管理對象的俘虜，並因此而損害公衆的利益——而此類事情也的確時有發生。因此，國會在1976年通過的一項法案（The Government-in-the-Sunshine Act）要求獨立機構向公衆公開它們的大部分會議，而且禁止獨立機構與其所管轄的部門訂立秘密協議。聯邦上訴法院在1977年的一次審判中也作出了類似的司法判決。看起來，隨著獨立機構的發展，如何加強政府與公衆對它們的控制也的確是一個關鍵的問題。

五、美國的地方行政機關

州行政機構的首腦是州長（Governor），他的權力及與州裡的其他政府機構的關係都與美國總統相似。關於當選州長的資格，各州憲法一般都規定必須年滿三十歲，是該州的公民，而且必須在該州居住一定的年限，比如說五年，除少數州之外，沒有宗教的限制。州長候選人的提名與總統候選人提名一樣，都是由州的政黨組織進行，不過方式有所不同，絕大多數的州採用全體登記黨員直接提名的方法，而另外一些州則採用在州的黨代表大會上提名的方法。因爲這個緣故，所以政黨在州長的選舉過程中發揮著舉足輕重的作用。關於州長的選舉方式，在十九世紀中葉以前一般都是由州的立法機關選舉產生，只有少數幾個州，如紐約、麻薩諸塞和新罕布什爾州採取民選的方式。這種情況在十九世紀中葉之後逐步發生了變化，現在各州都由選民直接投票選舉州長。至於選舉的時間，有的州是在偶數年，與國會議員的選舉同時進行，另外的州則安排在奇數年。在當選的方法上，一般都是得到最高票數的候選人當選，不過也有少數幾個州要求獲得過半數的選票才能當選，如果沒有人能夠得到過半數的選票，則由州議會從得票較多的幾個候選人當中進行選舉。由於進入二十世紀以後州長的權力越來越大，所以目前在美國各州，州長的選舉是僅次於總統選舉的盛事，而兩大政黨也爲州長的職位進行激烈的爭奪。

州長的任期一般是四年，只有少數幾個州爲兩年，大約一半的州憲法規定州長能夠連任兩屆，另外一半的州並不限制州長連選連任。另外，大約四分之三的州還設有副州長一職，其選舉方式與州長相同。與總統的情形一樣，對於州長也可能由州的下議院提出彈劾，並由上議院進行審理。但與對於總統彈劾案不同的是，州的上議院在對於州長的彈劾案進行審理時一般由州最高法院法官任主席，判決經三分之二多數通過後即可以免除州長的職務。在美國歷史上，也的確有幾位州長以這種方式失去了他們的官職。

能夠登上州長這一權力寶座的，通常都是已經具有一定的政治經驗的人，比如說以前的國會議員、州議員或者市議員等等。由於州長是一個州裡最重要的人物，也往往是一個州裡知名度最高的政治家，因此對於擔任州長的人以後的政治生涯是一級非常重要的台階。加上一個州猶如一個政治實驗室，州長們也可以充分施展他們的政治抱負，因而成功的州長們也就往往成爲非常有可能的總統候選人。在歷任美國總統當中，克利夫蘭（Grover Cleveland）擔任過紐約州的州長而且也就是在他擔任州長期間贏得了他的政治名聲的，麥金萊（William McKinley）擔任過俄亥俄州的州長，威爾遜擔任過新澤西州的州長，羅斯福也擔任過紐約州的州長，而現任總統柯林頓也具有擔任阿肯色州州長的經歷。

州長的權力由各州憲法加以規定。與聯邦憲法一樣，州憲法中也大致都有「行政權屬於州長」一類的規定。不過，從歷史上看，這一權力經歷了一個不斷增強的過程。在殖民地時期，由於各州總督由英王任命，因此與當地民選產生的立法機關往往處於一種對立的關係，在北美獨立時期產生的州憲法以及州的立法機關也總是設法限制和削弱總督們的權力。這樣一種傳統延續到了北美殖民地獨立之後。因此，在美國建立之後的一段時期內，不僅大多數州的州長是由州立法機關選舉產生，而且州長的職位本身也僅僅是一種榮譽，並沒有什麼實際的權力，眞正的決定權操縱在州議會的手裡。這種情況一直到十九世紀下半葉才開始逐步改變。其原因一方面是越來越多的州採用了民選州長的作法，因而州長也就獲得了相對於州議會的獨立性，另一方面則與聯邦政府的情形一樣，經濟的發展與社會生活的複雜化客觀上導致了政府職能的擴展以及行政機關的權力的擴大。

當然，在不同的州，州長的權力也各不相同。從目前的情況來看，州長們一般都擁有以下一些方面的權力：首先是人事任命權，州長都有權任命該州的某些行政人員，尤其是某些專門的行政委員會的成員，不過，重要的人事任命也要經由州的上議院批准；其次是行政監督權，對於這項權力各州憲法都沒有明確的規定，因而它如何行使，以及行使的程度如何，主要就取決於各州的慣例以及州長本人的能力與他對於自己的權力的理解；第三是財政權，現在各州都由州長或者他領導下的某個官員擬定並且提出州的年度預算報告，然後經議會批准；第四是軍事權力，州長是各州民兵的總司令，各州的警察也接受州長的領導。除此之外，州長還享有部分的立法權和司法權。州長的立法權表現在三個方面，即建議立法的權力、發布行政命令的權力以及對議會通過的議案具有否決權（北卡羅萊納州之外），另外，四十七個州的州長可以對預算案行使項目否決權。這三個方面的權力的行使方式與總統類似。州長所享有的司法權力也與總統相似，即在大多數州，州長擁有大赦和特赦，以及宣布減刑和緩刑的權力。

雖然州長享有的權力大致如上所述，但實際上各州的情況差別還是很大。根據聯邦一個委員會所進行的調查，只有十個州的州長被認爲是強有力的。⓮另外的一項研究則根據州長們的任期、人事權、財政權和否決權等等指標對州長們的權力進行了排列，其中八個州的州長被列入「非常強有力」一類，十五個州的州長被列入「強有力」一類，二十一個州的州長權力「一般」，還有六個州的州長權力「較弱」。⓯

根據州長所擁有的權力，大致可以把美國的州分爲兩種類型，即集權型的州和分權型的州。在集權型的州，州政府的組織與聯邦政府非常相近，州的行政機關被合併爲幾個部門，並且完全在州長的領導下工作，對州長負責，這些行政部門的領導也由州長經州上議院同意後任命。在分權型的州，行政權被分散在一些相對比較獨立的行政機構手中，而這些行政機構的官員分別由該州的公民選舉產生，他們不對州長負責，獨立行使自己的權力。在這樣的州裡，州長雖然也被視爲行政首腦，但事實上他只是該州的若干高級行政官員之一，像州審計員、州秘書長、司庫等官員都不是州長的下屬。州長既不能對他們加以任命，也不能解除他們的職務，甚至不能對他們的工作進行干預。這種行政分權當然會導致行政效率的低下，因而行政分權型的州都多多少少表現出加強州長的權力的傾向。

美國州以下的地方政府中占有比較重要的地位的是市政府。在市政府一級，立法機關和行政機關的劃分已經不像州和聯邦政府那樣明確。上面已經提到過市政府的三種組織形式，需要進一步說明的是，在美國，市政府是由州政府頒布特許狀而建立的，特許狀中對市政府的職能和權力都要進行非常詳細的列舉。市政府就在特許狀規定的權力範圍內開展工作，州政府一般不對其進行過於具體的管理。

市政府的主要職能是提供大量的社會服務，包括市政規劃、公共教育、交通與通訊、衛生和健康、自來水與暖氣供應、警察消防以及社會福利等等。當然，在組織方式不同的城市中，履行其職能的方式也會各不相同，有的市由市政府直接行使這些職能，而有的市則把相當部分的社會服務職能交給一些私營公司來經營，雖然它們可以從中牟利，但其經營受到政府的嚴格控制。

在縣和鄉鎮一級，如上所說，立法與行政職能一般都是由一個選舉出來的委員會行使的，它們的職能與市政府的職能很相近，主要也是集中於社會服務方面。當然，爲了執行具體的行政職能，委員會也可能設置一名主席承擔行政首腦的工作，其他的行政人員包括秘書、司庫，以及治安、消防、衛生和福利等有關方面的官員。現在的一個趨勢是有不少的縣和鄉鎮採用了類似市行政官的制度，它們也都雇用一名專業的行政人員管理政府的大部分工作，行政官對縣或者鄉鎮的委員會負責。不過，行政官不能行使地方檢察官和審計員的職責。

—註釋—

❶Carl Van Doren, *The Great Rehearsal,* New York: Viking Press, 1981, p.145.

❷*The Federalist Papers,* No.68.

❸Thomas R. Dye, *Who's Running America? The Carter Years,* Second Edition, New Jersey: Prentice-Hill, Inc., Englewood Cliffs, 1979, p.90.

❹華盛頓本人也曾經在一封信中表示：「民選官員的輪換更符合他們（人民）的自由和安全的思想。」

❺Charles Beard, *The American Government and Politics,* p.168.

❻Myers vs. United States, 272 U. S. 602(1935).

❼Humphrey's Executor vs. United States,,295 U. S. 602(1935.)

❽*The Federalist Papers,* No.73.

❾*Democracy under Pressure,* p.422.

❿Leonard C. Meeker, 「The Legality of U. S. Participation in the Defense of Vietnam,」 *Department of State Bulletin,* March 28, 1966.pp.484-485.

⓫Cf. *American Government and Politics,* p.332.

⓬Nixon:TV Interview with David Frost,20 May 1977.

⓭Kenneth Janda, Jeffrey M. Berry and Jerry Goldman, *The Challenge of Democracy,* second edition. Boston: Houghton Mifflin Company, 1989, p.438.

⓮*Fiscal Balance in the American System,* Vol.1, Advisory Commission on Intergovernment Relations. Washington, D. C.: US Government Printing Office, October 1967,pp.233-34.

⓯Thad L. Beyle, 「Governors,」 in Virginia Gray, Herbert Jacob, and Kenneth N. vines, eds., *Politics in the American States: A Comparative Analysis,* 4th edition. Boston: Little Brown, 1983, p. 202.

第6章

美國的司法機關

一、美國聯邦司法機關的構成

美國憲法第三條規定：「合衆國的司法權屬於最高法院以及國會隨時規定設置的下級法院。」之所以在各州原有的司法系統之外再設立一套聯邦司法系統，其原因據稱是由於制憲者們普遍認爲如果依靠各州的司法機關執行聯邦的各項法律，則不足以充分維護憲法賦予聯邦的權力。根據憲法的規定，美國國會於1789年通過了一項「法院法」，並據此設立了美國最高法院及其以下的整個聯邦司法系統。

美國聯邦司法機關由三級法院和其他一些特別法院組成。所謂的三級法院即聯邦最高法院、聯邦上訴法院和聯邦地方法院。最高法院（supreme court）是美國最高的司法機關，也是最終的上訴法院，它是美國唯一一個根據憲法設立的法院。按照憲法規定，最高法院只對兩類案件具有初審權，即涉及國際糾紛的案件以及在美國國內某一州是與訟者的案件，除此之外，它只能審理從下級法院上訴的案件。對於所有案件，最高法院的判決都是終審判決。最高法院的法官人數由國會確定，在美國剛剛成立的時候，最高法院有一名首席大法官和五名副大法官。此後法官的數目時有變動，直到1869年國會才最後確定最高法院法官由一名首席大法官和八名副大法官組成。

處於法院系統的第二個等級上的是上訴法院（courts of appeals, 1948年以前又稱爲巡迴上訴法院），或者被稱爲巡迴法院。設立巡迴上訴法院的目的是爲了便於對案件的處理，也爲了減輕最高法院作爲上訴法院負擔。目前美國一共有十三個上訴法院，其中十一個分別負責一個上訴區的上訴案件，另外兩個一個是哥倫比亞特區上訴法院，還有一個上訴法院可以受理全國的上訴案件。每個上訴法院的法官人數爲三到十五名不等。

聯邦司法機構的第三個等級是地方法院（district courts）。現在美國共有九十四個聯邦地方法院，除分布在五十個州的八十九個地方法院之外，還有哥倫比亞特區地方法院以及其他四個自治領的地方法院。大約一半的州都擁有一個地方法院，在人口比較多的州，像紐約、加利福尼亞和維吉尼亞等州，則可能設立一個以上的地方法院，最多的達到四個。一個地方法院的法官人數從一人到二十七人不等，因此美國地方法院的法官總數大約是五百多人。

上面所說的三級法院被稱爲普通法院，同時，由於它們都是根據憲法或者國會根據憲法的授權所設立的法院，所以也被稱爲憲法法院（constitutional courts，與歐洲一些國家專門負責對憲法進行解釋和監督憲法的執行的「憲法法院」不同），除此之外，國會在歷史的發展過程當中還根據憲法中所謂「暗示的權力」設立了一些專門對某些特殊的案件進行審理的法院，這被稱爲聯邦特別法院，也被稱爲「立法法院」（legislative courts），因爲它們是以國會立法的形式設立的。目前主要的特別法院包括索賠法院（Claims Court，它主要負責審理對於政府沒收的財產的索賠要求，以及政府雇員對於政府提出的賠償要求等等）、國際貿易法院（the Court of International Trade，它主要負責根據有關的關稅法所產生的民事案件）、關稅法院（Tax Court，它主要負責有關關稅的各類案件）、美國聯邦巡迴上訴法院（The United States Court of Appeals for the Federal Circuit，它主要負責審理有關商標、專利和版權方面的案件）以及軍事上訴法院（the Court of Military Appeals，它由非軍方的三位法官組成，是軍事法庭所判決的案件的終審法院）和其他一些在聯邦所管轄的地域內設立的地域法院。除地域法院之外，其他的特別法院都擁有在其專門領域內全聯邦的司法權。

根據憲法的規定，聯邦各級法院以及特別法院的法官都由總統經參議院同意後加以任命。雖然憲法對於法官的身份並沒有作出具體的規定，但被任命爲聯邦法官的通常都是原來從事法律行業的人，或者是在任的法官。一般來說，任命一名法官的程序是由參議院向總統提出三位候選人的名單，然後由總統選擇其中的一名，總統作出選擇之後，聯邦調查局和司法部對他的背景進行調查，而美國律師協會也提交一份關於此人的報告，在此基礎上參議院根據總統的提名和上述資料進行表決。當然，這也並不是唯一的程序，實際上總統或者司法部也可以直接提出候選人交參議院表決。對於總統的提名參議院當然可以表示同意，也可以表示不同意，不過，參議院一般來說都會同意總統的任命，尤其是在任命最高法院法官的時候。到1980年代爲止，美國歷史上總統曾經對最高法院的法官作出過一百三十八次任命，其中僅有二十九次（本世紀有七次）遭到了參議院的反對。❶如果參議院不同意總統對於聯邦法院法官的任命，一般由總統提出另外的人選，如果總統不進行新的提名的話，則由美國律師協會提出建議，然後交參議院全院會議討論並作出決定。

由於在美國的分權和制衡體制下總統無論作爲國家元首還是行政首腦都難以對司法機關的日常運作施加影響，所以總統對於法官的任命權就是他左右司法系統的一個重要手段。總統與司法機關的關係方面，一個典型的例證就是羅斯福總統與最高法院的關係。在羅斯福剛剛開始實行新政的時候，最高法院作爲共和黨的最後一塊陣地，曾經對新政進行了頑強的抵抗，諸多的新政措施都被它宣布爲違憲，這樣一種情況使得羅斯福只好考慮透過改革最高法院的組織，任命新的法官來扭轉這個機構與總統與國會的對抗局面。雖然羅斯福的改革方案最終歸於流產，但幾年之內最高法院原來的法官紛紛退休以及新任命的法官對於新政的支持態度卻使這個機構從羅斯福的對手變成了他的盟友，當時的最高法院也因此被稱爲「羅斯福法院」。這個過程充分證明了總統對於司法機關的控制和影響對他的工作的重要性。

正因爲如此，所以歷屆美國總統都盡其可能地利用他對於聯邦法院法官的任命權，或者造成一種在司法系統中對他有利的局面，或者擴大自己的政黨的政治影響，或者爲自己的政黨謀取更多的政治資本。由此產生的一個結果就是雖然原則上法官們應該盡可能地獨立於黨派偏見的影響，但對於法官的任命本身就具有極強的政治色彩。甘乃迪總統任命的最高法院法官懷特（Byron

Raymond White）本人就是1960年甘乃迪競選總統時的「支持甘乃迪公民委員會」主席，其黨派傾向不可謂不強。有人做出統計，林登・詹森任命的法官當中有百分之九十三是民主黨人，而作爲共和黨人的尼克森總統任命的法官當中則剛好反過來，有百分之九十三的是共和黨人。在卡特總統任內，他曾經發誓要改變聯邦法院法官任命中存在的黨派現象，使這個過程嚴格建立在對被任命者的功績的考慮的基礎上，爲此，他下令設立一些功績委員會負責推荐聯邦上訴法院的法官，並且建議各州也採用類似的制度。但即使如此，卡特對於法官所作出的任命還是明顯地表現出了他的黨派傾向，他所任命的聯邦低級法院法官當中，婦女和黑人以及其他少數民族的成員的數目，比他以前的所有總統任命的總數還多。在雷根接替卡特出任美國總統之後，他不僅廢除了卡特進行的改革，而且刻意任命了大量具有明顯的保守傾向的人擔任聯邦法院法官的職務。有人因此認爲，雷根最長久的政治影響可能就在於他任命了足夠多的保守派人士擔任最高法院的法官，從而在最高法院中形成了一個保守的多數。

在法官的任命過程中能夠發揮政治影響的當然不僅是總統一個人。在對於聯邦上訴法院和地方法院法官的任命中，參議院還採用了上面提到過的所謂「參議院的禮貌」的規則。按照這種規則，如果總統提出的法官人選遭到了來自這個人所在的州的參議員的反對，則其他的參議員出於「禮貌」，也會附和這種反對意見從而使總統的任命得不到通過。當然，更常見的情形是總統考慮到這種規則，在對某一個州的聯邦法院法官作出任命之前會徵得來自該州的參議員的同意。這也可以被視爲在一定程度上抵消總統的政治影響的方式。在對於南部各州的聯邦法院法官的任命過程中，這條規則就顯出了特別明顯的政治意義，因爲南部各州反對民權運動的力量都比較強大，所以總統如果希望任命一位民權運動的支持者或者促進者擔任這些地區的法官就較少有成功的可能性。當然，也有總統和參議員不能達成妥協的時候。在這種情況下，需要任命的法官職位可能就要一直空缺好幾年。

根據美國憲法的規定：「最高法院和下級法院的法官如行爲良好，得繼續任職，並應在規定時間獲得服務報酬，此項報酬在他們繼續任職期間不得減少。」這就是說，美國的法官一經任命，即終身任職，除非有「不良」的行爲。對於法官的職位及其報酬的憲法保障，原本的目的是爲了使各級法院的法官專心於自己的職守，使他們的工作不致受到個人利益或者黨派偏見的影響。比如說，最高法院首席大法官的年薪是七萬五千美元，其他八位大法官的年薪也有每年七萬二千美元。在這種規定之下，法官連續任職三十或四十年並不是什麼罕見的事情。法官們的職務和收入都有明確的保障，這的確能夠在某種程度上促使他們克盡職守，公正執法。不過，正如上面所說，使法官們徹底擺脫黨派和政治的影響的目的卻沒有能夠實現。一是在法官的任命中帶有濃厚的政治色彩；二是法官們，尤其是最高法院的法官們的行爲也具有明顯的政治性。在羅斯福當政之初最高法院作爲保守力量的大本營就曾經給新政形成了很大的阻力，而1950和1960年代的最高法院則由於其立場比較開明，對美國的民權運動的發展就造成了很大的促進作用。

能夠導致法官被免除職務的所謂「不良」行爲，按照憲法的規定，包括叛國罪、賄賂罪以及其他的重罪或者輕罪。罷免的方法與其他的國家公職人員一樣，必須通過提出彈劾。在歷史上，因被彈劾而被罷免的法官人數非常少，只有四位普通法院的法官是因爲受到彈劾而被免職的。憲法對法官的職位的保障當然也有其弊端。由於免除法官的職務非常困難，一個很嚴重的問題就是那些並不十分稱職的，或者因爲健康原因而不能視事的法官也往往能夠保住自己的職位。同時，一些法官也會有意拖延在職的時間而遲遲不提出退休，其目的僅僅是爲了阻止總統任命與他本人政見不一致的人來接替自己的職位。林肯任總統的時候，最高法院首席大法官塔尼（Roger Brooke Taney）雖然已經重病在身，但爲了不讓林肯任命共和黨人接替他，仍然絕不退休。最高法院首席大法官塔夫特（William Howard Taft）在1929年也公開表示：「我現在已經老了，遲鈍了，甚至有些糊塗了。但是，只要目前的情況不發生變化，而我也還能夠在我的位置上作出決斷的話，我就必須留在最高法院，以阻止布爾什維克黨人（指當時的總統胡佛——引者）控制局面。」❷

二、聯邦司法機關的權力

司法機關的主要責任是解釋和執行法律，這也正是司法機關的權力之所在。美國憲法把聯邦司法權授予了最高法院以及由國會設立的下級法院系統。具體來說，聯邦司法機關的司法權包括以下兩個方面：「一切基於本憲法、合衆國法律以及根據合衆國權力所締結或將締結的條約而產生的普通法和衡平法案件；一切涉及大使、其他使節和領事的案件；一切有關海事和海事管轄權的案件；以合衆國爲當事人的案件；兩個或數個州之間的訴訟；各州公民之間的訴訟；同州公民之間對其他州讓與土地的所有權的訴訟」等等（憲法第三條第二款）。不過，聯邦司法權又受到了憲法第十一條修正案的限制，該修正案規定：「合衆國司法權不得被解釋爲可擴大受理另一州公民或任何外國公民或國民對合衆國任何一州提出的或起訴的任何普通法或者衡平法的訴訟。」也就是說，不論什麼人，他與美國的某一個州之間發生的法律糾紛，聯邦司法機關都無權受理，這是對州權的保護的一種反映。

在聯邦司法機關能夠受理的兩類案件——普通法和衡平法❸案件中，普通法案件又包括一般的民事案件和刑事案件，前者可能是兩個或者兩個以上的公民之間或者政府和政府官員與公民私人之間就財產或者賠償問題而發生的法律糾紛；後者則是以聯邦政府爲一方，因爲基於某一個或者某一些公民觸犯了聯邦法律而提起的訴訟。至於衡平法案件則是指那些不能根據普通的民事或者刑事程序處理的案件，比如有人控告國會所通過的某項法律違反了憲法，或者某人控告他所受到的處罰不公正等等，在這種情況下法院都將根據衡平法作出判決。

從案件上訴的情況來說，聯邦各法院受理的案件包括初審案件和上訴案件兩類。初審案件都由聯邦地方法院或者有關的特別法院審理（當然如上面所說，也有極少數的案件由最高法院直接進行初審），只有其中很少的一部分能夠上訴到聯邦上訴法院，而上訴到最高法院的就更少。在具體的審理過程中，民事案件的審判程序與刑事案件不同，而地方法院和上訴法院與最高法院的情形也各不相同。在地方法院和上訴法院一級，有關當事人提出起訴之後，大部分的民事案件和所有的刑事案件的審判都實行陪審團制度。也就是說，在法庭上由雙方當事人的律師進行公開辯論，然後由陪審團對被告作出有罪抑或無罪的判決，法官的職責是主持法庭辯論，如果陪審團對被告作出了有罪的判決，則法官還必須對所適用的法律以及具體的處罰方式作出決定。

在司法審判，尤其是刑事案件的審判中，美國的司法制度對於被告人的權利提供了充分的保護。首先，憲法修正案第六條規定，犯罪嫌疑人必須得到迅速的審判，這就是說，對於嫌疑人不能長期拘禁，如果法院發現對嫌疑人進行審判的證據不足，則必須將後者立即釋放。其次，憲法保證不能強迫被告人提供對自己不利的證詞，在實際的審判過程中，法院必須保證被告有自己的辯護律師，如果被告無力聘請，則由政府指定一名律師爲其提供幫助。再次，憲法規定所有刑事案件都必須進行公開審理，在法庭辯論過程中被告有權要求與原告及其證人對質，判決必須由陪審團作出。陪審團一般由十二個人組成，他們只能在聽取法庭辯論之後對被告有罪還是無罪作出決定。陪審團在作出決定之前應該進行秘密的討論，他們的決定必須一致。如果陪審團無法作出一致的決定，則該案件必須重新審理。最後，在對於罪犯的處罰方面，憲法也有許多保護性的規定，比如「任何人不得爲同一犯罪行爲而兩次遭受生命或身體傷殘的危害」，「未經正當程序，不得剝奪任何人的任命、自由和財產」，「不得索取過多的保釋金，不得處以過重的罰金，或施加殘酷的、非常的刑罰」等等。除此之外，在具體的司法程序問題上，美國人一般都比較強調「無罪推定」的原則，也就是說，除非能夠確切地證明被告有罪，否則即使他有多大的犯罪嫌疑也必須視爲無罪。作爲無罪推定原則的一個具體體現就是在對刑事案件的審理過程中，無論是被告的辯護律師還是陪審團都可能運用「合理質疑」的原則，只要他們能夠在原告的證詞中找到「合理」的（不一定必須是符合事實的）疑點，則就可以利用這些疑點作出有利於被告的判決，甚至能夠宣判被告無罪。

當然，上面所說的都是一些原則，在實際的司法過程中情況未必都是如此。在某些特定的時候，法院可能會作出一些明顯對被告不公正的判決。此外，對於犯罪嫌疑人的過分保護也可能使一些罪犯長期逍遙法外，只因爲他們的辯護律師總能夠在原告的證詞中找到一些所謂「合理」的疑點。再則，陪審團制度雖然被認爲既能夠培養普通民衆的民主和法治的觀念，又使對案件的審理能夠立足於「常理」的基礎之上，但由於參加陪審團的普通民衆未必都有足夠的法律知識，因此也就存在這樣的可能性，即陪審團的成員變成了律師們如簧之舌的俘虜，難以對案件作出公正明智的判決。

最高法院從每年十月到第二年的五至六月之間開庭，它的運作程序與地方法院和上訴法院都明顯不同。首先，最高法院審理的絕大多數都是上訴的案件。上訴到最高法院的案件中，絕大多數都採取陳情書的形式要求其發布調案令（a writ of certiorari），實際上就是要求最高法院對於所申訴的案件進行重新審判。其次，最高法院並不是對所有上訴的案件都必須進行審理，最高法院有權對它審理的案件進行選擇（下面將要進一步討論，這實際上是一種帶有強烈的政治色彩的行爲）。大致說來，每年美國各級法院都要審理一千萬件以上的案件，但只有四千至五千件能夠上訴到最高法院，而在這四、五千個案件中，又只有大約一百五十件能夠得到審理，而對於其他的申訴都僅以書面「備忘錄命令」的方式予以肯定或者駁回；最後，最高法院審理案件時並不採用陪審團制度，而是由九位大法官在進行調查和聽取證詞之後以投票的方式進行判決，投票時六名大法官即可構成法定多數，決定只要簡單多數通過即可。在投票時，九位大法官都只有同等的一票，不論他作出什麼樣的決定，每一位大法官都要求說明自己的判決理由，並由其中的一位大法官把判決中的兩種意見都記錄在案，而這些判決理由往往會在以後的審判中被人們所援引，從而具有判例的性質。

以上是美國的法院系統純粹作為司法機關而行動的情形，但實際上，司法權只是各級法院所享有的權力之一，對於最高法院來說就更是如此。正如美國政治學家羅伯特・達爾所說：「僅僅把美國最高法院視為一個司法機關，這是低估了它在美國政治體系中的重要性。因為它同時是一個政治機構，是一個能夠在有爭議的全國性政策問題上作出決定的機構。」❹法院當然只能審理各種案件，但正是在審理案件的過程中，最高法院通過對法律的審查和解釋，為自己贏得了一種實際上的立法權，即「司法審查」的權力——也就是審查立法和行政機關通過的法律或者頒布的命令是否與憲法原則相一致的權力。

司法審查的權力在憲法中並沒有明確的規定，至於憲法的制定者們是否考慮到法院能夠行使這種權力，這在政治學界和法學界也還是一個有爭論的問題。有人認為，制憲者們已經想到了這個問題，其根據之一就是漢密爾頓的兩段話：「憲法是直接基於人民的意志，普通法律是基於人民代表的意志，憲法自應高於普通法律，也就是人民的意志自然應高於其代表的意志。」「解釋法律是法院正當與特有的職責。憲法事實上是，而且必須是被法官當作根本法看待的。因此，正如立法機關所制定的任何一條法律的含義必須由法官確定一樣，憲法的含義也必須由法官來確定。如果兩者之間有不可調和的分歧，當然就應該以那個有較大的責任和合法性的為主；換句話說，憲法應該優於法令，人民的意志應該優於他們的代表的意志。」❺還有人提到，麥迪遜也曾在制憲會議上指出：「一項違背人民自己所確立的憲法的法律，將會被法官們認為無效。」另外的一些人則認為，法院享有司法審查權是自然而然的事情，因為在殖民地時期英國樞密院對於各殖民地的被認為與英國法律相違背的法律就具有否決權，而有的州法院也曾經宣布州議會通過的法律因為與州憲法不一致或者違反了「天賦人權」而無效，因此在美國獨立之後各級法院行使這樣的權力乃是不言而喻的。❻至於為什麼憲法中又沒有對這項權力進行明確的規定，有一種解釋是憲法的制定者們擔心如果賦予聯邦法院這麼大的權力就會妨礙憲法得到通過。

當然，也有人認為憲法的制定者們根本就沒有把司法審查權賦予法院的意思，這項權力完全是最高法院「竊取」的，傑佛遜總統就曾經表示，制憲部門把政府分為三個彼此獨立的部門，如果給予司法部門以審查其他部門通過的法令的權力，就會使司法部門凌駕於總統和議會之上，從而違反了分權與制衡的原則。❼另一種稍微折衷的說法是：「制憲者們的確預見到了某種形式的司法審查權……但是，同樣沒有疑問的是，人們根據在1787年的時候普遍通行的觀念根本不可能預見到當今（最高）法院所發揮的巨大作用。」❽

不過，不管怎麼說，法院的司法審查權力一直到1803年才得到明確的承認。這一權力來自於當年最高法院對於馬布里訟麥迪遜（Marbury v. Madison）一案的判決。該案的起因是傑佛遜在1801年出任總統之後，發現他的前任約翰·亞當斯在其離職之前任命了一大批聯邦法官（見美國的官僚制度一章），哥倫比亞的治安法官馬布里（William Marbury）便是其中之一，但是他和其他另外十六人的委任書在亞當斯離職之前也未能發出。傑佛遜就職後，便命令他的國務卿麥迪遜停止發放那些尚未發出的委任書，馬布里因而向最高法院提出申訴，要求根據1789年頒布的「法院法」向其頒發委任書。在對此案進行審判時，最高法院首席大法官馬歇爾（John Marshel）在判決理由中首先表明麥迪遜應該遵守已經頒布的法律，但接下來，馬歇爾又指出，馬布里所援引的「法院法」的有關部分本身就已經違反了憲法，因爲憲法並沒有授予最高法院發布命令狀的權力，而「法院法」卻作出了這樣的規定。馬歇爾認爲：「極爲明顯而不容爭辯的一項立論是：憲法取締一切與之相抵觸的法案。」「違反憲法之法案不能成爲法律。」「判定何者爲法律，斷然屬於司法部門之權限和職責。」「與憲法相抵觸之法律無效，……各級法院以及其他政府部門均受該文件之約束。」❾

馬歇爾正是透過以上的判決理由確立了法院的司法審查權。當時最高法院所作出的判決以及馬歇爾所提出的判決理由都沒有引起太大的爭議，其原因一方面是因爲這一判決在當事人雙方之間基本上採取了一種不偏不倚的態度，使他們都無法表示不滿，另外，被最高法院宣布爲違憲的「法院法」第十三條也不是什麼十分重要的法律，所以人們也基本地採取了一種無所謂的態度；最後，在此後的五十年中，最高法院也沒有再宣布哪一條法律違反了憲法，所以法院的司法審查權也就暫時不再爲人們所提起。至於這一權力後來得到了廣泛的運用，則可能是爲包括馬歇爾在內的人所始料未及的了。

除了司法審查權之外，也可以說與司法審查權相聯繫，最高法院在實踐中還爲自己爭得了一種擴大了的司法解釋權。對於法院的司法解釋權，憲法也沒有做出具體的規定，不過，在英美國法系之下，法院之具有司法解釋權被認爲是司法程序的一個當然組成部分，因爲所有涉及到慣例法和衡平法的案件，都需要進行審判的法院對於慣例或者其他的法律作出進一步的解釋以使之適用於當前的案件。但是，最高法院對於憲法的解釋權，卻是來自於對法院對於一般法律的司法解釋權的一種引申。一位學者曾經指出：「憲法是至高無上的這個事實並沒有解決由誰來決定憲法的意義的問題。」⑩人們認爲，這個問題也是由1803年的馬布里訟麥迪遜一案的判決解決的，因爲馬歇爾的判決理由中明確指出：「判定何者爲法律，斷然屬於司法部門之權限和職責。」1819年最高法院對麥卡洛赫訟馬里蘭州一案（Mcculloch v. Maryland）的判決就是對法院的司法解釋權的很好的說明。在此案中，麥卡洛克控告馬里蘭州向聯邦政府設立的合衆國銀行巴爾摩分行徵稅，最高法院的大法官們對此案作出了意見一致的判決，認爲聯邦政府的權力雖然受到限制，但在其活動範圍內它的權力應該是至高無上的，另外，雖然憲法沒有規定國會有權設立國家銀行，但憲法卻授予了國會以制定「必要和恰當的」一切法律的權力，正是這一暗示的權力使國會設立銀行的做法具有憲法的依據。首席大法官馬歇爾在該案的判決理由中寫道：「只要目的是合法的，只要它是在憲法所規定的權限之內，同時所有的手段也是適當的，並且與目的是明顯相一致的，只要它們沒有被禁止，而且與憲法的文字和精神都相吻合，則就是合法的。」

上面提到過，同樣是在設立銀行的問題上，在美國建立之初就有過一場爭論，當時國會也是採用了「暗示的權力」的概念而使中央銀行的設立具有了合法性。不過，這一次由最高法院作出解釋，自然又具有不同的意義，因爲它不僅在相當程度上認可了國會的權力的擴展，而且也是對最高法院自身權力的一種證明。對於法院的司法解釋權，最高法院法官福蘭克福特（Felix Frankfurter）有一段說明，他認爲：「憲法並沒有闡釋諸如『適當的程序』的意義以及『自由』這樣的概念的內涵。正是法官們使它們的意義明晰化。他們以自己特有的經濟的和社會的眼光來解讀憲法的中性語言。……我們應該面對這樣一個事實，是五個最高法院的法官而不是那些不偏不倚的被提示出來的眞理決定著我們的政策。」⓫正因爲最高法院具有對於憲法作出解釋的權力，所以它也被人們稱爲「常設制憲會議」，最高法院前任首席大法官休斯（Charles Evans Hughes）甚至認爲：「我們都生活在憲法之下，但是憲法卻是法官們所解釋的憲法。」⓬

當然，最高法院在實際運用它的司法審查權和司法解釋權的時候要受到各種因素的影響，而且其具體的政治結果也非常不一樣（從理論上說，所有的法院都可能行使司法審查權和司法解釋權，只不過最高法院由於它的特殊地位而成爲這兩種權力幾乎是排他性的使用者）。最高法院在南北戰爭之後開始越來越多地行使它的司法審查權和司法解釋權，不過，在此後一直到1930年代，最高法院主要是以州權的保護者的身份活動的，而且立場明顯地傾向保守。僅在1864年至1873年的九年當中就有十項國會通過的法律被最高法院宣布爲違憲。十九世紀的後半期，美國開始了大規模的工業化進程，但就是這一過程中，最高法院反覆援引憲法第十四和十五條修正案的規定，保護州的、企業的和個人的權利

（憲法修正案第十四條第一款規定：「無論何州未經正當法律程序均不得剝奪任何人的生命、自由或財產」，最高法院認爲，企業也應被視爲單個的個人）。在1890年代，最高法院就先後宣布國會通過的所得稅法和反托拉斯法違憲。在所得稅的問題上，最高法院聲稱，憲法只規定可以根據各州人口徵收直接稅，針對收入進行的徵稅自然違反了憲法。爲了使對於所得稅的徵收合法化，國會不得不提出了憲法第十六條修正案，該修正案於1913年得到了通過，規定：「國會有權對任何來源的收入規定並徵收所得稅，所得稅收入不必按比例分配於各州，也不必考慮任何人口普查或統計。」從1890年到1935年，又一共有四十七個國會通過的法律或者其中的一部分被最高法院宣布爲違憲。

1935年到1936年期間，最高法院與國會和政府的對立發展到了戲劇性的程度，國會通過的一系列法案一個接一個地被最高法院宣布爲違憲，其中包括「工業復興法」和「農業調整法」等等作爲新政的基本法律框架的法案。最高法院在新政前期的表現被一些人認爲是不僅僅否決了國會通過的法律，而且也否決了1932年民衆作出的選擇（指選舉羅斯福爲總統）。因此，羅斯福在1936年以壓倒多數再次當選爲總統之後，便冒險提出了一個改革最高法院的方案。由於1936年時最高法院法官的平均年齡是七十一歲，羅斯福提出，可以爲每一位年過七十，服務期已超過十年而又尚未退休的法官加派一名助手，以此爲最高法院注入一些新鮮的血液。這一提案被稱爲「法院換班提案」（Court Packing Bill），它雖然並沒有能夠得到通過，但最高法院從1937年開始逐步轉變立場，不再與國會和政府強硬對抗。羅斯福因此說，與最高法院的戰鬥是失敗了，但戰爭卻勝利了。數年之後，由於原來最高法院的法官們陸續退休，羅斯福得以任命一批對自己的政策立場持同情和支持態度的人士出任新的大法官，最高法院的立場也因此而得到了徹底的扭轉。

在戰後時期，最高法院基本上保持了所謂的「羅斯福法院」的特點，它較少推翻國會通過的法律，而更多地注重保護公民的社會權益。1954年，以沃倫（Earl Warren）爲首的最高法院在布朗訟托皮卡教育委員會（Brown v. Board of Education of Topeka）一案的判決中宣布各州實行的公立學校種族隔離的法律違反了憲法修正案第十四條關於對公民權和進行平等保護的規定。最高法院的這一判決，以及以後對於相關問題類似的判決，對於在美國社會生活各個領域取消各種種族隔離的措施是一個大的推動。1962年，最高法院又在貝克訟卡爾（Baker v. Carr）一案的判決中重新確立了一人一票的原則，要求各選區的人口必須相等，從而推動了在此之後各州對於長期不合理的選區的重新劃分（參見第四章有關國會議員選區劃分的部分）。此外，在對於基登訟溫懷特（Gideon v. Wainwright, 1963）和馬蘭達訟亞歷桑納（Miranda v. Arizona, 1966）等案的判決中，最高法院一再堅持必須保護刑事被告的權利，要求貧窮的被告必須由政府爲之提供辯護律師，不能在審判中使用非法獲得的證據、被告在被捕之後應該有權保持沉默、在被告未被告知他（她）應該享有的權力的情況下提供的陳述不能作爲證詞等等。總之，在沃倫主持最高法院期間，最高法院在促進對於人權和公民權的保護方面都發揮了一種強有力的推動作用。正如一位學者所說：「沃倫主持最高法院時間通過大量的判決所確立的平等、自由和人的尊嚴的觀念已經不可能倒退爲它們原先的那種狀況……後人會發現，

最高法院這個被認爲是美國最保守的政治機構在幫助這個民族調整它作爲一個自由社會的需求的時候作出了最大的貢獻。」⓭

艾爾・沃倫在1969年退休之後，尼克森總統任命伯格（Warren Earl Burger）擔任首席法官的職務。伯格主持之下的最高法院開始表現出了與沃倫主持時期的區別，但它還是繼續作出了一些有利於保護公民的自由和權利的判決，比如說判定政府應該爲窮人離婚支付費用、窮人不能因爲無力交付罰款而被監禁，在懷孕的頭三個月之內允許墮胎等等。針對當時《紐約時報》和其他報紙披露了美國國防部有關越南戰爭的一些文件的問題，最高法院根據憲法對於新聞自由和言論自由的保護，要求五角大樓繼續發表有關的文件，在1974年，當牽涉到水門事件的問題時，最高法院也判定即使總統也必須向法院提供證據——這在一定程度上促成了尼克森的辭職。另外，在進一步消除種族隔離、提供社會保障等問題上，最高法院也作出了一些比較積極的判決。

不過，在另外的一些問題上，最高法院的立場可能就不太讓自由派人士滿意了。伯格主持之下的最高法院在以下幾個方面讓人們感覺到它已經開始轉向保守。一方面，它開始更加強調保護州的權力，因而在1974年推翻了一項國會通過的要求把聯邦政府雇員最低工資標準適用於各州和地方政府雇員的法案。另一方面，它在一些有爭論的問題上也從沃倫時期的立場向後退，它在1976年宣布支持聯邦和州關於恢復死刑的法律，並在1980年承認了聯邦和州政府有拒絕向貧困的婦女墮胎提供費用（哪怕是爲了醫療的目的）的權力。最後，在對於公民的自由和權利的保護方面，最高法院在這一時期更是向後退了一大步。在有關新聞自由的問題上，最高法院判定記者在報告機密消息的來源時不應享受憲法修正案第一條的保護，而且如果報導引起了有關誹謗的指控時，記者必須回答報導的動機的問題。最高法院在這一時期對於刑事案件被告的權利問題上重新作出的一些判決更是引起了激進的爭論，它再次確認警察能夠在不經法院同意的情況下蒐集證據，也可以爲了蒐集重大犯罪的證據而就某些較小的過失開展調查，甚至在被告請求保持沉默的權利之後，最高法院也認爲警察可以繼續進行審問。

伯格主持最高法院時期遭受的廣泛批評是他在1986年提出退休的原因之一。但是，當雷根總統任命倫奎斯特接替伯格出任首席大法官的時候，他考慮的並不是要扭轉最高法院的保守傾向。實際情況正好相反，在雷根政府時期，最高法院的大法官當中，保守力量已經占據多數，在此之後最高法院通過一系列判決，承認了一些州限制使用公立的設施進行墮胎的權力、使婦女和少數民族團體在爭取平等權利方面遇到了更大的阻力、對於刑事案件的被告的保護進一步被取消、對於像在公立學校中要求進行宗教禮拜的行爲則更爲寬容。另外，與雷根政府所推行的保守主義的政策相一致，最高法院還對一些社會福利和救濟活動進行了限制。

通過對最高法院的實際運作的考察，可以發現它對於司法審查權和司法解釋權的行使往往受到下面一些因素的影響。首先自然是法官們自己對於法院的權力的理解。傳統上，美國的法官們對於法院的權力存在著兩種不同的認識。這兩種認識，用一位美國學者的理念概括來說，就是「法院是應該像立法機關與行政機關一樣，在塑造我們的命運方面扮演一種積極主動的角色，還是應該自我克制，在有可能作出政策判斷的時候讓立法機關採取行動，並且爲別的機構的創造性留下新的餘地呢？」⓮這兩種理解，一種是所謂的「司法能動主義」(judicial activism)，這種觀點認爲法院不應該僅僅消極地擔當政治行爲的仲裁者的角色，它同時還應該積極地介入政治過程，幫助解決社會中存在的各種問題，對於憲法的理解也不應該僅僅局限於文字，而是要理解憲法的精神。最初確立了司法審查權和司法解釋權的馬歇爾顯然就是司法能動主義的代表人物，而沃倫主持最高法院期間後者成爲美國民權運動的主要推動力量更是對司法能動主義的最好的說明。對於法院權力的另一種理解則是所謂的司法克制的原則(judicial restraint)，按照這種原則，法院對於憲法的理解應該完全忠實於憲法文本而不應該進行自己的發揮，在實際的運作過程中，首席大法官斯通 (Harlan Fiske Stone) 爲司法克制的原則提出了兩條非常著名的標準，即法院只有在兩種情況下才能干預政治過程，第一種情況是當立法限制了政治決策的過程的時候，第二是當立法限制了「分散而孤立的少數」的權利的時候。斯通認爲，除此之外，法院應該聽任立法和行政機關自行其是，哪怕法官本人更傾向於另外的政策，或者對憲法有不同的理解。⓯目前倫奎斯特主持下的最高法院中占主導地位的就是對法院權力的這種司法克制的理解。

當然，法院行使權力的方式及其具體的方向還要受到法官們的政治立場的影響。由於最高法院不同的法官政治觀念各不相同，所以它在同一問題上在不同的時期作出不同判決的例子也就比比皆是。比如說，最高法院在1896年曾作出種族隔離的做法並沒有違反憲法的判決，但這一判決在1954年卻被推翻了。1921年，最高法院還曾經判定國會無權對有關預選會的問題作出規定，但二十年後它又得出了相反的結論。實際上，最高法院甚至在短短的幾年中也可以迅速改變自己的立場，像上面提到的倫奎斯特主持最高法院期間後者在墮胎問題上就作出了前後相當不一樣的判決。需要指出的是，法官們的政治立場與他們對於法院的權力的理解並沒有直接的關係。有的人可能政治立場比較激進，同時對於法院的權力又採取一種司法能動主義的觀點，比如沃倫就是這種情況，也有人可能立場保守而又持司法克制的態度，比如倫奎斯特便是如此。自然，也有可能是立場激進，同時又主張司法克制，如霍爾姆斯（Oliver Wendell Holmes, 1902至1932年在最高法院任職）和福蘭克福特（Felix Frankfurter, 1939至1962年在最高法院任職）就屬於這種情形，還有的人既保守又主動，羅斯福執政前期的最高法院就是這樣。這些不同情形的組合使最高法院的活動在不同的時期表現出相當不同的特色。

最後，最高法院作為司法機關，司法程序本身也構成對它行使其權力的一個重要的制約因素。與其他所有的法院一樣，最高法院必須遵守「告訴才受理」的原則，這就是說，針對某個具體的政治問題，也許最高法院早就具備明確的立場，但在有人對有關這個問題的法律或者下級法院的判決向最高法院提起訴訟之前，後者並沒有以作為最高法院的角度發表自己的意見的機會。因此，雖然1866年國會通過的一項關於禁止總統在未經參議院同意的情況下罷免第一、二、三等郵政局長的法律曾被當時的總統安得魯・約翰遜和其他的一些憲法學者認為違反了憲法，但由於未經實踐，也沒有人提出訴訟，所以最高法院一直沒有對其進行審查。直到1916年威爾遜總統未經參議院批准而罷免了一位郵政局長而後者提起訴訟，最高法院才宣布1866年的法律違反了憲法。再者，最高法院曾在1976年判定原來的一項關於限制各州、市徵收稅的判決違憲，但此時離原法案通過的時間已經過了一百零五年。

除了法院自身的因素之外，具體的政治環境也是左右著最高法院的權力行使情況的一個重要因素。法院在美國的政治體制當中是一個消極的部門，尤其是在它行使司法審查權和司法解釋權的時候，並不像審理一般的民事或者刑事案件那樣，可以使用警察作爲自己的執行機構。最高法院對於有關憲法和其他法律作出的判決，要使之得到認可和產生效力，唯一能夠依賴的不過是最高法院自身的威信和歷史上所形成的人們對它的尊重。但僅僅靠這一點是遠遠不夠的。或者說，在這種情形之下，宏觀的政治力量格局對於最高法院所作出的司法判決的效力如何就起了一種不可忽視的決定作用。這就是爲何雖然最高法院在羅斯福執政前期對新政採取了堅決抵制的立場，但最終在總統、國會和民衆的壓力下還是不得不讓步的緣故。另外，當沃倫主持的最高法院在1954年宣布在公立學校中實行種族隔離的法律違憲時，一開始不僅沒有發揮實際的作用，而且還引起五個州的抗議和九十六名議員的反對，只是後來國會連續通過了一系列反對種族隔離的法律，最高法院的態度才開始發揮越來越大的影響。

另外，美國政治的一些具體特點也制約著最高法院行使自己的權力。比如，在外交領域，由於最高法院根本不參與外交政策的制定，對於具體的外交事務也並不了解，而且傳統上不願意介入所謂的政治問題，所以在有關外交的問題上，最高法院一直避免表達自己的意見。雷根政府時期最高法院就曾經以這個理由迴避對美軍在薩爾瓦多的問題上作出裁決。

三、司法機關與立法和行政機關之間的關係

美國憲法把司法權賦予聯邦司法機關，但正如上面所說，憲法並沒有對司法權的具體內容進行明確的界定。從根本上看，司法權也是一種執行的權力，只不過它與行政權不同，是一種「消極」的執行權。也就是說，司法機關並不能主動地對某個問題進行調查和處置，它只能在有關方面向它提出起訴之後才採取行動。這也就是司法程序當中所謂的「告訴才受理」的原則。極而言之，根據這個原則，即使有關司法人員目睹了諸如兇殺一類的惡性事件的發生，他也不能以司法機關的身份對此類事件進行主動的干預。按照孟德斯鳩關於三權分立的理論，對於司法機關這樣一個掌握著警察大權的政府部門的權力作如此的安排，是爲了保障公民的權力不致受到無端的侵害。因爲如果司法機關能夠隨意對公民（當然也包括公民團體或者其他的公共或者私人的部門）行使司法權，那麼公民自由就的確沒有什麼保證了。

由於司法機關具有這樣的特性，所以在憲法剛剛通過的時候，最高法院被人們普遍地認爲是美國政府三個部門當中最軟弱的一個。它與聯邦行政機關不同，行政機關雖然從一方面來看也只是一種執行機構，必須負責實施國會所通過的各項法律，但憲法爲了制衡立法機關的權力，特意授予總統以立法建議權和立法否決權，總統也就因此能夠對議會發揮強有力的制約和影響作用。但是憲法並沒有賦予最高法院以像總統這樣的特權。雖然它可以審理那些以美國或者美國的某一個州作爲當事一方的案件，也可以按照司法的傳統和慣例對所援引的有關法律作出新的解

釋，甚至也可以對州政府的行爲是否符合美國憲法進行裁決，但是，一方面憲法並沒有賦予最高法院以明確的能夠對聯邦的立法和行政機關作爲一個整體而加以制約的任何權力，另一方面對於國會議員和總統個人，最高法院也不能行使審判權，因爲憲法對他們的權力進行了特別的保障，他們只能因爲彈劾而受到審判，而對提出彈劾和對彈劾案進行審判的權力，憲法又分別賦予了衆議院和參議院，最高法院根本不能參與其中。反過來，國會和總統都對最高法院操有一定的控制權。最高法院大法官的人數、其開庭的時間，以及對於上訴到最高法院的案件的審理程序中的一些規則都是由國會決定的，而大法官的任命，則是由總統提名經參議院同意之後作出。事實上，國會在理論上甚至能夠以提出憲法修正案的方式對最高法院的設置及其權力進行變更。因此，美國建立之初，在立法、行政和司法這三種權力的相互關係方面，重心明顯地傾向於立法權和行政權，司法權顯然不能與以上兩種權力相平衡。

最高法院既然處於這樣一種軟弱的地位，它在一開始不爲人們所看重也就是非常自然而然的事情了。美國建國初期的許多著名的領袖人物，如亞歷山大・漢密爾頓和帕特里克・亨利都拒絕接受大法官的任命，最高法院開庭的地點竟然是一間地下室，而在它建立之後的三年之內也沒有接受一個上訴案件，這些都是對最高法院最初的地位最好的說明。這一切只是到最高法院確立了自己的司法審查權和司法解釋權之後才開始出現了改變。

最高法院的司法審查權和司法解釋權得到確立之後，大法官們也就得到了一個對國會的權力進行約束的重要的工具，即透過把國會的某一項法律宣布爲違憲而使該項法律失去效力。這是最高法院制約國會的一面。自最高法院建立以來，國會立法被最高法院宣布爲違憲的一共有一百多件，見**表 6-1**。

可以看出，最高法院直接宣布國會的立法違憲的情形並不是太多，如果與總統對國會立法行使否決權的次數相比，這一點就更爲明顯。這所以如此，是因爲雖然最高法院有權進行司法審查和司法解釋這一點早已爲美國各方面所接受，但它在行使這一權力的時候一般來說還是比較謹慎，而且第二次世界大戰以後最高法院一般也注意迴避對國會的立法作出裁判，它寧肯在那些並不是十分重要的法律上作文章，並且透過這種方式對公衆和國會產生影響。沃倫時期的最高法院基本上就是這麼做的。在布朗訟皮卡托教育委員會一案中，它乃是透過宣布某一個具體的作法違反了憲法，然後借助公衆輿論的推動，促使國會通過了一系列反對種族隔離的立法，進而促進了美國民權運動的發展。這種方法與和國會採取對抗的消極方法不同，是最高法院以間接的方式引導國會立法的一種更爲積極、也更爲容易被國會所接受的方式。最高法院在行使自己的司法審查和司法解釋的權力的時候更多地傾向於這一種方法，像羅斯福新政時期最高法院與總統和國會的直接對抗的情形，在最高法院的歷史上不過是例外而不是通則。

最高法院對於國會的這樣一種態度是與它自身的特殊地位及其歷史相聯繫的。在美國的政府機構中，最高法院可以說是最缺乏民主色彩的一個，因爲法官們都由總統任命，而且終身任職，因而沒有什麼機制能夠保證他們聽從民意或者順應社會的發展。這一個特點也決定了最高法院往往成爲政府機構中保守力量的主要基地。事實上，在第二次世界大戰之前，最高法院也的確幾乎被所有的人視爲美國社會中保守力量的象徵，因爲在南北戰爭勝

表 6-1　歷屆最高法院宣布國會立法違憲的情況（到 1986 年爲止）

時期	首席大法官	宣布違憲的法案數
1798-1801	杰伊（John Jay） 盧特利吉（John Routledge） 艾爾斯華斯（Oliver Ellsworth）	0 0 0
1801-1835	馬歇爾	1
1836-1864	塔尼	1
1864-1873	切斯（Salmon A. Chase）	10
1874-1888	魏特（Morrison R. Waite）	9
1888-1910	富勒（Melville W. Fuller）	14（15）
1910-1921	懷特（Edward D. White）	12
1921-1930	塔夫特	12
1930-1936	斯通	14
1936-1941	休斯	0
1941-1946	休斯	2
1946-1953	文生（Fred M. Winson）	1
1953-1969	沃倫	25
1969-1986	伯格	34
1986-	倫奎斯特	4
總計		138

利後，正是最高法院拒絕根據憲法修正案第十四條的規定保護南部黑人的權力；而當美國經濟迅速工業化，需要政府進行更多的管制和干預的時候，也正是最高法院一再阻止國會通過一些擴大聯邦政府權力的立法（雖然最高法院也曾進行過一些支持聯邦政府擴大其權力範圍的判決）。但是，隨著時間的推移，這些衝突最終又往往以最高法院作出讓步而告終。對於第二次世界大戰以前最高法院與國會的衝突，有人把它描繪爲三個階段：第一個階段是最高法院對於公共政策中的某些重要方面作出否定的判決，第二個階段則是這些判決往往遭到激烈的批判以及國會要進行報復的威脅，第三個階段是最高法院只好最終讓步。⓱

因此，從長期來看，最高法院還是要依從於國會，因爲國會中的多數基本上也就意味著民衆中的多數。就傳統上最高法院與國會的關係而言，羅伯特・達爾曾經得出結論認爲，最高法院占主導地位的政策主張並不會長時間與國會中多數派的觀點保持差距。⓲正如有人幽默地指出的那樣，「最高法院服從選舉結果」。正是由於這樣一種情形，所以雖然從十九世紀下半期開始最高法院越來越多地意識到了自己的政治作用，但除羅斯福執政前期的幾年之外，它對於國會還是基本上採取了一種克制的態度，而在對於涉及到國會立法的判決的時候，也不得不考慮國會可能採取的反應。

從國會方面來看，無論最高法院是激進還是保守，都會有人對於它的行爲表示各種各樣的不滿。在1950年代後期，對於沃倫主持下的最高法院在促進民權運動方面所發揮的積極作用，一些南方的國會議員就非常反感，他們甚至組成了一個保守力量的聯盟，試圖對最高法院的權力進行限制。在1980年代，參議院在赫爾姆斯（Jesse Helms）領導下的保守派又針對墮胎等社會問題提出了一系列旨在限制最高法院的管轄權的議案。當然這些都是失敗的例子，但國會也有成功的時候。比如說，國會在1968年的一項立法中就實際上推翻了沃倫主持的最高法院對於刑事案件被告人的保護問題上的有關判決，而在1988年，國會在雷根總統否決之後再次通過的「民權復興法案」則又在實際上重新擴展了在1984年被伯格主持的最高法院對於民權加以限制的判決。國會對抗最高法院的判決的另外一個途徑就是修改憲法，當然這並不是一件容易做到的事情，但歷史上也有兩次被國會做到了。上面提到，最高法院曾經在1895年判決國會通過的一項所得稅法違憲。對此，國會於1909年通過了第十六條憲法修正案，賦予國會以徵收所得稅的權力，該修正案於1913年得到批准，從而從根本上推翻了最高法院所作出的判決。另外，1971年由議會通過並於當年得到批准的憲法第二十六條修正案規定，「合衆國或任何一州不得因年齡而否認或剝奪已滿十八歲或十八歲以上的合衆國公民的選舉權」。這條修正案也推翻了最高法院原來的一項判決，這項判決認為，國會僅僅有權在聯邦而不是州和地方政府的選舉中降低選舉權的年齡規定。

從國會與最高法院的關係的歷史來看，有的時候國會顯得比較保守而最高法院顯得比較激進，有的時候則正好相反，應該說，這兩個機構與某種特定的政治立場並不存在什麼確定的關係。問題只在於哪一個機構更能夠反映大衆的根本願望，更能夠代表社會發展的趨勢。從這個意義上說，雖然國會一般來講更接近於社會和民衆，但法院也可以以法官們的理性和良知引導社會和民衆。正如沃倫大法官在他退休的時候所說的，法官們沒有自己的選民，因而他們的工作會顯得比較困難，但他們也有一種優勢，那就是「我們只為我們所理解的公共利益服務，只根據憲法和我們的良知行事。」⓳

就司法機關和行政機關的關係而言，從某些方面來說與其和立法機關的關係類似。首先是存在著總統控制法院系統的一面。一方面，總統可以透過行使他特有的赦免權中止法院對於某一個案件的審理，從而干預司法程序的進行；另一方面，也是更為重要的方面，是總統可以透過對聯邦法官的任命使這個機構受到總統的政治觀念的影響。人們一般認為，總統在任命最高法院法官的時候主要考慮的並不是候選人作為法官的能力，而是他的政治立場是否與總統本人一致。雖然參議院的批准使總統在作出任命時不能完全隨心所欲，但根據歷史上的統計，大約有百分之九十的最高法院法官與任命他們的總統屬於同一政黨，而其中一些人更是總統小圈子當中的人物，甚至是總統的親信。上面提到的甘乃迪任命的懷特就是這種情況，而1965年詹森總統任命的福塔斯（Abe Fortas）則乾脆就曾經是總統的律師。從這個角度看，如果一位總統有足夠的時間和可能性來任命足夠多的最高法院法官，那麼他對於這個最高司法機構的影響的確是不能忽視的。正是出於這樣的原因，所以當羅斯福總統的新政法案在最高法院不斷受挫的時候，他才如此急於讓法官們來一次大換班，而人們普遍認為雷根總統透過他的任命使最高法院進入了一個保守的時代也就不無道理了。

不過，與最高法院和國會的關係相似，法官們也不因為是由總統任命的就完全依從於總統。雖然最高法院一般很少採取宣布總統的行政立法違憲的做法，但它也往往作出總統並不歡迎的許多判決。這首先是因爲總統不可能一下子把法官們都換成他的支持者，因爲他只有在法院職位出缺（也就是說，有法官退休或者被解職的時候）才有機會作出自己的任命。卡特總統在這一方面就比較不走運，因爲他在四年的任期內沒有機會任命任何一位最高法院法官。另一方面，即使總統任命的法官也有可能在穿上他們的黑色長袍之後便與總統的立場出現了分歧——這也正是美國的分權與制衡的原則發揮作用的一種體現，這樣的例子並不少。比如說，沃倫在他擔任加利福尼亞州總督的時候曾經爲艾森豪競選總統幫過大忙，而且，作爲一個溫和的共和黨人，人們也不曾料到沃倫在擔任首席大法官之後竟然掀起了一場「社會暴動」⓴，以致艾森豪把對沃倫的任命稱作是「我所犯的他媽的最愚蠢的錯誤」。㉑可能同樣讓尼克森大失所望的是，他任命的首席大法官伯格和其他兩名也是由他所任命的大法官居然與其他的法官們一同投票要求尼克森交出他關於水門事件的錄音帶，從而使他的辭職成爲不可避免。

與司法機關和立法機關的關係不同的是，司法機關與行政機關之間還存在著一種直接的合作關係，因爲許多案件的起訴是由行政機關提起的，而司法機關的判決也必須由行政機關來加以執行。把這兩個政府機關聯繫起來的是聯邦行政機關的一個部門——司法部。司法部長由總統提名經參議院同意後任命，他同時也是美國的總檢察長。司法部長或者總檢察長的職責之一就是以合衆國的代表的身份就某些案件向有關的法院提出訴訟，爲此，聯邦調查局負責對於各種犯罪行爲搜集大量的情報。此外，在執法過程中的許多工作，諸如調查、對於罪犯的關押和監禁等等也都是由行政機關來完成的。

司法機關與行政機關的這種特殊關係使得前者的行動——特別是在普通的刑事和民事案件中的活動——在很大程度上受到後者的影響。如果行政機關不提起訴訟，則司法機關就難以有可能對一些案件進行審理，比如說，在反托拉斯法的執行問題上，不同時期行政機關的態度就使得執法的情況大不相同。在麥金萊任總統期間，由於他在這個問題上比較寬鬆，所以一共只提出兩次訴訟，在西奧多·羅斯福執政期間，由於奉行設法解散托拉斯的政策，所以提出的訴訟就達到四十五次之多。到富蘭克林·羅斯福擔任總統的時候，他的司法部在五年間提出的關於反托拉斯的訴訟就竟然達到了從1890年到1943年期間全部訴訟的百分之四十四。另外，行政機關是否認眞地執行司法機關的判決也是影響後者的活動的一個主要因素，比如說，在內戰時期，最高法院曾經命令某一位將軍就爲何不釋放一個被軍隊關押的人作出說明，但由於這位將軍拒不服從，也沒有有關部門對他進行相應的強制，因而事情也就只好不了了之。顯然，如果類似的事情大量出現，那麼對於司法機關的威信也會產生不利的影響。這樣一種事實使得這兩個機關的合作對於有效地執行法律十分重要。

四、美國的地方司法機關

美國的地方司法機關與地方立法和行政機關相比，其組織機構和運行程序都要相對簡單和統一一些。地方司法機關在每一個州都是相對獨立的，它們依據州憲法和其他有關法律對於刑事和民事案件進行審理，當然，被聯邦憲法規定專屬聯邦法院權限之內的案件除外。其中包括所有關於習慣法的案件，在州憲法、法律和法規之下產生的案件，由特許狀和地方政府法令而產生的案件，以及一州與本州公民之間的案件和一州與他州公民之間產生的案件。對於涉及到聯邦憲法、聯邦法律以及聯邦條約的案件，可以由地方司法機關或者聯邦司法機關進行審理，但涉及到不同的公民權者除外。但是，根據國會的一項立法，有關聯邦法律或者不同公民權的案件，只有當其涉及到的金額達到一萬美元或者一萬美元以上者才能向聯邦法院起訴，因此對於那些涉及金額較少的上述兩類案件，地方司法機關實際上擁有專屬的審理權。當然，根據國會的立法，對於應向地方法院起訴而又在聯邦法院司法權限之內的案件，可以依照被告一方的請求移交聯邦法院審理。此外，所有州司法機關審理的涉及到聯邦管轄權的案件都可能上訴到聯邦法院，聯邦最高法院作出的判決對於所有的地方法院都具有約束力。

美國一些州的司法機關早在殖民地時期就已經存在，其歷史要比聯邦司法機構更長。因此，地方司法機關與聯邦司法機關相比，要更多地受到英國傳統的影響——當然，在以後的時期中也不斷地有一些調整和變動。這種影響表現在下面的幾個方面，首先是對於各州所適用的法律的影響。英國的習慣法和衡平法都是美國，尤其是各州最重要的法律來源，在北美殖民地脫離英國的統治而獨立之後，一些州仍然通過憲法規定，保持英國的習慣法和衡平法的效力。其次是在司法機關的組織結構方面。美國地方司法機關基本上是按照英國的模式建立起來的，尤其是基層法院以下的部分。有的州至今還按照英國的方式，設置兩種法院系統，即普通法院和衡平法院，分別審理應該適用普通法和衡平法的案件。最後當然是對司法程序的影響，比如說，各州在對刑事案件的審判中都採用陪審團制度，首先由大陪審團決定對於犯罪嫌疑人是否起訴，如決定起訴，則由小陪審團，或者叫審判陪審團在聽取法庭辯論之後對被告是否有罪作出判決，這也正是英國傳統的司法程序。

雖然具體的組織機構和名稱有很多的差別，但美國的地方司法機關也與聯邦司法機關一樣，構成一個金字塔形的等級制結構，處於這個結構最低一層的是地方治安官（Sheriff），他們對於涉及金額數目較少的民事案件和某些輕微的刑事案件具有審判權，同時他們也往往自己親自對案件進行調查。在治安官以上作爲相對完整的司法機關的是縣法院。縣法院實際上是美國的基層法院，幾乎每一個州都設有這一級法院。縣法院可以審理涉及金額相對較多的案件和絕大多數的刑事案件，也可以對不服從治安官的判決的人提出的上訴進行複審。對於那些比較嚴重的案件，縣法院通常也可以事先進行調查，以確定是由大陪審團提出起訴，還是交由上級法院進行審理。

除少數州之外，縣普通法院一般都能夠同時對普通法和衡平法的案件進行審理。有的縣分別設立了刑事法院和民事法院，在另外一些縣則只設立一個單一的法院，對普通的刑事和民事案件進行審理。實際上，美國的絕大多數案件都是在縣法院提出，並且在縣法院結束。縣治安官和法院在大多數的州都是由公民投票選舉產生，他們的任期都很短，報酬也並不高，而且並不要求具有專門的法院訓練，對於治安官來說尤其如此。這種情形當然對於縣司法機關的審判活動帶來了一定的影響。除行使司法職能以外，在有的州縣法院還要承擔一定的公共行政和管理的職能，比如說修築道路、監督救濟和慈善行動等等，這也是英國傳統的一種反映。

在人口較多的州（現有二十三個），基層法院之上還設有上訴法院或者巡迴法院。州法院系統中設立上訴法院的理由與聯邦法院系統一樣，也是爲了減少可能上訴到州最高法院的案件的數量，從而提高司法效率。各州所設立的上訴法院或者巡迴法院的數目從一個到幾個不等。對於州法院系統中的上訴法院或者巡迴法院的司法權限，各州的規定也不盡相同。有的州上訴法院只審理上訴案件，所以在審理時並不需要實行陪審團制。有的州的上訴法院是實際上的巡迴法院，所以可以行使初審權，但是必須在它們巡迴所到的縣開庭。

位於州司法系統頂端的是州的最高法院。州最高法院的名稱在各州有所不同，可能被叫作最高法院、上訴法院、再審和上訴法院或者最高司法法院等等。州最高法院對於各州法律範圍內產生的所有刑事與民事案件以及所有的普通法和衡平法案件都具有最高的審判權。不過，對於那些涉及到聯邦法律問題的案件，州最高法院的判決還可能受到聯邦最高法院的複審。與聯邦最高法院一樣，州最高法院一般來說只審理上訴案件，也就是說，它的審理只針對法律問題而不針對具體的犯罪行爲。州最高法院除了受理對於一般的民事和刑事案件的上訴之處，也與聯邦最高法院一樣，在各所在州具有司法審查權和司法解釋權，它們可以對所在州和聯邦的憲法作出解釋，也可以宣布州議會的立法或者州長的行政命令違反了州憲法或者聯邦憲法。

州上訴法院、巡迴法院和最高法院的法官的產生辦法各州並不相同，有的州採用由公民直接選舉的方式，有的州採取由議會選舉的方式，而有的州則與聯邦一樣，由州長在取得州上議院同意的情況下進行任命。這些方式孰優孰劣，在美國一直存在著爭論。與聯邦法院系統相比，州法院系統的法官來源要明顯地複雜得多。另外，法官無論是出自選舉還是出自任命，政黨在這個過程中都發揮著非常重要的作用。州的高級法院的法官任期一般都比基層法院法官長得多，可能從六年到十五年不等。雖然現在有延長法官任期的趨勢，但幾乎沒有像聯邦法院系統的法官那樣，由憲法明確規定終身任職的。至於州法院法官的罷免方式，各州的規定也各不相同，一般情況是通過在議會中提出彈劾。但也有的州可以由州長在得到州上議院三分之二多數同意的前提下罷免法官，在這種情況下，法官的罷免與一般的行政官員並無區別。另外，還有少數的一些州規定由本州最高法院進行罷免或者由人民投票進行罷免。

各州除設立上述三級法院之外，還設立有數量不等的專門法院或者特別法院，比如說，幾乎所有的州都設立了負責監督遺囑的訂立和執行的遺囑檢驗法院（Probate Court），還有一些州設立了對未成年者犯罪行爲進行審理的青少年法院（Juvenile Court）、負責處理家庭糾紛的家庭關係法院（Court of Domestic Relations）以及負責較小數目的債務的小額索賠法院（Small Claim Court）等等。

與聯邦司法機關一樣，屬於州行政機關的檢察機關對於各州司法機關的活動來說也是一個必不可少的因素。各州的檢察機關與司法機關平衡設置，州一級的檢察機關的首腦稱爲州檢察長，在大多數州通過公民選舉產生，在少數州則由州長任命。州以下的地方檢察官一般都透過選舉產生，是地方政府中與行政首腦並存的幾個主要的民選行政官員之一，但在不同的州名稱各不相同，共有十多種稱呼。地方檢察官的職責是在有關案件的審判中作爲當地政府的代表出庭，在刑事案件中則充當原告的角色。

美國地方司法機關的一個主要特點是權力和組織都比較分散，上下級法院之間並沒有明確的行政隸屬關係，只是下級法院必須遵守上級法院的判決。另外，各州的法律也各不相同，在有的問題上，比如墮胎等等，差異還相當大，這都爲地方司法機關的活動帶來了一定的混亂。與此相聯繫，效率低下和審判不公也是地方法院常常遭到批評的兩個方面。

—註釋—

❶Sheldon Goldman, "Judicial Selection and the Qualities That Make a Good Judge." *The annals,* July 1982, pp.117-118.

❷Letter to Horace Taft, November 14,,1929. Quoted in H. Pringle. *The Life and Times of William Howard Taft,* vol.2, Parrar, 1939, p.967.

❸英國國王亨利二世為了保證執法的公正專門設立了一種國王法院，當事人如果擔心自己的案件不能在普通法院得到公正的審理可以向國王法院上訴，國王法院也被稱為衡平法院，它所採用的規則和慣例流傳下來逐步成為一種成文法，這就是所謂的衡平法。英國移民把衡平法帶到了北美殖民地，美國獨立之後，衡平法仍然作為聯邦和各州法律的一個組成部分繼續發揮作用。

❹Robert A. Dahl, "Decision-Making in a Democracy: The Role of the Supreme Court as a National Policy-Maker," in Raymond E. Wolfinger, ed., *Readings in American Political Behavior.* Englewood Cliffs: Prentice-Hall, 1966, p.166.

❺*The Federalist Papers,* No.81.

❻Cf. *The Growth of the American Republic,* Vol.1, pp.256-267.

❼*American Government and Politics,* p.203.

❽Edward S. Corwin, "The Constitution as Instrument and as Symbol." *American Political Science Review,* December 1936,p. 1078.

❾Marbury v. Madison, I Cranch 137(1803).

❿Robert G. McCloskey, *The American Supreme Court,* Chicago: University of Chicago Press, 1960. p.8.

⓫Felix Frankfurter, "The Supreme Court and the Public." *Forum,* vol.83, June 1930, pp.332-334.

⓬Cf.,Alpheus T. Mason, *The Supreme Court: Palladium of Freedom.* Ann Arbor: University of Michigan Press, 1962, p.143.

⓭William M. Beaney, "The Warren Court and the Political Process." *Michigan Law Review,* vol.67, no.2 (December 1968), p.352.

⓮Archibald Cox, *The Warren Court,* Cambridge: Harvard University Press, 1968, p.2.

⓯United States v. Carolene Products,.304, U. S. 144(1938).

⓰Cf. *Government by the People,* p.458.

⓱Walter F. Murphy, *Congress and the Court,* Chicago: University of Chicago Press, 1962, p.246-247.

⓲Robert A. Dahl, "Decision-Making in a Democracy: The Role of the Supreme Court as a National Policy-Maker" , pp.171, 180.

⓳*New York Times,* June 24. 1969, p.C24.

⑳Cf. *Democracy under Pressure,* p.560.

㉑Cf. Joseph W. Bishop, "The Warren Court is Not Likely to Be Overruled," *New York Times Magazine,* September 7,1969, p.31.

第7章

美國的官僚系統

一、美國公務員制度的建立

官僚（bureaucracy）是一個意義並不十分明確的概念，在政治學中，它指的是一個群體，這個群體包括了行政部門當中所有不經選舉產生的政府官員和一般雇員。在有的國家，也有人用公務員這個中性概念來替代官僚這個並不讓人喜歡的詞，但美國人似乎更傾向於使用官僚這樣的稱呼以表達他們對現代政府中這個龐大體系的不滿。現代西方國家一般把公務員分爲兩類——政務官和事務官（後者也被稱爲文官），前者一般由當選的政府首腦任命並且與政府首腦同進退，後者則是一般通過競爭性的公開考試而被錄用，除非犯有瀆職罪，否則終身任職，或者即使由行政首腦任命但也不與行政首腦同進退。不過，這種區分是在現代公務員制度產生之後才出現的。

現代公務員制度的產生是對於19世紀以前盛行於英美等國的所謂「政黨分肥制度」（或者「政黨分贓制」，spoil system）的一種否定。當然，嚴格說來，政黨分肥制度不能算是一種制度，而只是一種慣例。據此，政府中一些由當選官員加以任命的職位往往作爲報償被「分」給那些在選舉中對當選者提供了支持的人，實際上也就是同一黨派內當選官員個人的支持者。除了與政治腐敗結下了不解之緣外，這種制度一個最大的弊端就是它導致了每一次選舉之後政府官員的「大換血」，以及由此而產生的政治動盪和政治混亂。爲克服這一弊端，英國於1855年採取了一種新的制度。按照這種制度，人們根據政府的命令可以透過考試的方式來競爭少數不太重要的政府職位。後來按照這種方式產生的官員的數量逐步增加。到1870年，英國又通過了一項法律，規定政府中絕大多數的職位必須透過競爭性考試的方式產生，這是現代公務員制度的起點。

在美國，根據憲法，總統在選擇各行政部門人員的過程中享有很大的權力，但憲法並沒有同時明確規定總統任用行政官員時所必須遵循的標準。華盛頓擔任總統的時候，他對於聯邦各部的官員進行挑選的主要依據是個人的能力而不論其政治觀點或者黨派立場。正是由於華盛頓的這樣一種原則，所以像具有較強的民主傾向、強調保護州權的傑佛遜和更強調中央集權的漢密爾頓這兩個人（他們實際上分別代表了後來的美國民主黨和共和黨的立場）能夠同時在他的政府中任職。華盛頓的繼任者約翰・亞當斯在其任期之內也繼承了華盛頓的傳統，但是，在亞當斯任期最後一天的晚上，他又一改平常的做法。由於擔心他的繼任者托馬斯・傑佛遜可能會任命共和黨人中的激進主義者出任新近設立的一些行政部門的官員，亞當斯在離任的前夜任命了自己的支持者——聯邦黨人來擔任這些職務。但是，傑佛遜上任之後，這些人還是立即被解除了職務，而且在他任內，通過他的任命使共和黨人在政府中具有了充分的代表性（最終確立了最高法院的司法審查權和司法解釋權的馬布里訟麥迪遜一案就是在這個時候，就聯邦官員的任命問題而發生的——參見第六章）。可以說，亞當斯和傑佛遜這兩位總統開創了美國的政黨分肥制度的先河。

不過，在傑佛遜任內及其以後，政黨分肥制度還沒有大規模地蔓延開來。直到1829年安德魯・傑克遜出任總統之後，政黨分肥制才開始風行一時。傑克遜在擔任總統期間解除了六百一十二名由總統任命的聯邦官員中的三分之一，以及一萬多名聯邦低級官員中的百分之十到百分之二十，並且把由此而空缺出來的職位分配給他的支持者。當時的參議員威廉•馬瑟（William Learned Marcy）在爲這種做法辯護時出語驚人，公開宣稱：「在政治上要像在愛情上、戰爭上一樣公平，獵物屬於勝利者。」這成爲人們後來用來描述政黨分肥制的一句名言。傑克遜自己則認爲，政府官員的輪流替換這本身就是一種民主制度的實踐。從此之後，黨派的忠誠而不是個人能力在聯邦政府行政官員的任命當中實際上成了第一位的因素。政黨以這種制度吸引更多的支持者，而追逐名利與權勢之輩也紛紛入彀。在此後多年的時間內，聯邦政府行政機構中實際上所有能夠被任命的職位都成爲政黨政治的贓物，而首都華盛頓也就成爲形形色色的求職者雲集的地方。

1861年爆發的南北戰爭爲美國的官僚體制帶來了一些新的特點。一方面，戰爭使政府職員的數目大大增加，就在1861年當年，聯邦政府的雇員已達三萬七千人之多（當然，這個數目與現在相比又會顯得微不足道了），到華盛頓試圖謀取一官半職的人也相應增多。據稱，當林肯出任總統的時候，求職的人甚至擠滿了白宮的樓梯和過道。南北戰爭結束以後，聯邦政府職員的規模不僅並沒有因此而變小，而且隨著戰後美國經濟的迅速發展和工業化與都市化的進程加快而進一步擴大。另一方面，戰後長時期共和黨在美國的政治生活中占據了統治地位，在這種情況下，雖然政黨分肥制作爲一種在黨派競爭中爭取支持者的手段其意義已經不如戰前重要，但是，政黨分肥制的內在邏輯，即把政府職位作爲一種酬勞，分配給某一位上任的主管官員的支持者或者受到其恩惠的人這樣一種做法卻依然被廣泛地採用，而更爲嚴重的是在政府中開始出現買賣官職的情況。在格蘭特（Ulysses S. Grant）執政時期，商人們常常透過賄賂而與政府官員們達成各種各樣的交易，而高級官員們也往往把一些收入豐厚的政府職位公開「拍賣」給那些出價最高的求職者。比如說，當時的國防部長貝克納普（William Belknap）因爲爲一位商人謀得一個在奧克拉荷馬州福特西爾印地安事務管理局的職位，就爲他的夫人掙得了每年一萬二千美元的收入。❶

對於政黨分肥制所帶來的種種不可避免的弊端，不少人早就提出了各種各樣的批評意見，並且提出了改革政府官員及其雇員任用方式的各種建議。第一次改革官吏任用制度的努力是在1853年由國會作出的。當年，國會曾經通過一項法律試圖在一定程度上克服政黨分肥制度帶來的弊端，該法案要求藉由考核產生一部分聯邦政府的官員。但是，由於國會並沒有設立相應的機構負責這項法律的具體執行，因而它的效力也就始終只停留在紙上。內戰結束後，對於官吏任用制度的改革的呼聲越來越高，人們普遍呼籲學習英國的做法，以個人的功績或者能力而不是黨派或者對某個黨派的忠誠作爲任用官吏的標準，從而實現公務員的中立化和職業化。鑒於此，格蘭特總統於1871年主動向議會建議成立一個專門的公務員事務委員會，負責研究官吏任用制度的具體改革方案。這項建議被國會所採納，後者再次通過一項法案，責成總統任命一個公務員委員會，以制定有關公務員的錄用規則。但是，1875年，就在這些規則被制定出來之前，因爲國會不再爲該委員會提供新的撥款，委員會的活動只好被迫停止下來。

在這一段時間國會對於改革官吏任用制度之所以表現得不是太熱心，其中的一個主要原因是國會議員們也不願意放棄在聯邦官員的任命中爲自己謀取利益的機會。不過與此同時，美國全國範圍內展開了對「政黨分贓制」的各種各樣的抗議活動，這些活動促成了1877年在紐約州成立的紐約公務員改革協會以及其他州的類似組織，它們後來又進一步發展爲全國公務員改革聯盟。這些活動對於改革造成了一種巨大的聲勢。但是，直接促使國會在改革官吏任用制度方面採取斷然措施的卻是一件十分偶然的事情——1881年，在詹姆士‧加菲爾德（James A. Garfield）就任總統後不久，一個名爲基多（Charles J. Guiteau）的人到白宮求職。基多是一個多多少少有些神經質的人，他相信，他能夠謀取到美國駐奧地利大使，至少也是駐巴黎公使的職位。遭到拒絕之後，基多於七月份在一個火車站使用一支買來的左輪手槍刺殺了加菲爾德總統。加菲爾德是官吏任用制度改革的支持者，他的被害爲改革者們提供了一個非常好的機會，尤其是全國公務員改革聯盟爲促使國會通過相應立法而發起了一系列的運動，要求改革已經成爲一種巨大的政治壓力。

續加菲爾德擔任總統的阿瑟（Chester Arthur）原來是改革的反對者，加菲爾德當初提名他爲副總統候選人只是爲了在共和黨兩派之間尋求一種平衡。但是，加菲爾德的被害使阿瑟變成了改革的積極推動者。到1883年，國會終於通過了一項被稱爲「彭德利頓法」（The Pendleton Act）的公務員改革法案，該法規定成立一個由三個人組成的公務員委員會，三人中屬於同一政黨的不得超過兩人，他們由總統經參議院同意後任命。公務員委員會的任務是應總統的要求制定有關公務員錄取和任用的規則，主持對於申請公務員職位的人的考試，協助總統解決在執行該法的過程中產生的問題，並且對按照新的方法、通過考試錄用的約占政府雇員總數百分之十的公務員進行管理。

1883年的「彭德利頓法」爲美國的公務員制度奠定了基礎。該法案的主要目的是爲了保證公務員的政治中立，其主要內容是：通過公開競爭的考試錄取公務員，保證他們不受來自任何理由的政治強制；各州根據其人口比例決定能夠被錄取的公務員的人數等等。另外，總統有權以頒布行政命令的方式決定從屬於公務員委員會管轄的職位種類。根據規定，公務員職位透過公開的考試進行錄用，如果需要，可以對某些種類的工作進行專門的考試，考試的總分爲100，70分及格。任命只能根據通過考試的人的能力進行，不能帶有種族、宗教、膚色、性別以及政治的偏見。這種新的官員任用方式也被稱爲「功績制」（merit system）。爲了加快這一改革的速度，「彭德利頓法」命令財政部長和郵政管理局局長將他們主管範圍內的某些職位進行分類，以便實行新的任用制度，其他部門的職員的分類工作則在總統領導下由各機構的負責人進行。也就是說，「彭德利頓法」使總統和國會有權力在未來擴大功績制的適用範圍，因爲當時在「彭德利頓法」所列出的實行新的任命和提升方法的職位之外，政黨分肥制仍然得到實行。不過，一個整體的趨勢是公務員的範疇越來越廣泛。在

1883年的時候，這類職位總數爲十三萬九千人，占全部競爭性職位的百分之十左右，到二十世紀八十年代，這類職位已經超過了聯邦公務員總數的百分之八十五。

在此之後，國會還不時地通過了一系列的法案進一步完善美國的公務員制度，像1912年通過的一項法案就爲公務員提供了可以加入工會的權利，同時要求有關機構在解除公務員的職務時向後者說明理由，至於受到指控的公務員也得到保證有權對於所受到的指控進行答辯。1920年通過的「公務員退休法」加強了對公務員的福利保障制度；1939年的「哈奇法案」(The Hatch Act) 禁止公務員參與政治性的競選活動；1962年的「聯邦工資改革法」則規定了聯邦公務員的工資必須與私營企業中的類似職務的工資相當。1978年國會通過的一個新的公務員改革法對於1883年建立的公務員制度進行了規模比較大的改革，主要目的是爲了使對於公務員的任用、管理和提升等等方面進一步適應現代社會的實際情況和聯邦政府職能的新的變化和發展。這次改革的涉及面比較廣，我們將在下面一節進行稍微詳細的介紹。

當然，除了通過競爭性考試而被錄用的那部分公務員即文官之外，還有一部分公務員或者說官僚繼續是由總統任命的。這部分公務員的人數現在大約有五千人，他們當然都處於官僚體系的最高層次，但其中大約只有三分之一是具有一定程度的決策權的，他們一般都是各種獨立委員會、政府公司和其他獨立管制機構的首腦人物。不過，在1883年以後，已經沒有一位總統能夠有機會任命全部的首腦人物，他的任命只能在由於有人被提升或者退休而出現了職位空缺的時候才能成爲事實。另外，總統任命的這一部分公務員也必須服從公務員法的管理。根據布魯金斯學會對於在富蘭克林·羅斯福、杜魯門、艾森豪、甘乃迪和詹森總統時期行政官僚中居於負責職位的一千多人進行的調查，這些高級公務員中有百分之三十六來自政府官員，百分之二十六來自法律部門，百分之二十四來自企業，百分之七來自教育界，百分之七來自其他部門。另外，占最上層的聯邦公務員總數百分之六十三的人在被任命爲高級職務之前就曾經有聯邦行政官員的經歷。

兩類公務員合在一起就形成了官僚體系的全部。它們組成了政府各部、各部下屬的有關執行機構、輔助機構和諮詢機構、獨立機構以及各類政府公司的主體。因此，美國官僚體系的實際情況就是爲數較少的由總統任命的政治性行政官員構成的「陌生人的政府」領導之下的一個龐大的職業文官隊伍。他們之間存在合作的一面，但在生活方式、行爲方式和利益取向方面都存在著一定的差距，因而也有相互矛盾的一面，由此產生了美國官僚政治當中的一些特有的問題。

與政府對於公務員制度進行的改革相伴隨，美國的官僚體系本身也在不斷發生著變化。在此過程中具有里程碑意義的一件事就是1887年州際商業委員會的成立。這個委員會的成立同時標誌著官僚體系的構成、職能和權力等方面都出現了一些前所未有的變化。首先，從州際商業委員會之後，美國開始出現了一大批所謂的「獨立委員會」，它們屬於行政機構，但其首腦與政府各部首腦不同，不與總統一同承擔行政責任，雖然也由總統提名經參議院同意後任命，但不與總統共進退（1871年成立的文官委員會實際上是第一個獨立委員會，但由於當時這個委員會並沒有眞正發揮作用，因此人們通常還是把州際商業委員會當作第一個獨立委員會）；其次，如前所述，獨立委員會在它們所管理的事務領域內享有準立法權、準行政權和準司法權；最後，各獨立委員會在國會授權的範圍內獨立活動，對於總統和政府各部具有一定的獨立性。整體來說，伴隨著獨立委員會的出現，官僚體系的規模和權力都有了明顯的增長。

在官僚機構的數量和權力的擴展過程中，羅斯福執政時期達到了一個高峰。在他就任總統的時期，美國的政府雇員總數是六十萬左右，到第二次世界大戰結束時，這個數目已經上升到了三百八十萬。也正是在這個時期，政府開始大規模地捲入對於經濟、安全、福利、能源、交通等等領域的管理事務中，由於在這些日益專業化的領域國會無法制定明確的政策，因而決策權開始向行政部門，實際上也就是向官僚機構傾斜。雖然官僚機構制定的各種規則或者法規必須與國會的立法原則相一致，但前者畢竟獲得了相當的自主決定的權力，因爲在專業領域國會不可能有太多的干預，這就是獨立委員會從國會獲得的所謂的「委託權力」（delegation of authority）。雖然最高法院最初曾經宣布委託權力的作法違反了憲法，但由於在與羅斯福的較量中最高法院最終是輸家，所以委託權力最後還是贏得了它的合法性。第二次世界大戰結束後，由於社會經濟的發展，官僚機構的數量和權力仍然保持著增長的趨勢（1970年代以後官僚的數量有輕微的下降）。這樣一種情形使得官僚機構與政府各部門以及整個宏觀政治過程之間的關係方面又產生了許多新的問題。

二、美國官僚系統的構成及其管理體制

美國的公務員除小部分由總統經參議院同意之後任命，因而

在一定程度上可以被視爲政黨分肥制度的殘餘之外，其他的絕大部分公務員（即文官）都通過公開考試的方式被錄用。根據1883年的「彭德利頓法」，國會於1883年設立的公務員委員會（1978年改革之後是人事管理局）全面負責公務員的錄用、考核、培訓、升遷以及對他們的各項權利的保護工作。公務員的錄用採用公開考試、擇優錄取的原則。人事管理局在很多州都設有聯邦職位信息中心，求職者可以首先到信息中心了解情況，如果發現了他滿意的工作，他可以與人事管理局或者直接與有關的部門聯繫。當然，任何人要謀取聯邦公務員職位都必須先通過相應的考試。考試一般由人事管理局在一些人口較多的城市設立的委員會主持進行。內容在不同的時期有不同的變化。1974年以前這種考試被稱爲「聯邦公務員入仕考試」，1974年以後則被稱爲「專業與執行文官考試」。考試的形式和內容非常靈活，而且有越來越注重實踐的趨勢，主要考查求職者的知識面、其反應的靈敏程度、與人合作和交往的能力等等。考試完成之後，人事管理局會向需要招收新職員的部門提供一份考試合格者的名單，以供其進行選擇。當然，與此同時，人事管理局還會對求職者的背景情況進行調查（如果必須的話也可以由聯邦調查局出面調查）。在正式成爲公務員之後，求職者還必須宣誓忠於美國憲法，不參加任何旨在反對政府或者其中任何部門的組織與活動等等。

在職的公務員嚴格按照功績制的原則進行管理。聯邦政府從1934年開始就實行統一的考績表制度。考績表中的考查項目共有十六項，包括執行任務的可靠性、工作的速度、條理性和精確程度、對工作的適應能力、創造力、有關工作領域的知識、對於事物的判斷能力、合作精神，以及克服困難的能力和組織能力，還有體力等等。這些考核項目後來得到了進一步的修訂，考核指標也增加到三十一項。這種考核制度操作起來比較簡單。一般都是由各有關部門的主管或者監督人員對於每一位公務員進行逐項考查，考查結果分爲好、中、差三個級別。經各部門初評後必須將考查結果送交上級主管部門複核，之後，再根據一個公式把考查成績換算成爲分數。

考績表制度側重於平時對公務員的考查，但被認爲缺乏具體的工作標準和考查標準過於主觀，因此在美國於1950年通過「考績法」之後，考績表制度就被工作考績制度所替代。按照新的工作考績制度，由考績委員會根據不同工作的具體內容確定不同的、具有針對性的考核標準，對每一位公務員的工作數量、質量，以及工作能力和具備的知識等等進行考查。工作考績每年進行一次，成績分爲優秀、滿意和不滿意三個等級。但是，對於那樣可能要被定爲「不滿意」的人可以在正式評定前的三個月預先提出警告以督促其改進工作。因此，眞正被評定爲不滿意的人很少。工作考績的結果是對公務員進行職位的升降和報酬的增減等等方面獎懲的主要依據。

爲了便於對公務員進行管理，一個重要的方面就是對他們進行分類。美國曾在1923年通過第一個「職位分類法」，到1949年又通過了第二個「職位分類法」，對1923年的法律進行了一些修改和補充。根據這一法律，聯邦的文職人員被分爲兩個大類，一類適用一般行政等級表，另一類則適用技藝保管等級表。一般行政等級表（General Schedule）根據工作的難度和工資差別把公務員職位分爲十八等，每個等內又進一步細分爲十級。每一個等級的工資標準由總統審定並需經國會通過。職位分類制度是對公務員進行管理和獎懲的一個基本依據。

卡特總統1978年向國會提交並獲得通過的「公務員改革法案」首次以法律的形式，明確了美國公務員制度的九項原則。它們是：第一，公開競爭；第二，平等對待；第三，同工同酬；第四，保持公德；第五，發揮人力；第六，符合標準；第七，提高效率；第八，保持中立和第九，提供保障。從實際內容來看，這次改革的重點在於兩個方面。一方面是爲公務員的權益提供充分的保證，另一方面則是提高公務員系統的效率，這兩者之間當然也是密切聯繫的。這次改革對於美國的公務員管理機構也進行了一次自1883年以來最大的調整，設立了三個新的機構——人事管理局（Office of Personnel Management，簡稱OPM）替代了原來由公務員委員會承擔的工作，負責公務員的錄用、考核、職務分類以及他們的報酬和退休等事宜；功績制保護委員會（Merit Systems Protection Board）負責聽取有關的申訴和進行調查；以及聯邦人事關係署（the Federal Labor Relation Authority），負責對人事關係進行監督，並且調解聯邦政府機構和雇員聯合會之間在人事問題上可能產生的糾紛。

除對管理機構進行改革之外，1978年改革的一項重要措施就是在聯邦政府各機構中設置了七千個「資深行政職務」（Senior Executive Service，簡稱SES）。SES實際上是一種職業身份，十六、十七和十八級的公務員和第四與第五級的行政長官都可以參加，他們當然必須接受有關方面的考查並且根據這種考查獲得以下四種評價之一：「表現突出」、「工作非常滿意」、「工作比較滿意」和「不令人滿意」。任何人如果在三年中沒有一次得到「表現突出」的評價則必須從SES中除名。SES

是在職業文官和高級行政人員之間的一種過渡，他們可以根據政府的需要從一個部門調任到另一個部門。設立SES的主要考慮就是能夠充分發揮高級行政人員的經驗和才幹，同時也增加公務員系統內部的流動性。SES報酬十分優厚，它本身也是一種刺激，在一定程度上有助於提高公務員的工作積極性。

在對公務員的待遇方面，美國與其他的西方國家一樣，公務員制度的一項基本原則就是所謂的「高薪養廉」原則，對於公務員都給予十分優厚的待遇。這種待遇可以從工資、福利以及退休保障等幾個方面表現出來。

美國的公務員工資制度比較複雜，但普遍都比較優厚。行政一等至十二等的公務員，其工資要高於私營企業相應級別的人員的工資，但十二至十五級的情況就有所不同，一般情形是專家人員比私營企業的低，行政人員則比私營企業的高。行政十六級到十八級的公務員的工資就明顯地低於私營企業相同級別的人員了。比如，行政十八級的年薪按規定是六萬三千萬元，而私營企業相應級別的管理人員的年薪則可能達到十二萬至十四萬美元。

美國公務員系統並不存在一個統一的工資標準。占公務員總數的三分之一的「藍領工人」有他們自己的一套工資制度，它經常參照當地同行私營企業的職工的工資而對工資等級和數量進行規定，並且隨時進行調整。另外，像郵政系統、外交人員、國家安全委員會人員，以及田納西河流域管理局人員也都實行他們自己的工資制度，除此之外大概百分之四十多的公務員採用職位分類法所規定的單一工資制度。

考慮到物價上漲的因素，聯邦公務員的工資也進行相應的調整以抵銷實際上的貨幣貶值。在1958年的時候，按照行政分類爲一等一級的公務員最低年薪是二千九百六十美元，經過以後幾次調整，到現在已經上升爲六千五百美元。

1978年的改革同樣涉及到了公務員的報酬制度。按照改革的要求，從1981年10月1日起，處於一般行政等級第十二到十五級的十四萬公務員將採用「功績工資制」。「功績工資制」的主要內容是，公務員原來的基本工資保持不變，但原來等內自動升級的那部分工資以及其他補助則被合在一些稱爲「可比性工資」，這部分工資的額度將根據公務員自己以及他所主管的部門的工作成績來決定。如果工作成績的確非常突出還可以在功績工資之外另外進行獎勵，獎金大約爲二萬到二萬五千美元。與在高級公務員中實行SES一樣，在中級公務員當中實行「功績工資制」也是爲了進一步刺激和推動公務員們積極主動地從事所承擔的工作，改變官僚機構中一些特有的弊端，像辦事拖拉、人浮於事、職責不明等等。

除工資之外，公務員們還享有休假的權利。按規定，公務員們除了享受法定假日之外，還可以根據其所服務的年限，每年獲得兩周到五周的休假。每年還有十三天的病假，沒有使用的病假可以積累起來，最多可以積累到三十個工作日的病假。

聯邦政府並且對公務員們提供了各種各樣的保險計劃。包括健康保險計劃、人壽保險計劃和失業保險計劃等等。根據對公務員的失業保險計劃的規定，當一位聯邦公職人員要被政府部門解除職務的時候，政府也必須與私人企業解雇其職工一樣，爲被解雇者提供一定數量的失業救濟金，期限一般爲二十六週。

退休保障也是美國公務員權利的一個重要方面。聯邦政府的有關法律規定，政府雇員從五十五到六十二歲之間可以提出退休申請，退休後每年領取一筆退休年金。年金的多少取決於退休者本人服務的年限和他連續三年所獲得的最高平均工資（這在計算年金的時候被稱爲基本工資）。大致說來，公務員在退休後得到的年金大約是他們連續三年最高平均工資的百分之六十左右。另外，每一年還應該根據物價指數在3月1日和9月1日分別對年金數額進行兩次調整。1983後以後，美國又採用了一種被稱爲「聯邦雇員退休體系」（the Federal Employees' Retirement System，簡稱FERS）的新的公務員退休制度，這是一種集社會保險、年金和儲蓄等多種功能爲一體的制度。按照這個規定，凡1983年以後被聯邦政府雇用的公務員都必須加入「聯邦雇員退休體系」。

公務員當然也必須受到一定的限制，不過，與其他國家的情形相比，美國公務員還是相對比較自由的。他們可以表達自己的政治觀念，也可以參加投票，可以爲政黨進行捐款，甚至參加政治聯盟。但是，國會在1937年通過的一項名爲「禁止不正當政治行爲法」的法案，即「哈奇法案」（the Hatch Act，因爲它是由參議員Carl Hatch提出來的），禁止公務員「積極地」參與政治活動，規定他們不能在具有黨派性質的競選中作爲候選人，不能進行政治募捐，不能組織政治集會或者團體，也不能在有關選舉的問題上表露出個人的黨派偏見。當然，法案對於公務員的權利也進行了相應的保證，即不允許僅僅出於黨派原因而解除公務員的職務。「哈奇法案」對公務員的行爲設立了一些明確的界限，這當然會被一些人認爲是對相當大的一部分美國人參與政治活動的權力的剝奪，而這些人原本是可以發揮出很大的政治才能的。但是，雖然1973年還有人上訴到最高法院認爲「哈奇法案」

違反了憲法，但最高法院還是作出了有利於該法案的判決。最高法院認爲，國會通過這樣一項法案的目的，是爲了防止某一個政黨利用聯邦所有的工作人員作爲黨的競選工具，也避免使公務員的提升和工作完全由政黨控制的情況發生。1978年卡特總統提出公務員改革法的時候也曾經把廢除「哈奇法案」作爲改革的一項主要內容，但並沒有獲得成功。

歸納而言，美國公務員制度有其有效的一面，但也存在著許多矛盾和問題。卡特提出的改革方案雖然目標很明確，也有相應的組織機構方面的措施，但改革並沒有能夠達到人們所預期的效果。官僚系統機構臃腫、效率低下、缺乏充分的激勵機制等問題依然存在。因此，也有人認爲，卡特的改革遭到了徹底的失敗。雷根就任總統之後，對於公務員制度的全面改革並沒有表現出太大的興趣，他把主要注意力集中在精簡官僚機構方面，同時把聯邦某些官僚機構的職能交給州政府執行。雷根曾經強行凍結了公務員的編制，削減除國防部之外其他各部的政府雇員。雷根也對聯邦的許多社會福利計劃進行壓縮，甚至在競選時建議整個整個地撤銷某些聯邦政府部門，如能源部和教育部等。但是，雷根的大多數建議並沒有得到國會的批准，他的削減開支和壓縮官僚機構的計劃也基本上沒有取得成功，至於聯邦政府部門則不僅一個也沒有減少，反而在他的任期結束時還新成立了一個「退伍軍人事務部」。另外，雷根通過任命很多的共和黨人到聯邦各官僚機構擔任領導人以試圖控制這些機構的辦法也受到了挫折，因爲他們往往被這些機構當中數目龐大的職業官僚所分化瓦解。

三、官僚機構的權力及其與政府各部門的關係

當美國國會在1883年通過「彭德利頓法」建立起美國的公務員制度的時候，並沒有考慮賦予作為一個整體的公務員以特殊的權力，只是希望讓他們作爲行政機構的指令的忠實執行者。但是，一百多年來，各種官僚機構卻獲得了越來越大的權力，並且往往能夠獨立於立法和行政機關，以至於有人把它們稱爲在美國的立法、行政和司法部門之外的第四個政府部門，並且由此遭到不少人的批評和不滿。那麼官僚機構是透過什麼樣的方式獲得它們的這種權力的呢？這種權力的實質又是什麼樣的呢？這些就成爲衆多學者非常感興趣的問題。

大致說來，官僚機構獲得權力的方式有以下幾個方面。首先是國會的授權。前面提到，在羅斯福新政時期，國會開始授予當時設立的一些獨立委員會在它們的權力範圍內以委託立法權、委託行政權和委託司法權。1946年國會通過的《聯邦行政程序法》雖然是對各獨立機構的權力的一種限制，但同時又以法律的形式明確了獨立機構能夠獨立行使的權力範圍。在立法權方面，《程序法》規定，各獨立機構在國會有關立法授予的權力範圍內擁有制定、修改或者廢除具體的規章的權力，規章的形式包括規則、細則、宣告性的聲明和解釋性的聲明等等，它們都具有法律的效力。在行政權方面，獨立管制機構有權發布行政命令和決定，諸如禁止令、強制令，以及發放和收回各類許可證、批准專利申請、收集稅款等等；有權制定其管轄範圍內的工商企業的價格、運費和質量標準；還有權監督法律的執行情況、制止不法行爲等等。

在司法權方面，《聯邦行政程序法》授予獨立管制機構對一般的行政糾紛案件進行受理與裁決的權力——具體來說，就是對兩類行政案件，即一、當公民或者法人對獨立管制機構制定的規章條例不服時產生的案件，以及二、公民控告獨立管制機構權力範圍之內的公司企業侵犯公民權利而產生的案件。《程序法》並且規定，這兩類案件，只有首先經過獨立管制機構的行政裁決，而有關當事人對其裁決不服的情況下，當事人才能向司法機構提出申訴。

除了國會授權的明確的、法律規定的權力之外，官僚機構還擁有一種未經法律規定但在事實上獲得的權力。由於現代社會的日益複雜以及行政管理事務的日趨專業化和技術化，一些行政事務的細節根本不是一般人所能夠了解和控制的，無論是對於環境的保護和對於污染的管制還是對於尖端武器系統的研製、開發和生產等等。在這些問題上，國會和總統都必須聽取行政部門中有關專家的意見。換言之，專家的意見和建議，在國會和總統的決策過程中都發揮著舉足輕重的作用，這樣一種影響力也是一種強大的權力，只不過它不像國會以立法方式授予的權力那麼明顯和確定而已。有人把官僚機構中這樣的一些技術專家稱爲「技術官僚」（technocrat），一些持極端的觀點的人，如經濟學家加爾布雷斯（John Kenneth Gailbraith）甚至認爲，由於技術官僚所發揮的巨大影響，現代社會在實際上已經變成了一個由技術官僚統治的社會。

官僚機構第三個方面的權力來自於總統和國會的一些有意的模稜兩可的法律和命令，諸如確保核安全、保護環境、保證就業機會、防止不公平競爭等等。國會和總統發布這樣一些沒有實質內容的抽象的法律和命令，其用意是在於迴避一些因爲不受公衆歡迎的具體措施——諸如增加稅收、管制價格等等而可能導致的指責，它們寧可讓各種官僚機構去做那些「吃力不討好」的事情，即把制定具體的規則以及執行這些規則的任務完全交給有關的官僚機構。這種做法的一個客觀後果自然又是使官僚機構在無形中獲得了一些額外的權力。

在實際的權力關係中，以總統爲首的行政機關自然是政府各部門中與官僚機構聯繫最爲密切的一個部分。從表面上看，整個官僚機構都是作爲最高行政首腦總統的執行部門而設立的，因而官僚機構也應該主要對總統負責，但是，實際情況要複雜得多。的確，總統擁有一系列控制官僚機構的措施。首先就是總統可以透過任命他的支持者到各官僚機構中任職從而對其加以控制，使其能夠支持和執行總統的政策與命令。雖然自1883年實行公務員制度以後總統對於高級公務員的任命權受到了越來越多的限制，但他還是能夠透過任命一些忠實於自己的公務員以保證或者擴大白宮對於官僚機構的影響。在這一方面，雷根總統可能是一個比較突出的例子，他比以往任何總統都更明確地表現出了對官僚機構進行控制的意圖。雷根作爲一位帶有明顯的保守傾向的共和黨總統，其主要的施政目標就是削減公共開支、減少政府對社會經濟活動的干預和裁減政府雇員甚至某些政府部門。爲了實現這一政策目標，雷根不僅透過國會提出了一系列的法案，而且透過任命一批與他一樣具有保守主義觀點的高級行政官僚以保證他的政策得到切實的執行。據此認爲，雷根的這一做法對於公共政策以及聯邦官僚機構的行爲的確發生了相當大的影響。比如說，平等就業機會委員會（EEOC）、司法部人權署、職業安全和健康管理局（OSHA）中雷根所任命的官員就明顯地使這幾個機構的表現趨向保守。此外，雷根對於環境保護署的官員的任命也使這個部門在控制環境污染方面變得更爲消極，以至於該機構的某些官員與污染者相勾結的醜聞被披露出來之後，總統才被迫對有關官員重新進行了任命。

白宮對聯邦官僚機構進行控制的第二個方面的手段是對於官僚機構預算的管理權。總統對於官僚機構的預算管理是透過行政管理和預算局（Office of Management and Budget, OMB）實現的。行政管理和預算局屬於總統行政公署，其主要官員都由總統任命，因而能夠體現總統的意圖。這個機構的主要職能之一就是負責準備總統的年度預算，以及每年的預算在聯邦各部門之間的分配，並由此體現總統的政策傾向。各官僚機構要獲得盡可能多的預算，便不能不使自己的活動與總統的政策傾向盡可能地相吻合。因此，總統的預算控制權也就成爲他支配各個官僚機構的一個比較有效的槓桿。

總統對於官僚機構進行控制的第三個方面的手段就是對於官僚機構的改組權。從美國歷史上看，羅斯福、杜魯門、艾森豪、尼克森、卡特、雷根和柯林頓都曾經對聯邦官僚機構進行過較大規模的改組。這些改組中當然有成功也有失敗，最近的改組是由柯林頓發起的。1993年7月，柯林頓總統宣布了一項主題爲「裁員、節支、高效」的政府機構改革計劃，其要點是裁減聯邦行政人員，關閉或者合併某些地方的和重疊的政府機構，精簡辦事程序和削減行政開支等等。從這幾年的實際情況來看，柯林頓的改革計劃進展還是比較順利的。

但另一方面，總統對於官僚機構的控制也並不是絕對的。首先，公務員制度雖然在很大程度上避免了政黨分肥制的弊端，但反過來說也嚴重地限制了總統控制官僚系統的能力，因為雖然總統對於某些高級行政官僚仍然具有任命權，但他卻不能隨時解除這些官員的職務，除非他們被彈劾。因此就出現了這樣的可能性，即或者公務員一旦被任命之後就逐步改變其原先的立場而與龐大的職業官僚隊伍合流，或者被職業官僚們視為官場中的匆匆過客而受到抵制，從而使總統的意志難以完全實現。另外，由於職業官僚精通他們各自領域的辦事程序和專業技術，所以在某些具體問題上往往能夠操縱政策日程。在這種情況下，不是總統控制官僚機構，反而是被官僚機構所控制。對此，羅斯福總統曾經抱怨道：「今天早上我醒來所發現的第一件事情就是《紐約時報》上一則關於海軍將要花費兩億美元進行船艦建造的消息。可是，作為海軍總司令，我還是頭一次從報紙上了解這一點。」❷

為了加強總統對於官僚機構的控制，人們提出了各種各樣的建議，比如說改變公務員終身任職的制度，將其任期規定為六至十二年，並且對他們的工作進行定期考察，以提高其效率與責任心。另外，還有人提出應該增加總統能夠加以任命的公務員的數量，減少功績制的適用範圍等等。不過，這些建議目前都還沒有被國會和公衆所接受。

就國會與官僚機構的關係而言，國會對於官僚機構的控制表現在以下幾個方面，首先，國會與總統一同擁有任命某些高級公務員的權力；其次，國會擁有預算權，並且透過總審計局（General Accounting Office, GAO）監督官僚機構的活動；第三，國會保留著提出或者取消某些特定的計劃的權力；第四，國會有權對官僚機構的行為進行聽證和調查，以及要求官僚機構的負責人員向國會提交行動計劃和支出報告，對於有意提供錯誤信息的人，國會可能會進行非常嚴厲的懲罰；最後，近來國會開始使用日落法案（the Sunset Law）對官僚機構的活動進行限制。所謂日落法案就是爲某些機構或者項目規定確定的期限，每隔六到七年對這些項目或者機構進行審查，對於那些被證明爲無效的項目即予以撤銷，這也是對官僚機構和項目開支的一個有效的控制手段。

不過，國會對官僚機構的控制也存在其不太有效的一面。首先，國會畢竟只能通過一些一般性的法律，而具體的規則和行動方案則必須由主管的官僚機構加以制定，這就爲官僚機構提供了相當廣闊的活動餘地。另外，國會議員也往往能夠從官僚機構那裡得到實際的利益，像某些公共項目的建設就可能在某個議員的選區帶來商業利益或者增加就業機會，因此議員也就有有求於官僚機構的一面，這就可能成爲官僚機構與議員討價還價的資本。

除此之外還有一個十分具體的問題。人們批評說，針對官僚機構的膨脹和缺乏效率，國會的控制往往顯得半心半意，原因是從某種意義上說，官僚機構的膨脹和複雜化對國會議員本身是有利的。在這種情況下，人們在與龐大的官僚機構打交道時往往會不知所措，於是常常會求助於議員們，這便有利於議員擴大自己的影響力。有人因而認爲：「國會可以取消或者改組某個機構，可以限制或者擴展某個機構的管轄權，甚至也可以完全取消這種管轄權；國會可以削減對某個機構的撥款，也可以進行調查。國會可以做到這一切，但國會議員們卻往往能夠找到理由不這麼做。」❸正因此，精明的官僚們也就千方百計地與那些比較有影響的國會議員，尤其是委員會的主席們保持良好的關係，而且在實際上各官僚機構也都有數量龐大的聯絡官員保持它們自己與國會的聯繫，他們向官僚機構傳達國會的意圖，同時也向國會施加影響，以贏得國會的支持。作爲官僚機構響應和迎合國會議員的要求的結果，「國會會向（官僚機構）提供更多的預算和更大的權力。國會不僅僅向一個龐大的政府做出響應，恰恰是國會創造了它。」❹

聯邦司法機關也可以透過司法審查權和最高法院對於某些案件的審判權而對官僚機構進行一定的控制。在水門事件中，就有十名聯邦政府的官員被法院審訊並且鋃鐺入獄，雷根政府時期的一些政府官員也因爲伊朗門事件而被法院判刑。不過，與總統和國會相比，司法機關對於官僚機構的控制要間接得多，因爲一方面司法部門對官僚機構的監督的著眼點往往是程序上的而不是政策內容上的，另一方面官僚機構所制定的複雜的行政程序和它們自己的專職的律師也使對它們的控告難以成功。據統計，在最高法院，聯邦能源委員會和聯邦貿易委員會分別贏得了他們所力爭的百分之七十一的案例，而勞工關係委員會和國內收入事務局的成功率還要更高，分別達到了百分之七十四和百分之七十三。

由於官僚機構所處的特殊地位，它們往往與國會委員會的領導人以及各種利益集團之間形成一種密切的關係，也就是說，某些特定的利益集團往往與國會中相關委員會的領導人和政府中主管部門的官僚形成一種密切的、經常的聯繫，它們相互利用，相互支持，從而一起左右國會和政府的政策，這種現象被人們稱爲「鐵三角」，也有人稱之爲「次政府」（sub-government）。「鐵三角」在美國各個主要政策領域都存在，按照政治學家萊茵伯雷（Robert L. Lineberry）的說法，政府所制定的政策不過是

「這個權力三角密切合作與相互作用的結果」。❺「鐵三角」操縱著實際上的議事日程，它們的存在和活動削弱了總統和國會作爲整體對於官僚機構的控制，至於普通民衆對於官僚機構的監督則變得更爲困難。至於美國人引以爲豪的分權與制衡的原則在「鐵三角」的面前也在實際上失去了作用。這是官僚機構對美國的民主制度帶來的一個巨大的挑戰，也爲美國的政治精英論者提供了主要的理論和實際的依據。

在當今美國社會，官僚制度與官僚機構是政府中招致批評最多的一個部分。公衆對於官僚機構的批評一般集中在以下幾個方面。首先，由於公務員制度保證官僚們基本上是終身任職，所以無論獎勵還是懲罰對於他們的工作都缺乏足夠的刺激和約束力。其次，官僚機構的惡性膨脹不僅使龐大的官僚隊伍成爲社會的沉重負擔，而且嚴重地降低了行政效率。人們認爲，官僚機構本身就存在自身不斷繁衍的機制，因爲機構的膨脹能夠爲官僚們帶來更多的職位和更高的報酬。對此，甚至福特總統也指出，「這個國家的首都的一個永恆的眞理就是官僚永遠存在。各種機構在完成他們的使命之後不會捲起帳篷悄悄隱退，相反地，它們總能找出某些新的工作去做，而這些所謂的新的工作總是意味著更多的人員，更大的權力，更繁雜的文牘工作，一言以蔽之，更多的開支。」❻

對於官僚機構第三個方面的批評在於，官僚機構造成了巨大的浪費。對於官僚機構的開支，雷根總統指定的一個委員會曾經進行過詳細的調查，該委員會認爲，官僚機構已經成爲美國最大的債權人和債務人、最大的雇主、最大的保險家、最大的雇工和最大的地主，如果對官僚機構的開支進行限制，則只要三年的時間就能節省四百萬美元的政府支出。該委員會的報告還指出，退伍軍人事務部所屬的醫院一個床位的支出是私營醫院的兩倍；政府部門有一半的電腦已經過時，總務管理局所雇用的對其設施進行管理的人員是相應規模的私營部門的七倍等等。這個委員會的報告使雷根總統得出結論認爲，聯邦政府「無所不在，到處插手，難以管理，效率低下，費用浩大，尤其是不負責任」。這是他下決心大規模壓縮政府機構的基本原因。

有人還從另外的角度提出了對官僚機構的批評，即官僚機構在以下幾個方面危害了美國民主與自由的價值觀。首先，官僚機構與事而不是與人打交道；其次，官僚機構關心的是控制與效率而不是人的價值；第三，官僚機構的興趣在於指示與命令而不是溝通與交流，他們創造了一套自己的語言；第四，官僚機構已經成爲一種對社會進行控制的越來越強的力量。❼這是從政治原則出發對官僚機構的一種具有代表性的批判。

當然，官僚制度也不缺乏其辯護者。有人認爲，官僚制度是現代社會的一種普遍現象，因而不僅在政府機構中，就是在私營企業中也存在著官僚機構，因爲人們根本沒有辦法離開它們。正如馬克斯·韋伯 (Max Weber) 所指出的，等級制的官僚體制是現代社會的一個主要特徵。至於對官僚機構日益龐大的批評，辯護者們也認爲龐大並非一定就是壞事，他們指出，像IBM公司和通用電器公司同樣也很龐大，但這並沒有妨礙它們的效率。另外，就美國的情形而言，在過去的半個世紀，官僚機構並沒有膨脹而是基本上保持了穩定，的確有新的機構產生，也有一些機構有所擴展，但同時還有另一些機構被取消或者受到壓縮，那些擴展的機構是因爲它們在社會經濟生活中發揮著越來越重要的作用。美

表 7-1　市民對於官僚機構的滿意程度

1.你對於官僚機構處理你的問題的方式的滿意程度如何？	
非常滿意	43%
相當滿意	26%
不怎麼滿意	12%
非常不滿意	14%
不知道，沒有回答	5%
2.官僚機構中的有關人員付出了多大努力來為你提供幫助？	
比他們所應該做的更多	16%
正如他們所應該做的	57%
比他們所應該做的少	12%
沒有付出什麼努力	9%
不知道，沒有回答	6%
3.你認為官僚機構在處理你的問題時的效率如何？	
非常有效	43%
相當有效	31%
十分低效	9%
非常低效	11%
不知道，沒有回答	6%
4.你認為官僚機構對你的問題的處理是公正還是不公正？	
公正	76%
不公正	12%
兩者兼而有之	5%
不知道，沒有回答	7%

國的官僚機構增加的速度要遠遠低於其他的西方國家，而美國的郵政和稅收機構的效率也是世界一流的。最後，雖然有的時候官僚機構也會追求自身的利益，但是，社會和公衆對於它們具有足夠的控制手段可以使它們不至於偏離公共利益太遠，而且，公務員當中也有不少人能夠主動地與國會和總統配合，反對和揭露官僚機構中的違法和浪費現象（即所謂的whistle-blowers），從而對於官僚機構的廉潔和公正也是一種有效的保證。

總而言之，官僚機構的辯護者認爲，把官僚機構視爲一種龐大的、低效的和寄生的社會組織，這是人們的誤解，或者說是一種神話，而且也不符合公衆對於官僚機構的實際評價。密西根大學曾經就人們對官僚機構的評價進行過一次調查，調查的結果恰恰與人們通常對官僚機構的印象相反，見**表 7-1**。

上面的調查結果對官僚機構當然是非常有利的。應該說，對官僚制度及其機構很難做出簡單劃一的評價。官僚機構的確是現代社會中不可缺少的一個重要組成部分，它爲人們解決了許多個人無法解決的問題，但與此同時，它也給社會帶來了許多新的矛盾。看到官僚機構令人不滿的一面不等於否認它的合理性，而承認它在社會經濟生活中所發揮的作用也不等於完全認可它的組織與行爲。如何對於官僚機構的數量和規模加以控制，如何使官僚機構更能夠對民衆的利益負責，這仍然是政治學家們需要努力探究的問題。

—註釋—

❶Edwin Palmer Hoyt, Jr., *Jumbos and Jackasses,* Garden City: Doubleday, 1980, p.83.

❷Cf., Lance T. Leloup, *Politics in America, the Ability to Govern,* Second Edition, St. Paul: West Publishing Company, 1989,p. 386.

❸Morris P. Fiorina, "Flagellating the Federal Bureaucracy," *Society,* March/April 1983, p.73.

❹Morris P. Fiorina, *Congress: Keystone of the Washington Establishment,* New Haven: Yale University Press, 1977, p.49.

❺Robert L. Lineberry, *American Public Policy: What Government Does and What Difference It Makes,* New York: Harper & Row, 1977, p.55.

❻Gerald R. Ford, *A Time to Heal: The Autobiography of Gerald R. Ford,* Harper's & Row/Reader's Digest, 1979, p.272.

❼Ralph Hummel, *The Bureaucratic Experience,* New York: St. Martin's Press, 1982, p.3.

❽SOURCE: Daniel Katz et al., *Bureaucratic Encounters,* Ann Arbor: Institute for Social Research, University of Michigan, 1975, pp.64-69, 221.

第8章

美國政府職能的演進

一、美國政府的早期職能

雖然聯邦政府是在人們普遍意識到邦聯體制之下的衆多弊端而試圖使權力集中化的一種嘗試，但是，作爲托馬斯·潘恩的名言「政府只是一種必要的惡」的信奉者的美國人眞正希望建立的，也仍然不過是一種「有限政府」。就在聯邦已經建立起來之後，在聯邦主義者和反聯邦主義者之間針對聯邦政府的職能問題還發生了接續的爭論。可以說，美國政府的早期職能的界定，是由憲法的規定以及作爲第一任總統的華盛頓對政府權力的實際運用而實現的。

憲法第一條對於國會的權力進行了規定，這實際上也可以被視爲對政府職能的限制，但是，這與實際上政府職能的界定和具體的行使方式畢竟是兩回事，只有通過政府的實際運作，政府職能的輪廓才會逐漸明晰起來，而反過來，人們再利用這種實際的情況來作爲對憲法的解釋。下面主要就商業貿易和國內安全這兩個方面來具體考察一下美國政府早期的職能（美國政府的對外關係職能將在第十一章中進一步加以介紹）。

首先是在商業和貿易領域。在新的聯邦政府成立的時候，它從邦聯繼承下來的只有十幾個辦事員、一個空蕩蕩的國庫和一大堆債務。因此，新政府面臨的第一個挑戰就是如何穩定美國國內的經濟，並且促進商業和貿易的發展。這個方面的任務落到了三十四歲的財政部長漢密爾頓的肩上。就任十天之後，漢密爾頓向衆議院提交了一份題爲「充分支持公共信用」的報告，其核心內容是認爲美國經濟的復興和發展從根本上取決於美國的信用，「在我們自己當中，良好政府的最通情達理的朋友乃是那些（對於立即償債）抱有最大的期望的人。證實和保持他們的這種信心；促使美國名望隆盛；回答正義的召喚；恢復地產的價值；對農業和商業提供新的資財；更緊密地加強各州的聯合；增進各州免受外來進攻的安全；在一種正直而自由的政策基礎上建立公共秩序——這些就是爲了支持公共信用，而有待於在目前時期通過一種適當而充分的規定，以求實現的重大而無可估價的目標。」❶爲了建立聯邦的信用，漢密爾頓提出了以下的建議：所有的外債、流動的內債以及未付的利息，都按票面價值轉爲長期公債，以進口稅和國內貨物稅作償本付息之用；各州戰爭期間的債券由聯邦政府承擔，使其債權人的利益與國家的利益相結合；建立償債基金，以穩定政府債券的價格並且作爲償付本金的準備。爲了具體實施上述建議，漢密爾頓又在1790年12月向國會提出的一份報告中建議設立一個國家銀行，其體制可以依照英格蘭銀行，但它必須能夠在全國各地設立自己的分行。

漢密爾頓的這些建議都得到了華盛頓和國會兩院大多數議員的支持，很快地，合衆國銀行建立起來了，內外債都已經變爲長期公債，各州的債務也由聯邦承受下來，聯邦的確由此而贏得了很好的信用。到1791年8月，在倫敦和阿姆斯特丹上市的合衆國公債的售價都高於它們的票面價值。

但是，漢密爾頓在他的商業和貿易政策方面也有失敗的地方，也就是他所提出的透過國家干預和政府的扶植和保護，以發展美國的工業和製造業的政策。這種重商主義的產業和貿易政策當然並不是漢密爾頓的發明，早在法國的路易十四的時期，他的財政大臣黎塞留（Armand Jean du Plessis Richelieu）就是這麼做的，而且還頗有成效。美國當時的工業化實際上還處於尙未起步的階段，抽象地來看，這項政策也是應該能夠得到歡迎並且獲得成功的，但問題在於南部的種植園主們對這項政策十分不滿，因爲增加製成品進口稅和原材料出口稅都會使他們蒙受巨大的經濟損失。維吉尼亞州議會在1790年所通過的一份由帕特里克・亨利起草的抗議書典型地表現了南方種植園主的情緒：「在這樣的一個農業國家裡……扶植、集中和永久保持一個龐大的富有的利益集團，乃是這樣的一種措施，你們的請願者擔心這種措施必然會在人類的事態進程中，產生下面兩種災禍之一：使農業匍匐於商業的脚下，並且使聯邦政府的現行體制發生變化而危及美國自由的存在。」❷

這段話深刻地反映了美國南北方之間在經濟利益上的巨大矛盾，同時也表現出，在那個時代，人們對於政府所要求的只不過是維持一種基本的法律與秩序，對於政府在經濟生活中任何過多的干預，他們都是不歡迎的。不過，在關稅保護的問題上，南北方還是能夠找到它們的共同點。進入1810年代以後，來自英國的工業品造成了對美國工業品的一種明顯的競爭優勢，這迫使美國人不得不於1816年通過了一個關稅法——當然，貿易保護後來又在美國引起了南方和北方之間的矛盾，但這是另一個問題了。

美國政府早期職能的第二個主要方面是對國內秩序的維護，這又具體地體現爲三個問題，首先是處理與印地安人的關係，其次是鎮壓國內可能出現的暴亂，最後則是協調南方和北方之間的關係。在不同的時期，這三個方面各有側重。

北美移民與印地安人的衝突是殖民地時期和美國歷史早期一個十分突出的問題，而英法等國透過介入這種衝突而企圖擴張自己的利益和勢力範圍的做法又使問題進一步複雜化。1783年結束了美國獨立戰爭的「巴黎協定」並沒有對印地安人的地位問題作出規定，實際上是英國不願意放棄對印地安人的統治權。不過，1789年通過的憲法則規定，國會擁有「管理與印地安部落的貿易」的權力。這成爲以後兩百多年間美國處理印地安人問題的法律依據。美國獨立以後，歐洲移民與印地安人的衝突無論規模還是頻率都已經明顯減少，但和平卻仍然沒有到來。這一時期美國人向肯塔基的俄亥俄河流域和田納西河流域的移民使他們與當地密集的印地安人部落發生了一系列的衝突，後者並且曾經在1791年把聖克萊爾（Arthur St. Clair）率領的美軍打得大敗。由於這一地區的印地安人得到了英國人的支持，所以他們對美軍的抵抗十分頑強。從1793年到1794年，美軍在韋恩將軍（General Anthony Wayne）的率領之下，與當地的印地安人和少數英國軍隊進行了反反覆覆的戰鬥，直到1794年8月，經過所謂的「倒樹之戰」（Battle of Fallen Timbers）之後，印地安人的反抗才基本上得到平息。1795年6月到8月，韋恩將軍與前來議和的印地安各部落簽訂了《格林維爾條約》，規定美國政府向印地安部落提供相當於一萬美元的年金，印地安人則讓出部分領地，也就是說，確定了白人居住區與印地安人領地之間的界線。《格林維爾條約》基本上結束了歐洲移民與印地安人在西部地區持續了大約二十多年的較大規模的衝突，實際上也同時最後結束了美國的獨立戰爭。不過，由於白人不斷地向西開拓土地，《格林維爾條約》很快就變成了一張廢紙。

由於白人的西進仍然不斷地引起印地安人和他們的衝突，所以美國人也試圖尋找一種能夠一勞永逸地解決印地安人問題的方法。像托馬斯·傑佛遜總統那樣的一些人曾經提出過一個對印地安人進行「教育」以便使他們能夠完全融入美國社會的計劃，但這個主要由教會加以實行的計劃到1820年代已經明顯地遭到了失敗。美國人在這個時候已經失去了耐心，到1830年的時候，國會通過了一項《印地安人遷移法》，授權美國總統把密西西比河以西的東部印地安人部落全部遷移到現在的俄克拉荷馬州的印地安人領地。雖然表面上說這種遷移是自願的，但在實際上卻是一次強制性的、野蠻的對印地安土著居民的驅逐。在遷移的路上，很多印地安人被嚴寒奪去了生命，隨後在1832年發生的一場霍亂和痲疹又使成百上千人死於非命。但是，這還不是印地安人厄運的終結。由於美國進一步向西部開發，以及在此過程中印地安人不斷的抵抗，美國政府感覺到廣泛的「印地安人領地」的概念對於白人的西進已經成為一種障礙，因此有必要進一步限制印地安人的居住和活動範圍，把他們完全控制在由美國軍隊所包圍的「保留地」之中。把印地安人趕往保留地的過程是又一場血腥的殺戮，這場殺戮一直持續到1890年12月29日才基本上結束，此時美國白人已經西進到了太平洋沿岸，北美大陸完全換了主人，印地安人已經是消滅殆盡了。

其次是鎮壓國內可能出現的暴亂的問題。衆所周知，1789年美國憲法的制訂和通過，在很大的程度上就是謝司起義的結果，因而聯邦制也就是爲了進一步穩定國內秩序而採取的一種措施。這項措施在1794年就受到了第一次的考驗。1791年漢密爾頓提出的《國內貨物稅法》要求對威士忌酒徵稅，而作爲威士忌主要產地的賓夕法尼亞州西部地區就成爲這一稅項的主要承擔者。在西部人看來，這項新的稅法就如同殖民地時期的《印花稅法》一樣可恨，它不僅對他們的經濟收入，而且對他們的自由也是一種侵犯。威士忌釀造商們和同樣主要依靠釀造威士忌爲生的農民們於是採取了抵制甚至侮辱聯邦稅務官員的方法來表達他們的不滿和抗議。

雖然聯邦政府發布了對不服從的釀酒者進行拘捕的命令，但人們的不滿不僅沒有因此而有所克制，反而愈演愈烈，到1784年春天，這種不滿和抗議已經發展爲武裝的暴亂，一位聯邦稅務官員被殺，一所地方稅務所也被燒毀。在這種情況下，當時的總統華盛頓一方面發布命令要求叛亂者解散，並且要求賓夕法尼亞和馬里蘭等州的民兵緊急動員，另一方面又派出代表與賓州叛亂者的代表談判，但是談判並沒有取得成功。10月14日，華盛頓命令總數一共爲一萬五千人的民兵向叛亂地區進軍。由於叛亂的領導人逃走了，所以民兵們只遇到了很微弱的抵抗。他們拘捕了不少叛亂的參加者，但由於證據不足又很快把他們釋放了，只有兩名叛亂的參加者被叛犯了謀反罪，不過也得到了華盛頓的赦免。

聯邦政府對於「威士忌酒叛亂」的平定是對於聯邦政府的力量與能力的一種證明，它表明聯邦能夠對一切個人行使強迫行動的權力，雖然在平定這次叛亂的過程中賓夕法尼亞州的州長一直拒絕動用武力，但最終聯邦還是依照憲法賦予的權力解決了問題。在此之後的美國歷史上之所以基本上沒有再發生類似的叛亂，除了其他方面的原因之外，聯邦政府在維護聯邦法律方面已經明確表現出來的堅決的立場是一個不可忽視的重要因素。

最後是關於南北方關係的問題，這可能是美國獨立以後讓政府花費精力最多的一個問題。實際上，早在制定聯邦憲法的時候，有識之士已經感覺到由於美國北方和南方在奴隸制問題上存在著截然相反的看法，因而南北關係很可能成為聯邦未來發展中的一個巨大隱患。但是，他們同時又寄希望於奴隸制總是能夠伴隨著時間的流逝而自然獲得解決，華盛頓本人在1786年的時候就曾經表示，他希望能夠採取一些計劃，「使奴隸制度可以在不知不覺之間，逐漸而有效地被廢除」。當時以及以後一段時間內美國其他的主要政治家們也持同樣的觀點，包括傑佛遜、麥迪遜和門羅等等。

但是，實際情況的變化卻與他們的願望相反。南方棉花種植業和製糖業的興起使奴隸勞動甚至比以前的奴隸貿易更加有利可圖，因此雖然1807年國會已經通過了禁止奴隸貿易的法律，但奴隸制由於其巨大的經濟利益還是在南方得到了持續的發展。問題是北方和南方在奴隸制問題上的爭論絕不僅僅是道義之爭，它還具有十分具體的表現形式。由於美國的疆域不斷地向西擴展，因而新參加聯邦的州是否實行奴隸制就成為一個南北雙方都非常關心的問題。在1820年以前，在新州加入聯邦的問題上基本上是採取了一對一的妥協的方法，即接納一個准許奴隸制的州加入聯邦的同時也接納一個禁止奴隸制的州，這樣大致保持了雙方力量的平衡。然而，當1820年北方人堅持密蘇里州必須作爲自由州參加聯邦的時候，南北雙方的矛盾便達到了一個高潮。幸而由於亨利・克萊（Henry Clay）提出了一項妥協方案，這一矛盾才沒有進一步激化。這項被稱爲「密蘇里妥協案」的方案規定，使密蘇里州和緬因州分別作爲蓄奴州和自由州參加聯邦，但是，國會隨後通過的法律規定，在密蘇里州以北的路易斯安那地區不得實行奴隸制。

事實證明，妥協並非解決問題的根本方法。「密蘇里妥協案」之後雖然在一段時間內南北雙方在奴隸制的問題上沒有再出現大的衝突——儘管整個美國範圍內的廢奴運動在不斷地發展——，但是，當德克薩斯州於1845年併入聯邦，以及美國在與墨西哥的戰爭中取得了西南部的領土之後，關於奴隸制問題的爭論又重新占據了美國政治的舞台。

爭論的焦點集中在從墨西哥得到的土地的問題上，因爲德克薩斯原來就實行奴隸制度。所以北方的廢奴主義者認爲，新的國土上理所應當完全禁止奴隸制的存在，而南方的極端主義者則認爲新的土地應該完全向奴隸制開放。雙方的爭論由於加利福吉尼亞發現了金礦而變得更加激烈，因爲在1849年一年之內就有八萬名淘金者湧入這個地區，而國會則必須在設州加入聯邦之前解決它的地位問題。在關鍵時刻，曾經以提出「密蘇里妥協案」而著名的克萊再次提出了一個妥協方案，建議加利福吉尼亞作爲自由州加入聯邦，其餘從墨西哥得到的土地則分爲新墨西哥和猶地兩個州，對於在這兩個州是否實行奴隸制則不由國會作出規定，另外，聯邦應該建立更加有效的機構追捕逃亡的奴隸並且把他們盡快送還主人，在華盛頓則禁止奴隸買賣。克萊的建議經國會修正後在1850年得到了通過，成爲歷史上有名的「1850年協議」。

「1850年協議」在表面上暫時解決了矛盾。但是，一方面北方的廢奴主義者因爲根據這個協議而通過的新的「逃亡奴隸法案」而對奴隸制發起了更加猛烈的抨擊，幫助奴隸逃亡到北方的「地下鐵道」也更加活躍；另一方面，南方支持奴隸制的人們則要求把與密蘇里州相鄰的堪薩斯州也作爲蓄奴州。堪薩斯的地位問題再度引起了激烈的爭論，而且甚至引起了廢奴主義者和反廢奴主義者在這個州的流血衝突。事實非常明顯，進一步的妥協已經不可能了，用林肯的話來說，就是「『分裂之家不能持久』。我相信我們的政府不能永遠忍受一半奴役一半自由的狀況。我不認爲聯邦會瓦解——我也不認爲這個家會沒落——不過，我認爲，分裂的局面將會終止。」

1858年，作爲共和黨總統候選人的反對奴隸制度的林肯與民主黨總統競選者道格拉斯連續進行了一系列的辯論，爭論的焦點就是奴隸制的問題。這些辯論引起了全國的關注，而林肯關於廢除奴隸制度的主張也在辯論中變得越來越明確。最後，當林肯終於贏得了1860年的大選時，南方各州清楚地知道它們已經不可能在聯邦的框架之內繼續保持奴隸制度，因而從南卡羅萊納州開始，相繼宣布退出聯邦，並且在1861年2月8日宣布建立了南方邦聯。

南方退出聯邦的作法被林肯認爲在「法律上是無效的」，而南方軍隊於1861年4月在南卡羅來納州的查爾斯頓港炮轟掌握在北方軍隊手中的薩姆特要塞的行爲則直接導致了南北戰爭的爆發，而北方的勝利使美國終於以戰爭的方式徹底廢除了奴隸制度。

在美國政府職能的發展史上，南北戰爭是一次具有重大意義的事件，它不僅帶來了聯邦政府機構以及總統權力的空前擴展，而且也是政府第一次以武力的方式解決了黑人奴隸的自由問題，當然，也是以武力的方式為北方工商業的發展創造了條件。南北戰爭以及戰後的重建也標誌著聯邦政府對於美國社會經濟生活的主動干預的開始。可以說，在此之後，「消極」的政府已經逐步向「積極」的政府轉化。

二、政府職能的擴展及其依據

之所以說南北戰爭以前美國聯邦政府職能的特點整體來說是「消極」的，因為它主要只是對社會政治生活中已經出現的一些明顯的，不得不解決的問題做出被動的反應，而不是主動地對社會經濟生活進行干預和改造，這一點在奴隸制的問題上表現得尤其突出——儘管憲法的起草者們明確反對奴隸制，而他們在長時期內只能期待奴隸制度自然消亡。這樣的一種政府符合早期自由主義的原則，被人們稱為「守夜人」的政府。但是，隨著南北戰爭的爆發，以及在此之後美國社會經濟生活中所發生的一系列新的變化，政府的角色慢慢地開始轉變，政府職能進入了一個擴展的時期。

南北戰爭以後，美國開始進入了工業革命的時候。從一個非常具體的側面都可以看出戰後時期美國社會經濟的迅速發展。根據統計，1860年以前政府頒發的專利證書總共只有三萬六千份，而在此後的三十年間，卻頒發了四十四萬份。在這一時期的發明包括電話、電報、打字機、鑄造排字機、轉輪印刷機和電燈等等，它們對於社會經濟的發展都形成了巨大的推動，使工業、商業、交通運輸和通訊等各個方面都出現了長足的進步，作爲其結果，美國在十九世紀後半期和二十世紀初已經變成了一個工業化和都市化的國家。

工業化帶來的自然不僅僅是經濟的增長，而且還有社會生活諸方面的變化，因爲它把社會帶進了一個與傳統社會存在著重大差別的所謂的現代社會。與此同時，隨著美國經濟力量的增強，它的國際舞台上也不可能像以前一樣只滿足於孤立主義的對外政策原則，它開始在世界範圍內尋求它的利益。與這些過程相伴隨，美國政府的職能在經濟和社會領域都出現了明顯的擴展。

在經濟生活方面，政府面臨著兩重任務，首先是對某些具有全國性影響的企業和行業進行扶植和幫助，其次是對經濟生活的秩序進行調控和管理。聯邦政府對於某些企業的扶植和幫助早在南北戰爭以前就已經開始，主要是向那些修建運河、公路和鐵路的公司贈與土地。在1850年代，聯邦就把不少於兩千八百萬英畝的公共土地贈予各州，以供興修鐵路之用。1862年和1864年，國會又兩次頒布《太平洋鐵路法》，作爲聯邦對鐵路公司直接贈予土地的法律依據。據此，聯合太平洋鐵路得到了大約二千萬英畝的土地，而運聖菲鐵路、中央太平洋鐵路、南太平洋鐵路、北太平洋鐵路也分別從聯邦政府手中得到了一千七百萬、二千四百萬、二千四百萬和四千四百萬英畝的大量土地，其總面積相當於整個密蘇里州。聯邦所贈予的土地對於鐵路公司來說不僅僅是供修築鐵路之用，實際上，後者往往透過拋售從聯邦得到的土地而爲修建鐵路籌集資金。另外，那些擁有豐富的礦產資源或者在鐵路通車以後價格迅速上漲的土地也爲各鐵路公司帶來了巨大的利益。據稱，聯邦政府贈予伊利諾斯中央鐵路的土地所帶來的一筆收入，就相當於這條鐵路的全部修建成本。另外，修建北太平洋鐵路的成本大致是七千萬美元，可是該鐵路公司在1917年的一份報告中聲稱，它依靠出售部分土地，就得到了超過一億三千六百萬美元的收入。

除贈予土地之外，聯邦政府對於鐵路建設的扶植措施還包括對鐵路公司提供貸款等等，爲聯合太平洋鐵路和中央太平洋鐵路提供的直接貸款總數就達到六千四百萬美元。政府這種大規模介入經濟生活領域的做法肯定是嚴格意義上的自由主義所不能接受的。但是，鐵路的修建對於經濟發展所具有的重大影響卻使得政府不可能對此持一種漠然的態度，因爲鐵路能夠給一些地區帶來迅速的繁榮，也能給另外的一些地區帶來衰落的威脅。事實上，不僅聯邦政府，而且各州和其他的地方政府也都對鐵路的修建爭相進行資助。而且，對於聯邦政府來說，修建鐵路也被看成是一種在軍事上和郵政上所必需的事業而不僅僅是經濟上的必須，國家安全與社會服務也由此而成爲日後美國政府介入社會經濟生活的兩個不變的主要依據。當然，從另外的角度來說，政府的幫助也的確是像修建鐵路這樣的大型工程所必不可少的，許多人同意，要使西部的鐵路得以建成，這是唯一的辦法。

另一方面，隨著經濟生活中許多以前未曾有過的現象的出現，聯邦政府開始承擔了越來越多的對經濟秩序進行調控和管理的職能。首先就是對鐵路運輸的管理問題。鐵路的發展爲美國的經濟增長帶來了前所未有的機會，但與此同時，早期的鐵路運輸也存在著明顯的混亂現象——運輸費用沒有統一的標準，各鐵路公司都試圖憑藉自己對運輸的壟斷而牟取暴利，以及鐵路公司與其他的大企業聯合起來以盤剝弱小的用戶等等。對於這些不合理現象率先做出反應的是一些州的政府，比如說伊利諾州就曾於1870年通過一項法律，禁止各鐵路公司在收取運費方面實行不公正的差別對待和敲詐勒索。隨後，針對某些鐵路公司對於此類州政府的管制向最高法院提出的上訴，聯邦最高法院也在這個問題上表明了聯邦政府的立場，在1876年的「芒恩訴伊利諾州」一案的判決理由中，最高法院首席大法官魏特（Morrison R. Waite）提出：「私有財產若牽涉到某種公共利益，即不再僅僅是私法問題。……財產若在一種使其帶有公共後果，並影響到整個社會的方式下予以使用，就確實會變得賦有某種公共利益。因此，一個人若將他的財產運用於公衆在其中有著某種利益的用途，則他實際上就是將那種用途上的一種利益給予了公衆，從而必須在他所開創的那種利益的範圍內，服從於公衆爲了共同利益而施加的控制。」

上述最高法院的司法判決在某種意義上打破了公與私之間似乎是不可逾越的界限，從而爲政府對於社會經濟生活的管理提供了法律上的基礎。在隨後的一系列判決中，最高法院又相繼確立了在社會經濟生活的管理當中關於聯邦政府的地位和作用的幾項原則：第一，政府有權管理一切牽涉到某種公共利益的事業；第二，立法機關有權對什麼是公平的和合理的行爲作出決斷；第三，在聯邦和州共同行使權力的領域中當國會尚未採取行動之前，州政府有權率先採取行動。上述原則被認爲是開創了一個政府管理公共事業的新時代，1887年2月國會通過了「州際商業條例」並且依照該法建立了聯邦州際商業委員會，使這些原則第一次成爲政府的實踐。

「州際商業條例」禁止鐵路聯營、運費折扣、任何性質的差別對待以及短程運費高於長途運費的情況發生，要求收費標準必須「公平合理」。州際商業委員會就是爲了具體實施這一條例而設立的機構，它也是美國第一個眞正發揮作用的聯邦獨立管制委員會。它依據「州際商業條例」對鐵路部門的運營情況進行監督，並對違法行爲提出起訴，由各級法院負責實施。雖然在委員會成立之初它的工作並不是十分富有成效，比如到1905年，在上訴到最高法院的十六起訴訟案中有十五件的判決與委員會的決定相反，但「州際商業條例」的通過和州際商業委員會的設立還是被人們認爲是美國政府職能演進過程當中的一次具有重大意義的事件，因爲它明確地拓展了聯邦政府的職能範圍，而且爲這種拓展提供了一種制度性的框架，爲以後政府對社會經濟生活實施廣泛的管理和干預提供了前提和條件。

其次是保護關稅的問題。內戰時期，美國曾經採取了高關稅的政策，但這一政策在戰後依然延續下來，從而似乎變成了某種永久性的政策。民主黨總統克利夫蘭（Grover Cleveland）從傳統自由主義的立場出發，認爲對於國內產業的保護是導致普通民衆生活費用上升的一個主要原因，他的立場是，爲了使美國的產業受到保護而採取的高關稅政策已經被推向了極端，他本人更傾向於一種合理的關稅稅率。但是，減低關稅的主張卻使他在1889年競選連任時敗於共和黨的總統候選人班杰明‧哈里森（Benjamin Harrison）。1890年，國會通過了「麥金萊關稅法案」，這項法案是對於貿易保護主義的明確認可，它的目的不僅是爲了保護已有的工業，還要扶植那些所謂的「襁褓工業」，並且透過足以禁止任何進口的高關稅來創建新的工業部門。「麥金萊關稅法案」雖然因爲很快引起了國內消費品價格的上漲而遭到人們普遍的不滿，但是，它的通過也的確反映了一種世界性的趨勢，因爲在當時幾乎所有的西方國家，尤其是德國和俄國，都競相採用高關稅的辦法來扶植和保護國內產業。因此，雖然「麥金萊關稅法案」受到了各種各樣的批評，但保護關稅的觀念卻已經多多少少被美國人所接受了。

最後是對於壟斷企業的管理和控制的問題。19世紀下半葉，隨著美國工商業的迅速發展，國內經濟領域中開始出現了明顯的壟斷現象，原來一些單獨的企業在競爭的過程中以聯營、有限公司和控股公司的方式聯合成一些大的企業，它們操縱價格，壟斷市場，以便獲得巨額的利潤。在聯合企業中規模最大的就是所謂的「托拉斯」（trust）。簡單地說，托拉斯就是由同一行業的企業聯合而成的大型聯合企業，它的發明人是工業家洛克菲勒（John D. Rockefeller），他在1882年透過推動四十家公司的股東與他領導之下的美孚石油公司聯合而形成了一種工業史上的新型的企業組織形式。該公司在採用托拉斯的組織形式之後其經營規模迅速擴展，利潤急劇上升，很快成爲「世界上最大和最有錢的公司」。一份1890年的報告指出：美孚石油公司「擁有並控制著與鐵路相連結的各石油產區的輸油管線。它控制著這些鐵路的兩端。它運走了全部石油的百分之九十五……它對鐵路規定條件和回扣。它已收買了和排擠了全國各地的煉油商。它憑藉著它具有優勢的運輸便利，能夠在產油地區高價搶購，在世界市場上低價傾銷。因此，它已經……獨吞和壟斷了這宗大買賣。」

繼美孚石油公司以後，托拉斯這種企業組織形式在美國得到了普遍的效仿，從而導致了1880至1890年代十分強勁的企業集中化的浪潮。在這段時間內，大約有五千多個工商企業合併爲三百個左右的托拉斯，而它們的總資產在1899年就達到了二十二億四千三百九十九萬五千美元。這些托拉斯當中，除了美孚石油公司之外，比較大的還有美國鋼鐵公司、美國製糖公司、美國煙草公司、美國橡膠公司等等。

也就在托拉斯迅速發展的同時，公衆對這種壟斷組織的不滿情緒也在迅速地增長。反對的理由包括以下幾個方面：勞工受到壟斷企業的聯合盤剝；中小企業受到壟斷組織的打擊和排斥，生存受到了嚴重的威脅；壟斷組織與政府機構相互勾結，造成了政府中的貪污腐敗；自然資源遭到了野蠻的掠奪和破壞，引起了人們普遍的不安。最高法院法官哈倫 (John Marshall Harlan) 在審理美孚石油公司一案時曾經指出：「所有能回憶1890年時全國的形勢的人都會記得人們到處都有一種深爲不安的感覺。全國業已消除了對人的奴役……但是人們普遍相信，這個國家有出現另一種奴役的眞正危險，這就是由於資本積聚在少數人手裡而必將產生的奴役……這少數人爲謀求他們自己獨占的利益，控制了這個國家的全部商業，其中包括生活必需品的生產和銷售。」應該說，這是一種具有代表性的觀點。

正是這樣一種普遍的反對情緒使國會下決心採取某種反對壟斷的措施。1890年，國會幾乎以一致同意的方式通過了「謝爾曼反托拉斯法」。這項著名的法案的核心在於它的頭兩條，即「第一，茲宣布，任何契約、以托拉斯或其他形式組成的組合、或共謀，凡遏制數州之間或對外國的通商貿易者，均屬非法。」「第二，任何個人，凡壟斷或企圖壟斷……數州間或對外國的通商貿易之任何部分者，均應視爲犯有輕罪。」當然，在最初的時候，這項法案的政治意義大於它的實際意義，因爲條文本身的含混（像對所謂的「托拉斯」、「共謀」、「壟斷」等等概念都缺乏明確的界定）以及當時最高法院本身的保守和政府在執法方面的半心半意都使這項法案基本上只是停留在紙上，以至於西奧多·羅斯福在後來表示：「各級法院……在四分之一的時間裡都充當了……反動勢力的代理人。它們作出許多互相矛盾的，但是整體來說是與人民的利益相敵對的判決，從而把國家和各州都弄得幾乎軟弱無力，不能對付那些大企業組合。」但是，「反托拉斯法」的通過畢竟表明了公衆與國家對於經濟生活中的壟斷現象的基本態度，並且爲政府的行動提供了一種法律上的框架，換言之，也就是說它爲未來眞正希望改變經濟生活中的這種不合理現象的政治領袖提供了一種潛在的武器，十年以後的西奧多·羅斯福總統就有效地運用了這項武器，並且爲他自己贏得了「托拉斯打擊者」（trust-buster）的稱號。

政府職能擴展的第二個重要方面表現在社會政策領域。19世紀下半葉美國經濟工業化在社會領域所引起的一個重要變革就是美國開始從一個鄉村的社會變成了一個城市的社會，並由此而產生了許多在農業社會時期根本不曾出現過的問題。勞工問題就是這些問題當中較爲突出的一個。

在19世紀下半期，勞工運動在歐洲已經得到了廣泛的發展，並且與產業所有者階層展開了激烈的對抗，雖然相比而言勞資關係在美國要緩和得多，但勞工們也開始建立了自己的組織，提出了自己的要求，在這一時期建立的勞工組織中比較著名的有1869年建立的「勞工騎士會」（The Knights of Labor）和稍後建立的「美國勞工聯合會」（American Federation of

Labor）。從聯邦政府方面來說，也採取了一系列的措施，通過各種勞工立法對勞工的權利進行一定的保護，其中包括從1868年到1916年陸續進行的在不同企業中實行八小時工作日的立法、1885年關於禁止輸入契約勞工的立法等等，另外，1894年設立的勞工局也在1913年被提升爲內閣中的一個部，以負責協調和解決勞工問題以及勞資雙方的衝突。不過，在羅斯福新政之前，由於最高法院對於聯邦政府對社會領域的干預採取了一種頑固反對的態度，所以國會的許多社會立法都被它宣布爲違憲而無法付諸於實踐。像國會和各州議會所通過的大量關於限制使用童工、進行勞動保護的法案都被最高法院宣判了死刑。因此，直到新政之前，美國勞工的處境還是十分惡劣的，其工業領域中所產生的公害、事故率和死亡率都居當時各工業化國家之首，1907年，僅僅在鐵路工人中就發生了四千五百三十四人次的死亡事故、八萬七千六百四十四次傷殘事故，而在1917年，美國製造業中所發生的死亡和傷殘事故發生的次數更是分別高達一萬一千三百三十八人次和一百三十六萬三千零八十人次。

雖然在十九世紀後半期到新政之前美國在社會政策領域沒有太大的建樹，但普通民衆對於工業社會所帶來的種種弊端的反叛卻由1880年代末期和1890年代初期新成立的一個黨——平民黨（The Populist）所明確地反映了出來。1892年平民黨全國代表大會所提出的黨的綱領提出了以下要求：無限制地自由鑄造銀幣、建立一個由政府而不是由銀行控制的有彈性的貨幣體系、徵收個人收入累進稅、鐵路、電報和電話行業實行公有和公營、禁止外國人占有土地和將非法保有的鐵路占地收歸國有、工人實行八小時工作日、禁止使用工人密探、參議員由全民直接選舉產生、使公民擁有創制權和複決權等等。平民黨因其具體競選策略的失誤及其綱領中某些部分過於偏激而在選舉中敗北，但他們的綱領中那些涉及社會政策的部分的確反映了普通民衆的願望，也反映了社會的一般趨勢，因此在1896年的競選中隨著平民黨與民主黨的合併，上述要求也幾乎完全被寫進了民主黨的綱領，並且成爲民主黨的旗幟。

美國政府職能在上述方面的擴展到西奧多・羅斯福擔任總統的時候終於從點點滴滴的改革變成了洶湧的激流。在經濟控制方面，羅斯福再次把注意力放在了對壟斷企業的控制上。他宣稱，「在對付我們稱之爲托拉斯的大公司方面，……我們的目的不是要取消法人公司，正好相反，這些大型聯合體是近代工業制度不可避免的一種發展……我們對這些公司並無敵意，只不過是決心要使它們經營利於公衆。」雖然羅斯福對於壟斷企業一般而言並沒有採取咄咄逼人的態度，但他對於執行「反托拉斯法」的立場卻是十分堅決的。他曾經表示：「說到那些『反托拉斯法』，它們都將予以實施，……一旦提出起訴絕不和解，除非承認政府敗訴。」1902年，羅斯福下令對北方證券公司提起訴訟，並且贏得了勝利，從而阻止了該公司壟斷全國所有鐵路系統的企圖。這次訴訟的勝利爲羅斯福帶來了極大的聲譽，並使他輕而易舉地贏得了1904年的總統選舉。此後，羅斯福進一步對壟斷企業展開進攻，尤其是這一時期先後揭露出來的壟斷企業的種種醜聞，以及1907年經濟恐慌的發生，更使羅斯福相信國家經濟形勢的惡化完全是出自少數大財主的投機和欺詐，他並且得出結論認爲：「我們的法律未能迫使有財產的人對爲他工作的人盡其責任，未能迫使大公司對投資者、靠工資爲生者和一般公衆盡其責任。」但是，由於國會始終沒有通過相應的立法授權聯邦政府對壟斷企業的行動進行管理，所以羅斯福與它們鬥爭的唯一武器就只能是向法院起訴，這就使反托拉斯的行動不能不大打折扣。

西奧多・羅斯福政府不僅加強了對壟斷組織的控制，而且對於因壟斷而導致的種種不公平和不合理的現象也進行了直接的干預。這方面一個突出的問題還是鐵路運費不合理以及任意收取用戶的回扣，羅斯福因而認爲對鐵路的調控是「首要的問題」。1903年，國會通過了旨在對鐵路運費進行硬性管制的「厄爾金法案」（the Elkins Act），該法案要求鐵路公司公布其運費標準，並規定如果運貨人獲取回扣則應該與鐵路公司一同承擔責任。這項法案使政府能夠成功地對那些非法牟取暴利的鐵路公司進行懲罰。不久之後，在羅斯福的推動之下，國會又於1906年通過了「赫伯恩法」（the Hepburn Act），明確授與州際商業委員會以控制鐵路營運及其收費標準的權力，並且把這一權力擴大到包括貨物的棧存、冷藏和到站設施以及臥車、快車和管道運輸的範圍，另外，作爲反對行業壟斷的一種措施，該法令還要求各鐵路公司將其所收購的輪船公司和煤礦公司交出。到1910年，州際商業委員會的管理權限又被擴展到電話和電報行業。能夠表明這個委員會在1906年以後所發揮的實質性作用的是下面的統計數字：它在「赫伯恩法」通過兩年後所聽取的申訴幾乎比過去的十九年的總和還多出了一倍，到1911年，它已經使將近二十萬種收費比率降低了百分之五十。

在社會服務領域，政府的職能更是獲得了突破性的進展。羅斯福的口號是「公平施政」，要主持「社會和工業正義」，在他的執政年代，原來受到最高法院種種刁難的各項勞工保護法案相繼得到了通過，其中包括「勞工補償法」、「工廠檢查法」、「童工法」以爲針對州際運輸工具制定的「安全設施法」等等。「勞工補償法」要求雇主對職工因工作所招致的傷害承擔責任。除此之外，美國大多數的大城市和幾乎半數的州都在這一時期確立了八小時工作日的制度。一系列新的稅法也開始實施，其中包括遺產稅、所得稅以及公司財產和營業稅等等，這些稅收使富人需要承擔更多的義務，因而也是在社會公正方面的一種進步。

羅斯福執政時期政府社會職能擴展的另外一個重要方面就是政府開始對某些消費品的質量進行監督和管理，從而使政府進入了一個原來完全屬於私人和市場的領域。西奧多・羅斯福執政時期，有關專家和民間機構進行的調查發現各類食品當中含有大量的防腐劑、添加劑和染色劑，關於此類訊息的大量披露引起了羅斯福的關注。1905年，羅斯福要求國會採取相應的行動。在美國醫學協會的幫助下，國會頂住了各種相關的利益集團的壓力和阻撓，於1906年通過了「食品衛生法」，禁止在一切藥品或食物中使用任何「化學的或防腐的有毒藥劑」，在1911年，國會又對「食品衛生法」增加了一條修正案，禁止在藥品上加貼欺騙性的標籤，並且規定聯邦政府對州際買賣的肉類食品都必須進行檢查。

羅斯福政府還把職能擴展到了自然資源的保護方面。在羅斯福出任總統之後不久，他就在1901年向國會提出的國情咨文中提出應該推行一項廣泛地保護森林、發展水利，以及開墾和灌溉的計劃，爲了把這一計劃付諸實施，羅斯福發起了涉及到社會各階層的宣傳和鼓動工作。他根據1891年的「森林保留法」，把將近一億五千萬畝尚未出售的政府林地劃爲森林保留地，並且收回了大約八千五百萬畝西北部地區已經被公衆侵占的林地。1902年，國會又通過了「紐蘭茲墾荒法」，規定由聯邦政府出售各州的公地，並將其所得用於資助土地灌溉，國會設立的土地開墾局負責具體實施這項法律，許多大型水利工程就是以這樣的方式得以建成的。1907年，羅斯福又委派了一個內陸水道調查團研究河流與森林和土壤，以及水利與水運的關係問題。這個調查團所提出的建議涉及到私有土地上的森林採伐、對可供航行的河道的改善，以及水土保持與防護等等問題。在此基礎上，1909年建立了全國資源保護協會，負責對公衆進行資源保護的宣傳和教育工作。除此之外，西奧多·羅斯福任內還創建了五個新的國家公園、四個獵物保留地和五十多處鳥類保護地。

在西奧多·羅斯福之後，聯邦政府的職能在威爾遜總統任內得到了進一步明顯的擴展。在這一時期，國會通過了「聯邦儲備銀行條例」，改組了政府的銀行管理系統，使分布於全國、受聯邦儲備局領導的十二個聯邦儲備銀行作爲所有銀行的現金儲備銀行，並且對它們的行動進行監督和管理。另外，政府繼續對大壟斷組織進行打擊，州際商業委員會的權力得到了加強，同時又成立了聯邦貿易委員會對州際貿易進行管理，防止出現所謂的「不公平的競爭方法」。當時通過的一項稱爲「克萊頓反托拉斯法」的法案對於不公平的競爭方法作出了某種意義上的界定，如組織連鎖董事會、對買方實行價格差別，以及一個公司持有同行其他公司的股票等等，所有這些行爲都受到了該法的明確禁止。在社會福利領域，威爾遜擔任總統時期通過的「聯邦農業貸款法」設立了專門爲農民提供的低息貸款；上面提到的「克萊頓反托拉斯法」則禁止使用強制的方式解決勞資雙方的衝突；1916年通過的「聯邦工人補償法」規定，對於在工作中受到傷殘的聯邦政府雇員，政府必須提供補貼。這一系列的立法強化了政府對於社會生活各個領域的調控和干預，推動著美國從自由主義國家繼續向干預型的國家過渡。

美國政府職能的全面擴展時期當然也就是富蘭克林·羅斯福總統的新政時期，也可以說這個時期在結束一個時代的同時又開創了一個新的時代。從根本上說，羅斯福的新政就是在自由市場體制已經出現嚴重的失衡並且又不可能依靠自身的力量進行矯正的情況下，由政府出面對整個社會經濟生活進行的全面的調整。新政的內容，就政府的職能方面而言，主要仍然是集中在兩個領域，即經濟和社會生活領域，但是，新政的一個突出的特點，就是它依據所謂的芝加哥學派的經濟學理論（凱恩斯主義是這種經濟理論更通行的稱呼），使這兩個領域變成了一個有機的統一體。

在經濟領域，羅斯福所面臨的任務首先是穩定通貨和恢復並發展生產。爲實現這個目標，羅斯福明確提出必須擴大政府的權力。他在1933年3月4日的就職演說中指出：「我們當然希望，行政和立法權限的正常平衡，完全足以應付我們當前沒有先例的任務。但是很有可能，某種沒有先例的對毫不遲疑的行動的要求和需要，必須使我們暫時撇開公務程序的那種正常平衡。我有準備根據憲法賦予我的職責，就一個受到打擊的國家處在一個受到打擊的世界當中可能需要採取的措施提出建議。」他並且提出：「我將絕不規避那時會要使我面臨的，十分明確的履行職責的方針路線。我將向國會要求剩下來的一個應付危機的手段——廣泛的行政權力，就像如果我們實際受到外敵入侵時將會授予我的那種權力一樣大，以便我們展開鬥爭來對付緊急情況。」

在國會的配合之下，羅斯福採取了以下一些穩定經濟和恢復生產的措施。首先是穩定銀行和金融系統。羅斯福在就職以後的第二天就發布命令暫停黃金交易和全國銀行休假。政府根據國會所通過的「銀行法」的授權對銀行進行了整頓，幾天之後一些能夠周轉的大銀行首先開業，許多小銀行則被淘汰。隨後，政府又撥專款與銀行共同設立了聯邦存款保險公司，並由政府出面對五千美元以上的存款提供保險，以此恢復銀行的信譽，防止新的擠兌風潮。在銀行系統基本上得到穩定之後，政府又宣布放棄了金本位制，使美元大幅度貶值，從而刺激了國內物價的上漲並以此促進生產的恢復。除此之外，政府還向銀行以及其他的工業和農業企業提供了大量的低息貸款，以保證銀行的進一步穩定和工農業生產的發展。

其次是穩定和推動工農業生產的發展。在農業方面，羅斯福於1933年5月簽署了「農業經濟調整法」，並且成立了農業經濟調整署作爲該法的具體執行機構。「農業經濟調整法」的主要內容是依據芝加哥學派關於農業危機的產生是由於生產超過了消費需要的經濟理論，由農業經濟調整署與主要農產品的生產者簽訂合同，以政府津貼的方式換取後者減少農產品的種植面積，甚至銷毀庫存的產品，目的是以此提高農產品價格，使工農業產品的價格比例恢復到1909—1914年的水準。該法頒布之後，政府又發布了許多條例對其加以修改和補充，主要是對各類農產品規定了生產配額，對於超過配額的產品則徵收懲罰性的稅款。雖然「農業經濟調整法」的實施受到了不少的非議，但它的確取得了明顯的成效。就在1933年一年內，棉花、玉米、小麥的播種面積分別減少了一千萬、九百萬和八百萬英畝，而這些產品的價格也如人們的預期有所上升，全國的農業總收入從1932年的五十五億六千萬美元上升到了1933年的八十六億八千八百萬美元。

與此同時，政府也設法解決農民的債務問題。1933年6月，國會通過了「農業信貸法」，並成立了農業信貸署，規定對於負債不超過其農場土地價值百分之五十和農場建築物和其他設施價值百分之二十的農場主提供貸款。由於這種救濟性的貸款只能部分地解決農民的債務和貧困的問題，羅斯福於1935年設立了一個重新安置局，對六十三萬農戶進行幫助，並且發放了兩千五百多萬美元的貸款使部分農戶能夠償付債務。在1937年，國會又通過了一項法案，規定由聯邦政府對佃農提供資助，使他們能夠購買一定數量的土地從事生產。爲此成立的農場保障局對佃農分別提供了二億六千萬美元和八億多美元的購地貸款和重新安置貸款。除鼓勵生產之外，政府也設法透過爭取新的國外市場來解決農產品的銷售問題，經過努力，美國分別與加拿大、古巴、法國和俄國等二十來個國家簽訂了無條件的貿易最惠國互惠條約，從而大大地改善了美國的貿易狀況。作爲農業調整的結果，到1939年，農場主的收入已經比七年前增加了一倍多。

「農業經濟調整法」在1936年1月被最高法院宣布爲違憲，最高法院的主要理由是該法中關於徵收農產品加工稅的規定侵犯了各州的保留權力。最高法院的這一判決迫使羅斯福政府必須尋求新的辦法繼續實行農業調整的政策，這就是1936年2月由國會通過的「土壤保持與農作物產地分配法」。這項法案規定，對於增加有利於土壤保持的作物或者在實現農業計劃的長期目標中與政府合作的農戶一律給予政府津貼。這是一項對於農業生產具有深遠影響的改革法案，到1940年，根據這項法案得到政府補貼的農戶已達六百萬人。另外，由於在1936年以後農產品生產過剩的矛盾已經基本上得到了解決，政府又轉而採取了鼓勵農業生產的措施，國會在1938年通過了第二項「農業調整法」，規定向農戶提供保存剩餘農作物的貸款，實行小麥保險，並且建立有計劃的倉儲制度，進一步爲農業生產提供保障。

在工業領域，國會在1933年6月通過了「全國工業復興法」，要求擴大就業、減少工時和提高工資，同時加強對勞工的保護，而其基本邏輯則與在農業領域所採取的措施一樣，核心還是在於透過限制生產和提高價格來克服經濟危機。具體負責工業復興計劃的是全國工業復興總署。在實施「全國工業復興法」之後，工業生產有了明顯的回升，工人的就業機會也有所增加，但是，全國工業復興總署的工作卻遭到了幾乎來自於各方面的批評——大企業抱怨它干預了勞資關係，小企業對工業領域中壟斷力量的增長感到不安，消費者則因爲物價上漲而怨聲載道等等。在這種情況下，最高法院在1935年5月作出了「全國工業復興法」違憲的判決，認爲這項法律向行政當局非法授予了立法權力。不過，雖然「全國工業復興法」被廢止了，但是由於這項法律的實施啓動了一個綜合性的經濟復興的過程，比如說興建公共工程、保護國家資源、救濟失業工人等等，所以經濟的復興沒有因此而停頓下來，一些被稱爲「點火頭」(pump-priming) 式的政府支出已經開始推動工業生產的進一步恢復和發展。

在所謂的「點火頭」當中，田納西河流域管理局是一個非常典型的例子。在1933年3月，國會通過了「社會救濟法」，規定組建各種民間工作隊，吸收失業青年參加市政建設，如築路、植樹、開挖溝渠等工作。田納西河流域管理局就是這衆多的公共工程之一，它由國會1933年5月通過的一項法令所建立，有權獲得、建造和管理田納西河流域的水利工程、開發經營自然資源和電力、發展航運等等。田納西河流域管理局在其建立之後就成為一個巨大的社會和經濟實驗場，它先後建造了大約二十五座水壩，用以防洪、發電和生產硝酸鹽，又將河岸的許多土地收歸國有，並且透過鼓勵地方工業以及興辦公共衛生和各種娛樂設施重新安置了這些地方的農民。由於田納西河流域管理局富有成效的治理，在幾年之內就有數萬畝已經廢棄的土地重新恢復了種植，沿岸的工業也迅速發展，田納西河本身則實現了全程通航，並且成為全國最繁忙的航道之一。田納西河流域管理局以及類似的為數眾多的其他公共工程和政府興辦的企業對於傳統的美國經濟生活方式自然是一個重大的突破，它們不僅在原有的工業企業之外成為解決失業問題的一個重要途徑，而且帶動了國家經濟的恢復和增長，同時還為政府與市場的關係提供了一種獨特而有成效的新的模式。

羅斯福新政時期政府職能得到急劇擴展的第二個方向是社會生活領域。在勞資關係方面，「全面工業復興法」中的第七款就對勞資關係進行了一系列的規定，其中包括雇員有權結成自己的組織與雇主進行集體談判，雇主不得以雇員參加或者不參加某一工會組織作為雇用的條件，雇主必須遵守最高工作時數、最低工資標準以及政府可能頒布的其他規定等等。「全國工業復興法」被最高法院宣布為違憲之後，國會又於1935年7月通過了「全國勞工關係法」，政府還成立了全國勞工關係局，由六名雇主代表和六名雇員代表組成，作為監督和協調勞資關係、保護雇員的合法權利的政府機構。它的權力包括可以指導工廠選舉，對於雇主干涉集體談判或者透過財政捐款控制工會的活動等「不公正」的做法發布禁令等等。到1938年，國會還通過了「公平勞動標準法」，規定最高工時爲每周四十小時，最低工資則爲每小時四十美分，從而使對雇員權利的保護具有了進一步明確的依據。

勞工關係僅僅是羅斯福新政時期政府社會職能的一個方面。爲了對喪失工作能力的人提供基本的生活保障，國會在1935年通過了一項「社會保障法」，規定對貧困的老年人發放養老金，開辦老年保險和失業保險，對盲人、喪失工作能力的婦女和兒童提供津貼，同時透過政府投資開展公共衛生工作等。爲了解決公衆的住房問題，國會在1934年通過了「全國住房法」，根據該法設立的聯邦住房管理局一方面藉由興建住房以吸收失業者，另一方面在一定程度上改善了部分居民的居住條件，在1945年時，全國公衆建造的住房有三分之一以上得到過政府的資助。新政時期一個迫切的問題就是使大量在經濟危機中失業的人重新找到工作，這無論對於恢復經濟發展，還是對於保證社會的穩定以及改善人們的精神狀態都具有至關重要的意義，爲解決這個問題，政府設立了聯邦緊急救濟署，該機構在兩年的時間內共支付了四十億美元的救濟款，使全國兩千多萬人受到了政府的幫助。除對失業者進行消極的救濟之外，政府還採用了積極的措施，建立了國民工程管理局，透過吸收失業者參加各種公共工程即創造了新的就業機會，又爲社會創造了新的財富。據統計，在國民工程管理局存在的六年時間內，它幫助修建了全國三分之二新的學校宿舍和三分之一的新的醫院。新政的社會政策不僅僅局限在物質領域，甚至在精神領域也有所表現，政府專門設立了一個聯邦藝術計劃，資助了許多藝術團體和藝術家，出版了大量的藝術著作並演出了大量的文藝節目。

可以看出，新政時期政府職能的擴展是全面而深刻的，它在美國歷史上對於政府職能而言意味著一場革命。雖然時至今日人們對新政還有各種不同的評價，但一個基本的事實是新政結束了傳統自由主義的時代，使政府在社會生活各個領域都承擔了廣泛的作用。從某種意義上說，政府已經從消極的「守夜人」變成了社會經濟發展的火車頭，成爲社會經濟生活的中心。新政結束以後，新政時期政府職能在諸多方面的擴展仍然保持了下來，因爲新政不僅改變了政府的職能，而且也深刻地改變了人們在這個問題上的基本觀念，改變了政府與社會的基本關係，這正是新政更爲深遠的意義之所在。

三、美國政府職能新近的調整和變化

前面提到，新政結束後，新政時期政府職能的擴展仍然基本上保持了下來，一直到1980年代，人們對於政府職能問題的理解都是一種凱恩斯式的理解，即認爲在現代社會政府必然地應該在社會經濟領域承擔全面而廣泛的任務；而從政府方面來說，也的確發展出了一整套的經濟調控和社會福利機制，像經濟調控中的財政政策和貨幣政策，以及社會福利方面的各種保障制度等等。特別是第二次世界大戰之後政府職能的迅速擴展使人們普遍認爲，現代社會是一個政府迅速膨脹的時代，也就是說，政府正在把越來越多的組織、群體與個人納入自己的權力體系之內，改變它們的角色和它們之間的關係，使之成爲自己的一個組成部分。就此，瑞典學者托爾斯騰達爾（Ralf Torstendahl）寫道：「在20世紀，國家與社會進入了一種新的關係。以前由家庭或血緣關係行使的功能——像哺育兒童、老年照管、家務和保健——都已經制度化而且部分地處於國家的監護之下。其他的功能在進入國家控制範圍內之前可能就已經改變了它們的社會形式。而且必須指出，在19世紀，教區、市政或者其他法律單元的地方自治並不被認爲是『公共領域』或者可以與國家相提並論，它們更像是自願團體或者『部分利益』的組合，只有在20世紀頭10年才發生變化，即使它們都成了與國家直接相關的市政單元。」❸

雖然與歐洲國家相比，美國政府仍然帶有更多的傳統自由主義的色彩，但同樣也「由於過去一個世紀（尤其是20年代）以來在美國社會和經濟生活中所發生的巨大變化，自由與保守的衝突已從政府是否要干預的問題，轉向了什麼時候，以什麼形式及爲誰的利益進行干預的問題。正如羅伯特・麥基弗指出：『在科技進步、私人企業的範圍進一步擴展、文化生活變得愈益複雜的地方，政府也就增加了新的任務。這種事變的發生與政府抱有的特定哲學無關……從長遠來看，政府承擔的職責是由變化著的環境支配的。』」❹

不過，這種普遍的「國家主義」的觀念到」1980年代開始受到了人們的懷疑乃至批判。人們的態度之所以出現這樣的變化，其原因在於1970年代後期開始在美國經濟中出現的所謂「滯脹」現象。簡單地說，「滯脹」就是經濟停滯與通貨膨脹並存的一種狀態。自羅斯福新政年代之後，人們一直把政府作爲國家經濟發展的火車頭，特別是由於政府在刺激經濟增長、創造就業機會和透過國民收入再分配而實現經濟平衡方面所發揮的近乎神奇的作用更使不少人甚至產生了一種對政府的崇拜。但是，政府在社會經濟生活中的活動有一個基本的前提，那就是政府必須要花錢，當政府的財政預算入不敷出的時候，就只能採取赤字財政的方法，到1981年，美國政府的國債已經高達7350億美元。物極必反，在這種情況下，政府對社會經濟生活的廣泛干預已經從經濟發展的動力變成了經濟增長的障礙，經濟學家認為，「美國的問題不能依靠政府來解決，因為政府本身是問題的根源。」❺——這也是雷根的一個基本觀點。

在1980年代前後，在美國對政府職能的擴展批評最猛烈的是貨幣主義經濟學派。這個學派認為，經濟增長中的「滯脹」現象的出現，其根本原因是政府採用了過多的財政手段同時又過分徵稅，從而既擴大了貨幣供應量又壓制了經濟增長的動力，最終破壞了經濟平衡。貨幣主義學派的著名理論家弗里德曼（Milton Freedman）指出，「亞當•斯密在1776年發出的不許用干涉市場的辦法去擾亂看不見的手的作用的告誡已被當今這類干涉的災難性後果所證實。」這個學派認為，政府只要也只能控制貨幣的發行量就足以維持經濟的平衡發展，任何其他的措施只能帶來混亂。弗里德曼由於他的理論而贏得了1976的諾貝爾經濟學獎，芝加哥學派或者說凱恩斯主義關於政府職能與經濟發展的關係的理論大有成為明日黃花之勢。

貨幣主義學派與其他反對政府廣泛干預社會經濟過程的理論一併被稱為新保守主義。新保守主義不僅反對政府過多干涉經濟過程，而且也對「國家主義」的哲學依據進行了攻擊。弗里德曼在其《資本主義與自由》一書的開篇，就批判了在美國曾被廣為引用的甘乃迪總統就職演說中的一句話：「不要問你的國家能為你做什麼——而問你能為你的國家做些什麼。」弗里德曼認為，甘乃迪這句話的兩個部分中「沒有一個能正確表示合乎自由社會中的自由人的理想的公民和其政府之間的關係。」「自由人既不會問他的國家能爲他做些什麼，也不會問他能爲他的國家做些什麼。他會問的是：『我和我的同胞能透過政府做些什麼』，以便盡到我們的個人責任，以便達到我們各自的目標和理想，其中最重要的是：保護我們的自由。」❻

新保守主義爲1980年入主白宮的雷根政府提供了理論依據，雷根出任總統之後，就提出了以下幾個方面的政策：取消或者減少政府的經濟管制以放鬆國家干預，大幅度削減企業和個人所得稅以刺激經濟增長，嚴格控制貨幣供應量以抑制通貨膨脹，以及大量削減社會福利以節約政府開支等等。

不過，雷根執政八年，在政府職能方面所進行的調整效果並不理想。雖然說從1982年到1990年美國保持了較低水準的經濟增長，但首先，政府的社會福利開支並沒有能夠降下來，即使雷根政府削減乃至取消了住房、教育、健康保險、職業培訓、環境保護以及聯邦對州和地方政府的資助等等項目，使其在聯邦政府的預算中的比例從1980年的百分之二十四下降到1988年的百分之十五，但由於民主黨占多數的國會的反對，向老人提供的社會和健康保險以及向赤貧者和殘疾人提供的救濟等一些福利項目卻不僅沒有減少，反而有所增加，此消彼長，其結果是在雷根任內聯邦政府預算的國內開支部分在國民生產總值中的比例一直未變，而其總開支的增長卻創下了歷史上的最高紀錄。到1992年，聯邦政府的財政赤字已經達到了三萬億美元，這一年政府預算中用來償付國債利息的部分已經占到了總數的五分之一。由於福利開支居高不下，雷根政府只好在基礎設施和人力資源方面的投資項目上開刀，據統計，1980年代這方面的支出大約削減了百分之三十，但這畢竟是殺雞取卵的辦法，它因爲對美國經濟的長期增長產生了嚴重的消極影響而受到了人們的普遍批評。

其次是一些不合理的社會福利項目也沒有能夠得到根本上的調整。比如說，美國的醫療保健制度是被人們議論最多的一個問題。從1960年到1992年社會醫療費用占國民生產總值的分額從百分之六上升到了百分之十四，公共福利中用於健康和醫療的開支加起來占總開支的四分之一。1993財政年度，全國醫療保健開支已經超過了九千億美元，成爲政府的沉重負擔。除此之外，聯邦政府每年還要爲老年人、殘疾人、失業者，以及那些由於非婚生育、家庭破裂而失去生計的人提供大量的救濟，這種平均主義的福利政策的一個消極結果就是產生了一批「福利族」，他們寧肯領救濟金也不願意接受培訓和參加工作，從而即影響了經濟效率，也腐化了人們的工作道德。

再次，在雷根和布希任內，政府的社會經濟政策導致了美國社會貧富差距的加大。新保守主義經濟學主張降低稅收和減少政府的再分配職能，所以也被稱爲「劫貧濟富」的經濟學。新保守主義經濟學的一個共同特點是它必然帶來失業率的上升，在美國也一樣，從雷根到布希執政時期美國的失業率一直很高，到1992年失業人口已經達到一千萬之衆。另外，政府在社會再分配方面的後退也必然帶來貧困的增加。據統計，1988年仍然有三千二百五十萬美國人生活在政府規定的貧困線以下，貧困率高達百分之十三點五。在這些貧困人口當中，三分之一是黑人，三分之二是拉丁後裔。貧富分化的加劇，加上貧困人口中少數民族居多，這就不可避免地導致了社會和種族矛盾的激化，1992年4月底5月初在洛杉磯發生的大規模的黑人騷動就是一個明證，它在美國引起了軒然大波，也使不少美國人開始重新認識自己國家的社會問題。

最後，雷根和布希政府所推崇的新保守主義社會哲學也由於其實踐而受到了人們的懷疑。新保守主義者試圖經由通過恢復傳統的價值觀念來解決各種社會問題，他們要求政府取消1960至1970年代出現的爲消除種族歧視而對企業雇員和在校學生規定的種族比例，允許實行種族隔離的學校繼續享受稅捐優惠，反對女權運動和墮胎自由，反對政府干預教育甚至要求取消聯邦政府中的教育部等等。但是，事實表明，僅僅依靠提倡傳統道德並不能解決各種複雜的社會問題，政府在這方面的作用仍然必不可少。比如說，1980年代歷次民意測驗都顯示，大約有百分之八十的美國人認爲全國的犯罪率在上升。這樣一種事實要求政府改變自己在社會問題上的立場，採取積極而不是消極的態度。

總之，雷根到布希時期政府在社會經濟領域的失敗說明，對於現代政府的職能問題已經不能作片面的理解，不能透過簡單的增加或者減少政府職能來解決複雜的社會經濟問題，而且實際上政府職能也存在著某種規律性的東西，不得由人們對其進行隨意的增減，人們必須根據現代社會發展的客觀實際對政府職能進行科學的分析和設計。這正是柯林頓政府的基本立場。

柯林頓政府對於美國社會和經濟基本問題的估計是，美國在布希任內雖然贏得了對蘇聯的冷戰和對伊拉克的「熱戰」的勝利，但是，經濟衰退和缺乏競爭力已經對美國的未來發展及其在世界事務中的地位造成了威脅。柯林頓自己表示：「多虧了美國人民的勇敢和獻身精神，我們贏得了冷戰。現在我們已經進入了一個新時期，我們需要新的遠見和實力去應付一系列新的機會和威脅。」他認爲：「冷戰結束之後的時期裡我們需要一位能認識到在一個充滿變動的新時期，我們的目標不是抵制變革，而是促成變革的總統。總統必須明確表明看法，指出我們將向何處去。」而柯林頓也的確如他所說，對解決美國的社會經濟問題提出了一整套新的思路，對此，他稱之爲「介於自由放任的資本主義和福利國家之間」的「第三條道路」，其核心還是透過合理調節政府職能，爲美國經濟的增長注入新的活力，同時盡可能扔掉政府龐大的債務負擔，根本的目的就是「重振美國的經濟」。

在政府對於調節經濟增長方面可能發揮的作用的問題上，柯林頓與雷根和布希的看法都不一樣。由於以貨幣主義爲代表的新保守主義經濟理論因其在實踐中的失敗而失去了它在1980年代初期的魅力，在理論爭論中，凱恩斯主義在戰後美國的主要發展形態——新古典綜合派又重新恢復了吸引力。如果用簡單的話概括這兩種理論的主要觀點，那就是貨幣主義者認爲「只有貨幣重要」，而新古典綜合派則認爲「貨幣重要，財政政策和其他政策也重要」。後者爲柯林頓政府的社會經濟政策提供了主要的理論基礎，這從主張國家干預的「麻省理工學院學派」的經濟學家在柯林頓的經濟顧問當中占了大多數這個事實也能明顯地看出來。

克林頓一再表示，主張「無爲而治」的雷根經濟學是美國經濟衰退的主要根源。他相信，政府在社會經濟生活中應該發揮更大的作用，以「促進創新，使社會充滿新的產品，並使工人提高生產率」。他認爲，政府如果沒有一項指導人們投資和對付競爭的全國經濟戰略，經濟增長就不可能到來。當然，柯林頓的主張與傳統的凱恩斯主義也有一定的距離，即它既要求政府積極干預經濟，也要求充分注意市場的作用，政府應該根據市場規律來對經濟進行調節。另外，柯林頓認爲，政府調節經濟的方式，主要的並不在於透過大規模的財政支出促進經濟的增長和縮小貧富差距，而是在於透過發揮政府的積極作用，實現對美國經濟的制度性和結構性調整，從而煥發經濟體系本身的活力。爲實現這一目的，柯林頓把政府作用的重點放在兩個主要的方面，即制定科技產業政策，以及實行咄咄逼人的對外貿易政策。

柯林頓政府充分認識到科學技術在經濟增長中的關鍵性作用，同時也認識到要促進科技的進步，僅僅依靠自由放任其發展的辦法根本行不通。柯林頓一再表示，美國政府必須在確定工業發展方向和科技商品化的過程中發揮更爲積極主動的協調作用，除加強政府與企業之間的溝通與合作從而使兩者成爲一種「伙伴關係」（這顯然是借鑒了日本成功的經驗）之外，政府還必須增加科研與發展的投入，並且調整科技輸出政策以保護美國的利益。柯林頓明確提出了美國的「技術產業政策」，將它作爲在長時期內推動技術創新、提高勞動生產率、扭轉美國在全球經濟競爭中的不利地位的根本出路。其具體的內容包括增加政府投資和加強政府的協調和管理作用，加速科技進步，由新設立的聯邦科學、工程和技術協調委員會統籌政府部門的研究和開發計劃；密切政府與企業的關係，將政府的七百二十六個實驗室全部向企業開放，支持各大公司進行合作開發，並且大力向小企業推廣技術；增加智力投資，計劃對占工人總數百分之七十五的未受過完整高等教育的高中畢業生開展一次全國性的培訓，同時積極推行全國教育體制的改革，爲貧困學生提供貸款，盡可能擴大國民教育，提高人口素質。

在對外貿易政策方面，柯林頓政府主要採取了以下幾個方面的措施：調整國內經濟；確立對外貿易作爲美國安全的首要因素的地位；最大限度地發揮美國在西方財務大國中的領導作用；促進發展中國家經濟穩步增長從而爲美國產品開闢迅速擴大的海外市場等等。在對外貿易的問題上，柯林頓政府一方面努力打開國外的市場，另一方面又努力對美國產業進行保護，政府同樣必須承擔廣泛的職能。柯林頓提出的經濟安全戰略把經濟問題提到了國家安全的高度，其用意也就在於使經濟和貿易成爲政府職能的中心環節。

在政府的社會職能方面，柯林頓在上台之初就給自己提出了三項主要任務，即改革美國的醫療保健制度、社會福利制度和解決美國的社會犯罪問題。他採取的主要措施中包括建立社區服務計劃，使十萬青年藉由爲社會提供服務來爲自己籌集學費；要求增加十萬警察來維持街道社會治安；以及通過「布雷迪槍枝管制法案」，對槍械購買進行一定的限制等等。當然，在柯林頓政府所採取的各項社會政策中，福利問題又占據了中心的地位。經過長時間的努力，他在1996年8月簽署了一項最低工資法案，規定最低工資由每小時4.25美元上升爲5.15美元，至於中型企業因此而受到的損失，則由聯邦政府在十年內藉著減少21.4億美元的稅收來加以彌補。同月，他還簽署了一項卡塞鮑姆—肯尼迪法案，規定更換職業或者喪失職業的人將繼續享受保險，從而使大約二千五百萬美國人受益。柯林頓政府在社會福利問題上最大的成就自然是他在這一年8月22日簽署的福利改革法案，這項法案把救濟的著眼點放在家庭而不是個人身上，使接受福利的條件更加嚴格，並且要求十八歲到五十歲之間身體健康的人積極謀求職業，或者參加職業培訓計劃。柯林頓認爲，這一改革將改變福利在社會生活中的地位與作用，重建美國人的工作道德，改變很多人依賴福利而不願意努力工作的傾向，因爲它將使福利制度作爲人們可能擁有的「第二次機會，而不再是一種生活方式。」❼

柯林頓政府的改革從某種意義上來說是取得了一定的成效的，據他本人在1997年8月12日的一次講話中稱，在過去的一年依靠福利救濟的人已經減少了一百四十萬，而在過去的四年零八個月的時間內，政府的福利支出則減少了三百四十萬美元，或者說百分之二十四。另外，美國的種族和民族問題的狀況也有所改善，在柯林頓第二次競選總統的時候，支持他的黑人和拉丁裔美國人占了全部支持者總數的百分之二十四，這就是一個很好的證明。至於美國的經濟也從1992年以來一直保持了持續的增長，年平均增長速度達到百分之二點六，而通貨膨脹率則被控制在百分之三以下，同時從1991年以來還創造了一千四百萬個就業機會，以至於有人認爲這一段時間是美國有史以來最好的經濟上升時期。

當然，柯林頓政府也仍然面臨著一些尚未解決的社會矛盾，比如說，如何能夠使成千上萬的單親母親和孩子不致流落街頭，這遠不是一個僅僅依靠社會福利就能解決的問題。這類問題的存在對於政府的社會職能是一個大的挑戰，而關鍵就在於，如何在現代社會的環境中對政府的職能作出合理的界定，對此，人們還缺乏一個系統的答覆。

—註釋—

❶Cf., *The Growth of the American Republic,* vol.1, p.289.

❷Cf., *The Growth of the American Republic,* vol.1, p.293.

❸Ralf Torstendahl, ed., *State Theory and State History,* London: SAGE, 1992, pp.3-4.

❹詹姆斯·安德森：《公共抉擇》，華夏出版社1989年版，p.165。

❺B. B. Kymlicks and j.V. Mathews, eds., *The Reagan Revolution,* Chicago, 1986, p.107.

❻弗里德曼：《資本主義與自由》，商務印書館1988年版，p.3。

❼Election'96, *Campaign Spotlight,* USIS, August 1996, p.42.

第9章

美國的政黨和利益團體

一、美國政黨體制的演進

美國的一些立國者如華盛頓等人對於政黨的存在和作用是持反對態度的，因爲他們認爲政黨的活動將帶來政治中的派系之爭，並且帶來各種腐敗現象。華盛頓在他的政府中吸收了當時政治觀念截然不同的聯邦主義者和反聯邦主義者，這本身就是他力圖克服黨派觀念在政治中的作用的一種良苦用心。麥迪遜也表示了對於所謂的黨爭的反對態度，認爲黨爭將使公民中無論是多數還是少數團結在一起，被某種共同的利益所驅使，反對其他公民的權利，或者反對社會的永久的和集體的利益。❶由於許多的立國者對黨派所持的反對意見，所以憲法中並沒有對政黨的地位和政治作用作出任何規定——至今也是如此。

但是，就是那些反對黨派存在和活動的人，他們在美國最初的政治生活中多半也不由自主地形成了自己的黨派。在制定憲法以及憲法通過之後，在美國明顯地存在著兩種截然不同的政治觀點，即聯邦主義和反聯邦主義。持前一種觀點的人以漢密爾頓爲首，他們被稱爲聯邦主義者，持後一種觀點的人則以當時的國務卿傑佛遜爲首，他們被稱爲反聯邦主義者。聯邦主義者和反聯邦主義者中的主要人物雖然同在一屆政府中任職，但他們在許多具體的政策問題上已經表現出尖銳的分歧。前者要求聯邦政府在國家的經濟生活中發揮積極主動的作用，漢密爾頓熱中於設立聯邦中央銀行就是這種主張的一個具體體現，在對外政策方面，他們採取一種親英國的立場，因爲作爲北部新英格蘭各州商業利益的代表，他們更希望保持與英國的商業和貿易聯繫；後者則強調必須充分保護各州的權力，主張建立一個權力有限的聯邦政府，在對外政策方面，他們更多地傾向於與法國結盟，因爲他們認爲法國大革命所捍衛的自由與民主的精神恰恰與他們自己的政治主張不謀而合。

反聯邦黨人於1791年正式成立了民主黨，後來爲了避免被人們將其混同於法國的雅各賓派又於1793年改名爲共和黨，或者叫民主—共和黨，表示這個黨擁護共和政體，反對聯邦黨人那種傾向於君主制政體的立場。1800年，傑佛遜就是打著民主—共和黨的旗號贏得了總統的選舉。從1800年到1828年，民主—共和黨一直控制著總統的職位，而勢力一度非常強大的聯邦主義者則由於既沒有掌握政權，又得不到群衆的廣泛支持，因而在民主—共和黨掌權的時期逐步瓦解，1818年以後便不復作爲一支統一的政治力量而存在。

聯邦主義者力量的下降實際上並不難理解。在當時美國的情況下，雖然聯邦主義者關於建立一個強有力的中央政府的主張對於工商業的發展的確是有利的，但是，普通民衆對於聯邦政府的權力總是難以擺脫一種不信任的感覺，而且南方對於聯邦權力的擴展更是持疑慮的態度。1816年以後聯邦主義者轉而採取了強調州的權力的立場，但此時他們已經是大勢已去。另一方面，聯邦主義者的部分主張也為民主—共和黨人所接受，比如說在一定程度上增強聯邦政府的權力，可以從寬解釋憲法等等，這樣就自然分化了聯邦主義者的支持者。聯邦主義者內部由於漢密爾頓和亞當斯發生了不和，這對於他們的力量又是一種削弱。但是，就在民主—共和黨執掌政權的二十八年中，這個黨也逐漸分化為衆多的小派系，1824年的總統選舉時，這個黨已經分裂為五個小派，並且每一派都提出了自己的總統候選人。這次總統選舉由於後來實際參加競選的四名候選人都未能得到過半數的選票，最後是由衆議院選出亞當斯（John Quincy Adams）擔任總統。亞當斯的一派最初自稱為青年共和黨，後來又改稱國民共和黨，他們代表北部工商業階層的利益，主張繼續強化聯邦政府的權力，對農業和製造業實行保護關稅的措施等等。

在選舉中負於亞當斯的其他幾個派系雖然在最初談不出有什麼共同之處，但在亞當斯當選之後他們卻在安德魯・傑克遜將軍的領導下逐步形成了一個統一的政治集團，而且提出了不同於國民共和黨的綱領，其核心是限制政府的權力，擴大政治上的民主，使政府成為普通老百姓的政府。這個政治集團開始的時候把自己稱為民主—共和黨，表示他們是傑佛遜的政治主張的眞正信仰者，後來又改稱民主黨（1828年），成為現在的美國民主黨的前身。民主—共和黨的主張得到西部邊疆地區的農民、南部農場主以及城市中數目不斷增加的產業工人的支持，而由於當時美國正處於一個迅速向西部發展的年代和工業快速增長的年代，民主—共和黨也就因此而獲得了比國民共和黨更為廣泛的社會基礎。

在1828年的選舉中，傑克遜戰勝了國民共和黨的候選人克萊（Henry Clay）而當選爲總統。傑克遜雖然標榜民主，但他卻以個人專斷而著稱，國民共和黨也因此而找到了自己新的綱領，在傑克遜的第二個任期內，他們開始明確地把保護立法機關的立法權力和反對行政部門對於立法權力的侵犯作爲自己的使命，由於這種主張與英國的輝格黨（the Whigs）十分相似，所以國民共和黨也就在1836年正式改稱爲輝格黨。不過，輝格黨由於內部時常發生分歧，所以其力量遠不如民主黨，從1836年到1860年，基本上是民主黨在美國政治生活中占據統治地位的時期，雖然其間也有兩位輝格黨人當選爲總統，但他們更多地是憑藉個人威望而不是黨的綱領而當選的。

在主要由民主黨執掌政權的時期，除輝格黨作爲主要的反對黨與之對立之外，美國也曾出現過一些小的政黨，如1832年總統選舉中組成的反共濟會黨等等，但這些小黨都既沒有能夠擴大自己的影響，也沒有能夠保持稍長時期的生存。因此，民主黨與輝格黨並存的時期也被視爲美國歷史上兩黨制的政治格局基本確立的時期，美國政黨政治的許多慣例和規則也都是在這一時期形成的，比如總統候選人在政黨內部的提名方式、黨的內部組織結構、總統成爲政治生活的中心，以及政黨分肥制度等等。不過，由民主黨與輝格黨主導的政黨格局維持的時間也不太長，這種格局在1854年最終瓦解，而導致這一變動的原因就是奴隸制的問題。

當然，美國政治家與普通民衆對於奴隸制的爭論由來已久，但是，這個問題最初並沒有體現爲政黨之間衝突的焦點。至1854年，情況才發生了變化，當時國會通過了一項所謂的「堪薩斯—內布拉斯加法案」，該法案允許在西部邊疆新建的各州推廣奴隸制，而在此之前，奴隸制是被禁止向西部地區擴展的。這個法案的通過使北部和西部反對奴隸制的人們開始放棄了原來的黨派分野而結成了新的聯合，其中包括原來的民主黨人和輝格黨人。這些奴隸制的反對者首先組成了一個所謂的「泛美黨」（the know-nothing Party），這個黨既反對奴隸制，也反對天主教徒和來到美國的新的移民，因此是一個帶有明顯的極端主義和排外主義傾向的政黨，但是，僅就它反對奴隸制的立場就足以使它迅速吸引了大批的支持者，黨員人數很快發展到百萬之衆。

與此同時，部分輝格黨人、自由土壤黨人和一些反對奴隸制的民主黨人於1854年7月在威斯康辛州組成了一個新的共和黨，該黨綱領不僅提出要阻止實行奴隸制的各州加入聯邦，而且許諾要盡量減少奴隸主在聯邦政府中的影響，這樣一種綱領使得共和黨的影響很快超過了泛美黨。雖然共和黨在1856年的總統選舉中未能獲得成功，但是，到1860年，共和黨和新成立的第三黨憲法統一黨共同的候選人林肯終於取得了選舉的勝利。共和黨之所以成立不久就能夠問鼎總統寶座，有兩個方面的原因：首先是共和黨在此之前由於在國會中提出了一項保護關稅的法案而贏得了東部工商業人士的支持，另外一項宅地法案雖然遭到了總統的否決，但又使共和黨獲得了不少西部地區選民的支持，美國在1857年發生的經濟恐慌在某種程度上也幫了作爲反對黨的共和黨的忙；其次，由於民主黨在當時分裂爲南北兩派，而且每一派分別提出了自己的總統候選人從而削弱了自己的力量。在政治力量非常分散的情況下，林肯雖然只贏得了全部選票的百分之三十九點八，但還是成了共和黨的第一位總統。

共和黨在競選過程中，透過與民主黨的一系列爭論進一步明確了這個黨在奴隸制問題上的立場，這樣的結果就是兩個黨的矛盾的尖銳化和公開化。因此，林肯的當選對於民主黨人來說就是聯邦政府將採取某種措施限制甚至廢除奴隸制的一個明確的信號。這促使南方各州從1860年12月開始在林肯獲勝的形勢已經明朗化的情況下先後宣布脫離聯邦，由此引發了持續四年的南北戰爭。南北戰爭的結果是廢除了美國的奴隸制度，同時也在很大程度上改變了美國政治力量和政黨力量的對比。

從某種意義上來說，南北戰爭的勝利也就是共和黨的勝利。實際上，在戰爭期間，共和黨爲了吸引民主黨中支持廢除奴隸制和擁護聯邦的人，也曾一度改名爲統一黨，以示取消原來兩黨之間的界限，當然的確也有一些民主黨人加入共和黨，不過他們之中一部分人在1772年又退出了統一黨，後者也就改還了原名共和黨。戰後，由於共和黨人在內戰中的勝利，以及共和黨所代表的北部工商業，以及北部和西部工人力量的增長，共和黨的力量也有明顯的發展，但是，由於內戰所造成的隔閡，共和黨力量的重心在長時期內一直是在北方。民主黨在戰後作爲共和黨的反對黨而逐步恢復和發展，但與戰前不同，戰後民主黨的力量主要集中於南部，它集中代表了那些反對北方的統治，以及反對共和黨提出的重建計劃的人和一些新到美國的移民的利益。

自內戰結束以後到二十世紀初，美國的政治舞台基本上被共和黨和民主黨這兩大政黨所占據，而共和黨在兩黨之間又占有明顯的優勢。從1860年到1932年共七十二年的時間內，共和黨掌權的時間長達五十六年。在此期間，兩大政黨的力量分野較之以後的時期更爲清晰，它們在許多重要的政策問題，如高關稅還是低關稅，以州權爲中心還是強化聯邦的權力等方面都存在著尖銳的對立。

當然，在這一段時期內，除了民主黨和共和黨兩大政黨之外，美國還出現過一系列名稱和綱領各異，而存在時間也不長的小黨，1872年和1912年總統選舉時出現的曇花一現式的自由共和黨（the Liberal Republic Party）和進步黨（the Progress Party）就是其中比較典型的兩個。另外，還有一些代表在工業化過程中受到損失的農民的利益的政黨和政治組織，包括農民聯盟（Farmers' Alliances）、綠背黨（Greenback Party）、綠背工黨（Greenback Labor Party）以及人民黨（People's Party）和人民黨（the Populist Party）等等。在城市地區，數目日益增多的產業工人爲了反對他們惡劣的工作條件和低廉的勞動報酬也形成了一些要求社會改造與社會變革的黨，如1877年建立的社會勞工黨（the Socialist Labor Party）、1901年建立的美國社會黨（the Socialist Party of America），以及由1919年美國社會黨中分化出來的美國共產黨（the Communist Party）等等。

由共和黨主導政壇的局面到1930年代的大蕭條時期開始出現了變化。實際上，自十九世紀末二十世紀初開始，針對當時美國社會經濟生活中出現的新的形勢，民主黨就已經開始逐漸改變其傳統的反對強大的聯邦政府的立場，轉而提倡政府積極干預社會經濟生活，並且透過對國民財富的再分配對那些最貧困的人提供基本的幫助。雖然這種變化遭到了黨內傳統勢力的反對，但從1929年開始爆發的經濟危機以及隨之而來的羅斯福的新政卻使民主黨的新的主張得到了越來越多的支持者。與此同時，民主黨自身的形象也開始發生了明顯的變化，在公衆看來，它漸漸地從一個主要代表南部保守力量的黨變成了一個代表了勞工、窮人、少數民族、城鎮居民、移民、東部自由派和南方黑人的利益的黨。這種政治力量格局的轉變當然主要地是由於羅斯福新政時期的一系列的政策。比如說，南方的黑人以往一般都是共和黨的支持者，因爲是這個黨結束了美國的奴隸制度，但是，新政解決了嚴重威脅著他們的失業問題這個事實卻使他們轉向了民主黨一邊。至於城市中的勞工則由於新政爲他們提供了各種福利和保障以及使他們能夠組織起來維護自己的利益而大批地變成民主黨的選民。民主黨甚至吸引了不少共和黨人的支持，而以往的一些獨立的政治力量，像美國勞工黨等等也成了民主黨的外圍組織。

因此可以說，新政同時也更新了民主黨，並且在更大程度上淡化了美國兩大政黨之間的界限。羅斯福在1945年去世之後，由副總統杜魯門繼任總統，後者並且贏得了1948年的大選，但是，民主黨在1952年的總統選舉中又失去了政權，負於共和黨的總統候選人艾森豪。從此之後，兩大政黨在總統選舉中互有得失，民主黨候選人甘乃迪在1960年當選爲總統，但繼任他的詹森卻又由於他的越南政策遭到普遍的反對而在1968年的總統選舉中負於共和黨人尼克森。尼克森由於水門事件被迫辭職之後，副總統福特繼任總統，但卻未能競選連任成功。民主黨人卡特在1976年當選爲總統，當時人們之所以選擇卡特是因爲他所表現出來的平民氣質使他贏得了因爲水門事件而對美國的行政官僚體制普遍抱有懷疑態度的公衆的好感，但卡特在對外政策，尤其是在對蘇聯政策上的軟弱和在伊朗人質事件中的舉措失當又使他在1980年競選連任時負於共和黨人雷根。雷根因其強硬的對外政策贏得了普遍的支持，並且使共和黨在十二年內一直控制著總統的權力。但是，到1992年，雖然美國在作爲共和黨人的布希總統的領導之下贏得了對蘇聯的冷戰和對伊拉克的「熱戰」的勝利，但是人們對共和黨的國內政策的普遍失望又使總統的權力再度落入民主黨人柯林頓手裡。

從第二次世界大戰以後的情況來看，美國兩大政黨之間的界限在逐漸地淡化。雖然在地區分布和成員構成方面民主黨和共和黨仍然存在著一定的區別，比如說，從地域分布來看，民主黨在德克薩斯、阿肯色、路易斯安那、密西西比、阿拉巴馬、喬治亞等十多個州占有優勢，而共和黨則主要在愛荷華、科羅拉多、堪薩斯、佛蒙特等大約十來個州占優勢，從成員構成方面來看，民主黨中勞工、手工業工人、低薪的下層人士較多，而共和黨中實業界、自由職業、高收入的中上層人士和經濟上的保守主義者較多，但是，這些區分都不是絕對的。一個關鍵性的變化就是戰後人們對於黨派的忠誠意識越來越薄弱，現在所謂的「無黨派」選民已經占選民總數的三分之一，而二十多年前這一部分選民的比例還只是五分之一。至於在具體的選舉過程中，人們投票的主要依據也已經變成了各候選人針對當時主要的社會、政治和經濟問題所提出的綱領和政策而不是黨派的傳統和兩大政黨在一些抽象的觀念問題上的分歧。跨黨派投票的現象也很普遍，在1984年的選舉中，民主黨內的許多勞動階層的保守派就投了共和黨人雷根的票，作爲其結果，雖然只有三分之一的投票人宣布自己是共和黨人，可是雷根卻贏得了全部票數的百分之五十八；而在1992年的大選中，民主黨候選人柯林頓也在作爲共和黨傳統力量基地的西海岸和南部的一些州獲得了不少的支持，特別是在加利福尼亞州，他更是在1964年以後第一次作爲民主黨人贏得了勝利，並且在民意測驗中甚至領先於共和黨候選人布希二十個百分點，某些共和黨人和原來的共和黨的選民的支持是柯林頓能夠戰勝布希的一個重要原因。

除此之外，現代傳媒的發展及其在政治中，尤其是在選舉中的廣泛運用也使得政黨在某種意義上失去了其原來的政治作用，競選者可以無需太多依賴政黨的宣傳鼓動，而可以借助於報紙、廣播，尤其是電視直接訴諸選民，在這種情況下，候選人的個人特質對某些普通選民來說甚至發揮了比黨的綱領更爲有效的作用。除傳媒之外，像各種利益團體、民意測驗組織，以及某些專門爲選舉出謀劃策的個人和機構也在一定程度上替代了政黨原來的作用。有人因而甚至認爲：那種屬於政黨的「較爲原始的競選技巧已經讓位於一種新的競選技術，而且它們（政黨）越來越發現自己在技術上已經失業了。」❷

二、美國的政黨政治與政黨的組織機構

簡單地說，政黨就是具有某種相同的政治綱領，並以獲取和維持政權作爲自己的公開目標的政治組織。政黨在美國的政治史上之所以以一種不以某些政治領袖的意志爲轉移的方式出現，其根本的原因是在於現代政治體制客觀上存在著對政黨這種特殊的政治組織的需要，美國的政治體制也不可能例外。

首先，現代政府的產生方式使政黨的出現具有了某種必然性。雖然在政治生活中人們從來就以其政治觀念或者政治目標的不同而劃分爲不同的派別，但是，只有到現代政府出現之後，這種政治派別才開始具有以前所不曾有過的功能。因爲現代政府的

一個基本特徵是越來越多的政府職位都是透過選舉產生，所以希望競選政府職位的人就存在一個如何贏得選民的投票的問題。在現代國家的規模都比較大的情況下，任何人都不可能僅僅依靠自己的力量進行具有全國性質的選舉——實際上甚至較大範圍的地方性選舉也不可能。這種情況的存在促使政治家們必然要借助於某種組織的力量，以動員選民的支持。這是現代政治體制客觀上促使政治家們向被稱爲政黨的組織靠攏和凝聚的一面。從選民的方面來說，雖然他們並不以執掌權力作爲自己的目標，但具有共同利益的民衆在選舉制度之下也必然地相互聚集，並且會力圖擴大這種聚集，以贏得更大的政治影響，從而能夠選舉代表他們利益的政治家掌握盡可能大的權力從而實現他們的利益。因此，現代政治體制的產生使政黨不僅僅作爲一種反映相同的或者相近的政治觀念和政治目標的群體，而且成爲爲了獲得政治權力而有意識地建立起來的相對穩定的政治組織。

政黨同時也是現代政治體制能夠正常運作的一個必要條件。特別是在像美國那樣的情況下，政治權力透過分權與制衡的方式被水平地（立法、行政和司法）和垂直地（聯邦和州）分散開來。建立這樣一種體制的目的是爲了防止全部的權力落入某一個人或者某一些人的手裡，但如果這些分立開來的權力中心各自爲政甚至相互拆台，那麼則可能使整個政府機構完全陷於癱瘓而無法運作，這就提出了在不同的權力機構之間進行溝通的問題。既然作爲一種體制這些機構是相互獨立的，那麼爲了達成某種溝通，在構成這些機構的個人之間的協調就必不可少了。當然，這種協調可能是暫時的和個別的，像華盛頓所做的那樣，以自己個人的聲望把具有不同政治觀念的人團結到同一個政府中來，但更可能出現的情況是長期的和普遍的。爲了形成某種長期的和普遍的協調，以共同的政治綱領和政治目標把人們組織起來就成爲一個幾乎是必然的選擇。這是現代政治體制之下必然出現政黨的另外一方面的原因。正是由於政黨在現代政治體制之下的產生具有其必然性，因此雖然在美國立國之初不少人反對政黨，華盛頓本人在他的告別演說中也一再警告要制止「黨派精神的有害作用」，但政黨還是很快地發展起來了。

美國政黨體制的一個突出特點是在長時期內基本上保持了由民主黨和共和黨兩大政黨主導政權的局面。形成這樣一種政黨體制格局的主要原因，政治結構中的總統制是一個重要的因素。因爲總統只能由一個人擔任，所以不存在參加競選的黨派根據自己的政治力量分享選舉結果的可能（如歐洲一些實行議會制的國家那樣）。對於每一個政黨來說，參加競選都只有成功和失敗兩種簡單的結果，這樣就既排除了小黨能夠長期生存的可能性，也促使較大的黨盡可能地聯合其他的力量與對手競選，最後的結果就是各政黨相互聯合起來並且結成兩大直接對壘的陣營。世界其他國家的情況也表明了這樣一個基本的事實，即總統制的確可以促使一個國家的政黨體制發生兩極化的變化，除美國之外另一個典型的例子就是1958年之後的法蘭西第五共和國。

從美國的選舉制度來看也具有容易導致兩黨制的因素。因爲在國會衆議員的選舉中，每一個選區只選出一人，所以不存在按各黨所得的選票分配議席的問題；而在總統選舉中，每個州計算各政黨總統選舉人所獲得的選票時的規則也是該選區所有的選票都歸獲得多數票的政黨所有。這兩種計票方式都有效地限制了小黨的活動，因爲地方性的小黨在這種制度下永遠沒有獲勝的可能，而全國性的小黨則即使可以在某些選區占據壓倒優勢而獲得一兩個國會衆議員的席位，但同樣也根本沒有機會問鼎總統的選舉。這樣一種選舉制與歐洲許多國家實行的議會內閣制加比例代表制的情形正好相反。在比例代表制之下，特別是在議會的選舉中，小黨也可以根據它們所獲得的選票的比例爭得一定數量的議席，然後還可以根據選舉的具體結果決定與其他的小黨結成政治聯盟，以期在政府中得到或多或少的職位。

當然，兩黨制的長期存在所形成的某些慣例又反過來對於維持這樣一種政黨體制發揮了獨特的作用。比如說議會中的委員會制度就是這樣，委員會主席必須由多數黨議員擔任的慣例就使得小黨根本不可能指望能夠獲得這個在立法過程中非常關鍵的職位，因此同樣會促使小黨向大黨靠攏。至於議會委員會中的資源則鼓勵議員們長期忠誠於同一個政黨，從而又從另一個方面防止了黨派的分化，鞏固了兩黨制的格局。

當然，還有其他一些不利於新的政黨產生和發展的政治上和法律上的原因。比如，有的州就明確以法律的形式限制小黨的活動，如阿拉巴馬州規定，新的政黨如果要參加第二次的總統競選，則必須在頭一次的競選中獲得不少於當地總票數百分之二十的選票；伊利諾州規定只有在上屆總統選舉中得到本州一百萬張選票的黨才能在下一屆的總統選舉中提出候選人；加利福尼亞州則規定，必須有二萬五千人簽名支持，還必須在本州五十個選區中每個選區得到二百人的簽名才能登記參加競選等等。這些限制不僅不利於新的政黨產生，而且在一定程度上也防止了原有政黨的分裂。

除了體制上的因素之外，美國社會文化和歷史傳統方面的一些特徵對於其兩黨制的長期存在也發揮著一定的作用。比如說，在美國不存在類似其他國家把人們劃分爲不同政黨的以地域區分的種族或者少數民族集團，也不存在明顯的社會階級的區分，而且社會流動性又很大，這就使在美國不可能出現像一些歐洲國家那樣政黨林立的局面。另外，美國的政治生活中意識型態的色彩比較淡薄，兩大政黨的差異主要也並不是意識型態上的差異而是在一些具體的政策問題上的不同觀念，而作爲選民更多地也不是出於意識型態的考慮而是根據政黨對於所面臨的社會政治和經濟問題的立場而作出選擇，這種情況也有利於兩黨制的長期存在。

從美國政治的實際情況來看，政黨在政治生活中發揮著以下幾個方面獨特的作用。第一，實現各級政府權力的和平轉移。政黨發揮這個作用的主要方式就是組織和參加各種各樣的選舉，而圍繞著選舉，政黨又必須完成以下幾個方面的任務。首先是透過黨內的協調，推舉出自己的候選人，並且提出自己的競選綱領以便供選民作出選擇；其次是動員公衆輿論，爲自己的候選人和綱領爭取盡可能多的支持，這個過程在某種意識上來說也就是一種政治宣傳和政治教育的過程，因爲在競選的過程中不同的政黨往往會對平常普通民衆所不了解或者不關心的問題展開激烈的爭論，所以政黨在美國的政治社會化的過程中發揮著重要的作用；最後，政黨爲了贏得選舉還必須聯合盡可能多的其他黨派和利益羣體，而在這種聯合過程中，它也就必須部分甚至完全採納它所聯合的這些黨派和利益羣體的綱領和主張，因爲這是聯合的基礎，這種聯合的過程從另外的角度來看也就是一個透過政黨的活動而實現社會的政治整合的過程。

政黨第二個方面的作用是向各級政府提供不同層次的官員。

政黨在這個方面的作用不僅表現爲政黨通過使自己提出的候選人贏得選舉而獲政府職位，而且還表現爲獲勝的政府官員對於其他官員的任命。當然，這種功能的一個極端就是前面介紹過的政黨分肥制度。但即使現在，如上面所提到的，仍然有五千名左右聯邦公務員是由總統任命的，而那些能夠獲得總統任命的人基本上也就是總統所在的黨的成員甚至是各級黨組織的領袖人物。另外，就政黨發揮其作爲政府官員的「蓄水池」的功能而言應該注意的一點是，某個人在他的黨內的地位和資歷對於他所能夠擔任的政府職位的高低來說本身就是一個非常重要的制約因素，這種地位和資歷往往成爲人們通向政府職位的一個預備性的台階，一個人在這個台階上登得越高，那麼他也越有可能得到更高的政治任命。

政黨第三個方面的作用是達成政府各部門之間以及各級政府之間的溝通協調。政黨在這個方面的功能也是政黨政治產生的一個主要原因，而在美國，由於實行了分權與制衡的原則，政黨在這個方面的作用就尤其重要了。總統要使自己提出的法案得到通過，往往必須透過國會中自己政黨的領袖對本黨議員進行宣傳和說服的工作。實際上，無論是多數黨還是少數黨，黨派忠誠在投票中也都是一個不可忽視的因素。不過，戰後大部分時間裡，美國政治生活中的一個突出的現象就是總統與國會兩院的多數往往分別屬於不同的政黨，這就造成了總統在提出某些法案時非常尷尬的局面，像雷根和柯林頓在政府的預算問題上都遇到了來自國會方面強大的阻力，雷根面對的是國會衆議院中作爲多數黨的民主黨的反對，而柯林頓面對的則是參衆兩院中都作爲多數黨的共和黨的反對。當然，由於現在美國兩大政黨的界限並不是特別的嚴明，而且兩黨之間也還能在一定條件下達成妥協，因此政府的運作才不致受到過於嚴重的阻撓，但這種情況反過來也說明了政黨在各政府機構中的協調和溝通作用的重要性。

政黨第四個方面的作用是在政府和民衆之間發揮一種溝通的功能。這種功能當然在選舉的時候表現得最明顯，是因爲政黨要贏得選舉的勝利，不得不盡可能地反映選民的利益和願望，而這樣一種反映或者說表達的結果是無論某一個具體的政黨是否贏得選舉，掌握政權的黨在制定自己的政策的時候也都不能不考慮在競選中各政黨所提出的問題，因爲它雖然已經作爲執政的黨，但若干年之後依然還要再次面臨選民的選擇。正是在這個意義上，政黨扮演了一種政府和民衆之間的溝通者的橋樑的作用。

在政黨的上述主要作用當中，組織和參加選舉的功能對於美國的兩大政黨來說還是最爲重要的，而政黨的基本組織也就主要由這一主要功能所決定。美國兩大政黨的組織機構基本相似，都是自下而上組成的金字塔形的結構，由縣市、州和全國三級組織構成。由於公務員制度和選舉制度改革（從間接選舉到直接選舉）的結果，地方黨組織由於其能夠掌握的政治資源明顯減少，它的權力和影響力也比原先有明顯的下降。目前在縣和市一級，兩大政黨幾乎都談不上具有完整的組織機構，通常是由黨的幾個幹部進行一些爲了維持黨的存在而不得不從事的象徵性的工作。他們既不能募集政黨活動資金，也常常不爲普通民衆所知。地方黨組織一般只有到選舉的時候才活躍起來，而且其規模也迅速膨脹，而選舉一過又恢復舊觀。

在縣市黨組織之上的是州的黨組織。與前者相比，後者的組織機構要完善得多，它有一整套由專職人員組成的班底，包括由選舉產生的州政黨委員會和黨的主席。州的政黨委員會規模大小各不相同，大多數州只有十或十二人，但在加利福尼亞州一度超過六百多人。委員會通常由政黨在本州較有影響的活動家或者某些大的利益團體在黨內的代言人組成，其主要任務包括兩個大的方面，首先是提出本州和聯邦的各種公職的候選人，其次是為政治的活動募集資金。不過，由於現在越來越多的州已經採用了預選制，所以州的黨組織及其委員會在操縱候選人提名方面的權力已經有明顯的下降。州的黨組織的主席通常是本黨在當地主要的活動家，但他在本黨的影響情況各不相同，有的擁有很大的權力，但更多情況下只是政黨的名譽領袖。在州的黨代表大會之間，黨的主席和委員會行使著對本黨各種活動的領導權，但委員會本身也並不經常集會，所以實際的權力主要操縱在委員會的主席、秘書和司庫手中。雖然近年來黨的州委員會的權力與過去相比有所下降，但它仍然發揮著較大的政治影響，因為它可以召集本黨的代表大會，透過大會常設委員會選舉大會主席，也可以透過大會的決議委員會決定本州黨組織的黨綱的內容，同時對本黨在當地的事務作出重要的決定。在選舉的時候，黨的委員會負責籌劃和組織本黨在當地的競選活動，除提出競選綱領和推舉候選人之外，還要籌集競選資金，並且協調本州各地方黨組織的活動，以及在地方黨組織和黨的全國委員會之間進行溝通等等。

位於黨組織權力結構頂峰的是黨的全國性機構，美國兩大政黨的最高組織機構都是黨的全國委員會。黨的全國委員會成員由從各州選出的代表組成，委員會主席由總統候選人在黨的全國代表代表大會結束的時候進行提名，但需得到代表大會的批准。黨的全國委員會工作的中心任務之一就是組織本黨進行總統選舉，它領導著一群由各方面的專職人員組成的班底，這些專職人員對總統競選的組織、資助、宣傳等等具體事務全面負責，由於它們掌握各種現代化的競選技術，了解各方面的法律與規定而掌握著很大的實際權力。相比較而言，目前共和黨的班底的規模比民主黨要大得多，因爲民主黨已經把很大一部分與競選有關的工作交給了黨外的競選顧問來進行。

從理論上來說，對政黨的主要政策和綱領，以及推舉本黨的總統候選人擁有決定權的是黨的全國代表大會。這種代表大會每四年一次在總統競選之前的夏天召開，其代表由各州黨組織以不同方式挑選出來，有的是選舉，有的則由州黨的領導機構選派。黨的代表大會是兩大政黨政治活動的高潮，也是它們顯示自己的力量與影響的最主要的場合。在黨的全國代表大會上，來自各州、代表不同的利益群體的代表們爲了爭取能夠把自己的主張寫進黨的綱領之中而展開積極的活動，也常常結成不同的派系而相互爭鬥或者進行各種幕後交易。但是，由於全國委員會尤其是其執行委員會是常設的工作機構，所以黨的綱領、政策的實際決定權就操於全國委員會和黨的其他領袖人物的手裡。至於在總統候選人的選舉方面，由於現在美國所實行的總統預選制度使得總統候選人的競選者可以在黨代表大會之前開始自己的競選活動，所以全國代表大會實際上也就只能對已經贏得了預選的候選人進行批准或者認可。比如說，在1992年的民主黨全國代表大會於7月份召開之前，柯林頓已經在預選中擊敗了民主黨內的所有競爭對手。由於預選是在各州不同的政黨內部進行的，所以預選的結果與代表大會的選舉結果不會相去太遠，1992年的民主黨全國代表大會自然也就以壓倒多數推舉柯林頓作爲本黨的總統候選人。因此，無論就黨的綱領和政策的決定權來說還是就本黨總統候選人的提名來說，黨的全國代表大會的影響都有一種流於形式的趨勢。

最後應該說明的是美國兩大政黨之間相互關係的問題。民主黨和共和黨是長期主導美國政壇的兩個大黨，它們是當然的競爭對手，但並不是敵人。實際上，兩個大黨之間並不存在意識型態上的分歧，像內戰時期民主黨與共和黨的對立在美國的歷史上只是特例而不是通則，況且也不能把當時南北方的衝突完全等同於兩大政黨之間的衝突（雖然內戰結束後一段時間內共和黨常常把民主黨人指責爲內戰的罪人，即所謂的「揮舞血襯衫」的作法——waving the bloody shirt）。它們之間的不同在絕大多數情況下只是針對某一時期的具體問題的政策觀點的不同，諸如一方面主張增稅而另一方面主張減稅，或者一方面主張降低通貨膨脹率，而另一方面則強調減少失業等等。之所以造成這樣一種情況的原因，最重要的就是美國人的基本政治觀念並不存在太大的差異，或者說，絕大多數美國人基本的政治觀念是相近的，持極端觀念的人很少，作爲選民利益和意志代表者的政黨，其政治主張自然也就不可能出現太大的差別，而只可能是分別強調了同樣的問題的不同方面。

另外，兩大政黨除相互競爭之外，也還存在相互合作的一面。在羅斯福擔任總統的時期就曾經吸引了許多共和黨人參與政府的工作，而且兩位共和黨人史汀生（Henry L. Stimson）和諾克斯（Frank Knox）甚至還一度擔任了羅斯福內閣的陸軍部長和海軍部長。在此之後杜魯門任總統的時期，共和黨人杜勒斯（John Foster Dulles）也曾擔任要職，並且代表美國參加與日本的和平談判。除這些突出的例子之外，在第二次世界大戰之後三十多年的時間內，共和黨的總統長期由民主黨占據多數的衆議院進行合作的實例也不少。雖然兩者並不是不存在鬥爭的一面，而且有的時候鬥爭還表現得非常激烈，但最終雙方通常也都能夠達成相互妥協，像1986年和1995年國會分別透過由雷根政府和柯林頓政府提出的預算案就是總統和國會之間經過反覆的鬥爭和妥協而最終實現的一種合作，只不過兩個政黨在這兩次合作中交換了一下位置，前一次是共和黨的總統與民主黨占多數的衆議院，後一次則是民主黨的總統與共和黨占多數的參衆兩院。兩大政黨之間這種相互鬥爭又相互合作的關係也是美國政黨政治中的一大特色。

三、美國的利益集團及其政治的影響

利益集團與政黨有相似之處，它也是由一部分人爲實現某種自身的目的而組成的政治團體，但是，利益集團與政黨也有所不同，因爲政黨雖然也是一種具有自身特殊利益的政治團體，但政黨參與政治生活的方式是公開的和制度化的，而利益集團參與政治則更多地是以非正式的、非制度化的方式進行。也就是說，兩者的差別並不在於利益集團追求某種特殊利益而政黨則代表了普遍的利益，而在於兩者對於這種利益的追求和表達方式的不同。

利益集團的出現，與近代生產方式的發展是緊密地聯繫在一起的。近代生產方式產生的一個重要結果就是導致了日益細密的經濟分工和專業化，而這種分工與專業化又進一步促進了社會經濟利益的多樣化，也就是說使整個社會在水平和垂直層面都發生了多重的分化。正如詹姆斯・麥迪遜說的：「造成黨爭的最普遍而持久的原因，是財產分配的不同和不平等。有產者和無產者在社會上總會形成不同的利益集團。債權人和債務人也有同樣的區別。土地占有者集團、製造業集團、商人集團、金融集團和許多較小的集團，在文明國家裡必然會形成，從而使他們劃分爲不同的階級，受到不同的情感和見解的支配。」❸這裡所謂的黨爭就是派系之爭，它既包括政黨之爭，也包括利益集團之間的爭鬥。美國立國之初，代表南方種植園主的利益的反聯邦黨人和代表北方工商業主的聯邦黨人之間的爭鬥是麥迪遜上面的說法的實際依據。

從政治上來說，代議制政體的產生也在客觀上促進了利益集團的產生和發展。其中的原因並不複雜，促使政黨產生的原因，同樣也促進了利益集團的出現。另一方面，具有類似利益的人群，比如說工商業階層、農場主階層、工人、教師等等在代議制政府之下也都面臨著一個如何使自己獨特的利益得到保護和體現的問題，而保護和體現他們的利益的一個重要的途徑就是對政府官員和議會代表施加影響。這樣一種需要必然促使他們聯合起來介入政治生活，由此也導致了利益集團的發展。

美國雖然政黨比較少，但各種利益集團卻多如牛毛，目前各種團體和俱樂部的數目不下十萬個，至少有三分之二的美國人都屬於一個或者一個以上的團體。托克維爾在一個世紀之前就得出結論說美國人有一種愛好結成各種社會團體的特點，並且已經熟練地掌握了一種共同地追求共同目標的藝術，因而美國人比世界上任何別的民族都更成功和更大量地運用結社的原則來達到各種各樣的目標。❹整體來說，美國的利益集團可以分爲以下幾個大類。首先是企業團體，像美國商會、全國製造商協會和全國小企業協會等等都是在美國政治生活中影響較大的代表企業利益的集團。隨著政府對經濟生活的干預在二十世紀的明顯增強以及政府本身公共開支的急劇上升，工商企業對於政府制定的政策法令以及政府的行爲也就表現出越來越大的關注。它們總是希望能夠使政府制定一些諸如在工資和價格方面對自己有利的政策與法令，也希望從政府那裡得到更多的訂貨。另一方面，企業利益集團由於有雄厚的財力作後盾，往往能夠透過向有關的政黨和政治領袖提供政治捐款等方式對各種公共職位的選舉以及政府的政策與行爲施加重要的影響。

其次是各種勞工組織，與歐洲國家相比，美國的勞工組織發展比較晚，其政治影響也相對較小。目前美國最大的勞工組織是在1955年由美國勞工聯合會（成立於1886年）和美國產業工會聯合會（成立於1938年）合併而形成的勞聯—產聯。當然，除此之外還有一些較小的行業性的勞工組織，像國際卡車司機同業工會和農業工人聯合會等等。勞工組織在美國發揮其政治影響的主要手段與企業利益集團不同，雖然它們也爲政黨和政治領袖提供捐款，但更重要的是它們掌握著人數衆多的選民，因而某個政黨如果贏得了那些大的勞工組織的支持，則對它來說也同樣是獲得了一種十分重要的政治資本，因爲這意味著這個黨直接贏得了大量的選票。從傳統上來看，美國的勞工組織基本上一直都是民主黨的支持者，以至於1984年民主黨人蒙代爾在競選總統時甚至被指控爲受到勞聯—產聯的操縱。不過，由於美國勞工參加各種勞工組織的比例遠遠小於歐洲國家，而且勞工組織對於它們自身的成員也不能進行嚴格的控制，所以整體來說，作爲利益集團，勞工組織在美國的影響相對要小一些。

第三類是農場主和農民的利益集團，其中包括全國保護農業社、美國農場管理機構聯合會和農場主聯合會等三個全國性的組織以及其他一些地區性的和行業性的組織，如美國乳品協會、美國全國棉花委員會和全國小麥種植業協會等等。相比較而言，農場主和農民的利益集團能夠控制的人數比勞工組織少，而它們的經濟實力也遠不如工商業利益集團，但是，它們卻能夠發揮足以讓後兩者羨慕的影響。自三十年代新政時期以來，據稱，兩者關係的密切程度到了讓人們難以區分政府機構與私人組織的準確界限的地步。另外地，農場主和農民的利益集團與其他利益集團相比有一個突出的特點，那就是農民們並不長期保持對某一個政黨的忠誠，相反，他們投票的原則往往是看哪一個政黨提出的具體政策對自己更爲有利。當然，這樣一個特點也就使得政黨和國會都對這些利益集團的態度十分敏感。

第四類是一些專業性的利益集團，其中包括美國律師協會、美國醫學會、對外關係協會和布魯金斯學會等等。這一類的利益集團可能有明確的集團利益，如前兩個，也可能沒有，如後兩個。它們影響政治過程的方式也比較獨特，即不是透過金錢，也不是透過動員選民，而是利用它們所掌握的某種特定的資源，比如說專業知識和專門的技能等等。由於這些集團的上層人物常常與政府的高級官員和國會議員保持著密切的聯繫，而且在某些政策問題上政府必須聽取他們的意見，因此他們能夠透過遊說的方式發揮很大的政治影響。以1878年成立的美國律師協會而言，它不僅負責向聯邦和州的各級法院推薦法官和其他工作人員，而且在國會和地方議會的立法過程中也扮演著重要的角色，以至於有人說，「律師的歷史責任是幫助他的當事人遵守法律，然而華盛頓的律師現在所扮演的角色卻是幫助他們的當事人去制定法律，而

且盡量地去利用法律。」❺

第五類利益集團是近來出現的一些所謂的「單一問題集團」(the single issue groups)，單一問題集團如其名稱所體現的，是為解決某個具體問題或者實現某個具體的目標而形成的利益集團，像全美來福槍協會、美國汽車協會，以及環境保護主義者、女權主義者、同性戀者，還有反對墮胎的人組成的各種組織都屬於這一類。由於所要達到的目標不一樣，單一問題集團的情況也是千差萬別，有的在達到目的之後就自然解散了，有的則因為它們所關注的問題本身的長期性而長期地存在。單一問題集團的數量近年來在美國有很快的增長，其主要的原因是政黨在選舉中的作用不斷下降和國會委員會作用的加強。隨著越來越多的州在總統選舉中採用了預選制，候選人在競選中往往更多地依靠自己的關係和能力而不是黨的組織，而國會中委員會的作用的加強也就意味著少數議員在某些具體問題上的決定權的擴大。這兩個方面的變化都為單一問題集團進行遊說和施加壓力提供了方便。當然，單一問題集團的數量及其影響的增長反過來又進一步削弱了政黨的影響。

雖然單一問題集團只針對某個具體的問題而展開活動，這在一定程度上使它們不具備太多的靈活性，也不具有太多討價還價的資本，但是，由於其目標的單一性，這類集團對於其成員而言自然就具有較強的凝聚力，因此政黨在競選過程中爭取這些集團的支持就是一個十分重要的因素，只要政黨的綱領中反映了某個單一問題集團的要求，也就意味著這個黨得到了後者的成員們的選票。能夠說明單一問題集團的政治影響的一個典型的例子就是在墮胎問題上「生的權利」(Right-to-life) 和「選擇的權利」

(Right-to-choice) 兩個集團的鬥爭。前者反對墮胎，爲此目的甚至提出要對憲法進行修改，而後者則堅持婦女有選擇墮胎的權利。在總統選舉的時候，爲了爭取這兩個互相對立的集團之一的支持，競選人不可能不對墮胎問題表明自己的態度，1984年的大選中，雷根就表示同意前一個集團的主張。在政府的日常活動中，這兩個集團也在一些具體的問題上對政府官員施加影響，比如說，前一個集團反對聯邦政府爲希望墮胎而又不能承擔費用的婦女提供幫助，而後一個集團的立場則正好相反。由於這兩個集團的活動，國會每一年都要爲聯邦政府是否應該爲幫助墮胎撥款而發生爭吵。

與單一問題集團相似的另一類利益集團是一些目標更爲廣泛，但又還算不上是政黨的集團，像民主行動美國人 (Americans for Democratic Action)、憲法行動美國人 (Americans for Constitutional Action)、共同事業 (Common Cause) 和婦女投票者聯盟 (League of Women Voters) 等等。這類利益集團的主張和規模各不相同，有的是爲了維護自身的利益，有的則是爲了實現與其成員並沒有直接關係的某些政治目標，比如說保護環境、保護消費者的權利，以及保護少數民族的權利等。這類集團中影響比較大的是「共同事業」，因爲它曾經促成了1970年代選舉法案的通過。包括在這一類利益集團中的還有一些反映宗教、種族或者社會經濟利益的團體，比如全國有色人種協進會、南方基督教徒領導會議和城市聯盟等等。目前，隨著政黨的政治影響的下降，這類集團與單一問題集團一樣，其數量與影響力都有一種上升的趨勢。

利益集團的根本目標就是要對政府的政策施加影響，爲實現這一目標，形形色色的利益集團採取了多種多樣的手段。擇其要者而言之，大致有如下幾個方面：

第一是遊說。所謂遊說也就是說服影響政府行政官員和立法機構成員的行爲，這是利益集團影響政府政策的一個重要的和十分常見的方式。當然，爲了能夠對有關人員進行遊說，利益集團還必須建立一些必要的渠道，諸如各種各樣的俱樂部、沙龍、團體和協會等等。利益集團就是透過這樣一些機構保持與主要政府官員的定期接觸，從而向他們及時地反映自己的意圖和願望，以左右政策的制定和執行。遊說在美國政治生活中已經成爲如此重要的一部分，以至於不少人把遊說當作自己的職業。雷根的密友米歇爾·迪維爾（Michael K. Deaver）在從白宮離職之後便在華盛頓開了一家他自己的遊說公司，這家公司很快就成爲外國政府、政府訂貨商以及各種商業企業頻頻光顧的地方，而迪維爾本人的雇用費甚至高達百萬元。

在一般情況下，利益集團遊說的主要對象是政府官員，但有的時候它們也對普通民衆進行遊說，這主要是那些具有某種非常具體的利益目標的利益集團通常採用的方式，被稱爲「基層遊說」。比如，「全美來福槍協會」唯一的目的就是爲了維護美國憲法修正案第二條規定的公民具有携帶武器的權利，這個組織不時地舉行宣傳和簽名等活動，對於美國通過一項槍枝管制法案形成了極大的阻力。再比如說，1984年在華盛頓出現了一個名爲「母親反對酒後開車」的組織，是由一位其13歲的女兒被一名酒後開車的司機壓死後建立的，它爲了爭取通過有關立法對酒後開車的司機進行強制性的懲罰和提高最低飲酒年齡而進行了廣泛的大衆性宣傳，最後終於取得了成功。

第二是影響選舉。利益集團影響選舉的力量也是十分巨大的，它可以對競選者和選民兩方面都發揮影響。對於競選者來說，利益集團的捐助是贏得選舉的一個重要條件，而利益集團爲了使它們所中意的候選人當選，在花錢方面也可以說是不惜血本，因爲它們知道，一旦這位候選人當選，則它們就可以得到遠遠高於其付出的回報。在1986年的總統選舉中，共和黨和民主黨就分別從各種利益集團獲得了兩億九百萬美元和五千一百萬美元的捐款。對選民而言，利益集團也完全可以透過各種宣傳鼓動，幫助某一位它所支持的競選者贏得更多的選票，也可以使一位它所不喜歡的競選者失去大量的選票，因爲利益集團一般說來或者在某些具體問題上能夠得到民衆比對政黨更積極的支持，或者擁有龐大的經濟實力，而這兩者又恰恰是贏得競選的關鍵。

第三是影響立法。利益集團通常以兩種方式影響立法。首先是對國會議員進行遊說、拉攏和收買活動，其次是直接提出有關法案。利益集團藉著影響立法實現其政治目標，這是西方國家利益集團政治的一個重要方面，因而利益集團往往也被稱爲「院外活動集團」。前面提到過，一些利益集團往往與國會委員會和政府中的某些行政機構形成具有固定聯繫的所謂「鐵三角」以實現自己的利益。1971年，美國牛奶生產者聯合會爲了提高產品價格，以向國會議員發出上千封信的方式進行了大規模的遊說活動，與此同時，對這個利益集團持支持態度的財政部長康納利則向尼克森總統表示，如果他否決了提高牛奶製品價格的立法，他將會在未來的總統選舉中失去六個農業州的支持。這個利益集團最終獲得了它所希望的立法，不過，其代價是在總統選舉中爲共和黨提供兩百萬美元的捐款。當然，這只是那些強有力的利益集團操縱立法的一個例子。

第四是影響司法活動。利益集團影響司法活動也是透過兩種方式進行的。一種是直接提起司法訴訟，以保護自己的利益，第二種則是透過在別人提出的訴訟中遞交「法庭之友」(amicus curiae) 事實摘要，從而影響法庭的判決。利益集團影響司法活動的比較成功的例子是全國有色人種協進會。從1930年代開始，這個組織就向法院不斷地提出針對所謂「隔離而平等」的原則的訴訟，最後在1954年終於使最高法院作出了種族隔離違反憲法的判決。在1970年代，爲對越南戰爭進行辯護，一些右翼組織也花了數百萬美元控告向美國公衆揭露了越戰眞相的哥倫比亞廣播公司。

第五是直接舉行罷工、示威、遊行和聯合抵制等等抗議活動，透過向政府直接施加壓力的方法以達到上述手段所不能達到的目標。在美國歷史上，廢奴主義者、女權運動者、民權運動者和越南戰爭的反對者都曾經進行過大規模的抗議運動，其中從六十年代開始的民權運動又是其中規模最大和最成功的，1963年民權運動者發動的向首都進軍的抗議運動更是直接引起了對於民權問題的全國性的關注從而推動了一系列民權法案的通過。

1970年代以後，在美國的利益集團政治中出現了一個新的現象，那就是政治行動委員會 (political action committee，簡稱PAC) 開始在競選中發揮越來越大的作用。政治行動委員會最早出現在1940年代，是勞聯爲了規避聯邦關於禁止使用工會資金贊助政治候選人的法律而成立的一種組織。到1950年代，一些企業也開始建立它們自己的政治行動委員會，但一直到七十年代，這種組織才開始迅速增多。政治行動委員會成爲美國利益集團政治中的一大景觀，本身是一系列爲了減少金錢對選舉過程的影響而實行的選舉經費改革的一個副產品。當時，爲了避免利益集團以個人的名義把捐款投入選舉活動，國會通過的「聯邦競選法」規定工會和企業公司可以設立政治委員會，並以委員會的名義向每一個候選人捐贈不超過五千美元的資助。此法一經通過，各種政治行動委員會便如雨後春筍般迅速發展起來。從1975年到1987年，政治行動委員會的數目已經從六百零八個增加到四千一百五十七個，與此同時，它們爲候選人提供的捐款也呈直線上升的趨勢，1974年利益集團向議會候選人提供的捐款總數爲一千二百五十萬美元，到1986年透過政治行動委員會給議會兩院的候選人提供的提款數目已經高達一億三千二百萬美元之多。大量的金錢流入競選過程不可避免會加重政治的腐敗，並且嚴重地破壞了選舉所必須具有的公平的原則，因爲它已經使競選在很大程度上變成了一場金錢的較量。當然也有不少人試圖對政治行動委員會加以限制，一些國會議員就曾在1979年提出了一項競選捐款改革法案，但是，由於民主黨和共和黨在這個問題上一直不能達成一致，這項法案至今也未能獲得通過。

利益集團在美國政治生活中發揮著重要的作用，一些強調利益集團的勢力和影響的政治學家，比如說美國的懷特·米爾斯（White Mills）和托馬斯·戴伊（Thomas R. Dye）等人甚至把美國的政治概括爲一種由各種各樣的利益集團所操縱和控制的政治，這就是在對美國政治的分析中頗有影響的權力精英的理論。盡管這種理論可能有誇大之處，但對於利益集團在現代美國社會政治生活中所發揮的作用和影響，人們卻是普遍承認的。

利益集團的目標就是某些特殊的利益，因此，它們的存在和作用不可避免地會帶來政治生活的扭曲，也會帶來政治中的各種腐敗現象。比如說，它們可以透過給政治競選活動捐款，以獎勵那些過去支持過它們的政客，也可以鼓勵競選人在將來對它們給予支持；它們還可以爲擊敗它們所反對的競選人進行各種反面宣傳，從而左右選民投票的方向等等。另外，由於利益集團展開活動的主要手段是金錢，所以一個非常自然的結果就是只有那些掌握雄厚的經濟實力的群體才有資格來進行這種政治上的遊戲，一位政治學家因而指出：「多元主義的天堂中的缺陷就是，這個天堂中的樂曲帶上了濃重的上等階層的口音。恐怕有百分之九十的人都沒有可能進入壓力體系。」❻

由於利益集團的活動對政治生活可能帶來的負面影響，國會也曾經透過法律以圖對其活動方式和範圍加以控制。1946年的「院外活動登記法」要求以從事遊說活動爲其主要目標的利益集團必須向國會的有關部門進行登記，並且每一季就它們的開支情況作出報告。該法原來規定適用於所有以影響國會立法爲其目標的組織和個人，但最高法院1954年的一次判決又認爲，面對公衆的基層遊說活動不應受這項法律的管理。此外，「院外活動登記法」本來就沒有對遊說活動進行眞正意義上的限制，它的意圖只不過是希望透過使利益集團的活動公開化而使之受到公衆的監督。另外，該法的規定本來就非常空泛，並且有許多漏洞，比如說，很多利益集團並不僅僅限於從事遊說活動，它們同時也對其成員提供一些內部的服務，這就爲它們不進行登記提供了理由。法院的判決又認爲，花錢進行遊說活動的個人也不應適用「院外活動登記法」，這就進一步限制了這項法律的作用。像全國製造商協會這樣的利益集團就一直拒絕服從這項法律的規定。根據參議院在1976年所進行調查，當時至少有一萬人從事遊說活動，而其中只有兩千人按照法律規定進行了登記。當然，國會也曾努力制定更有效的法律對遊說活動進行管理，特別是水門事件之後，參衆兩院都提出過一些新的法案，但是，由於利益集團的激烈反對，它們都沒有能夠經兩院一致通過而成爲法律。這本身就說明了利益集團對於立法活動的巨大影響。

雖然人們對利益集團的活動的消極影響說得比較多，但從另一方面來看，利益集團的存在和活動在美國的政治生活中也還是發揮了一些正面的作用的，這表現在以下幾個方面：

首先，利益集團是溝通政府與社會的重要渠道。利益集團數目衆多，分布面廣，職能各不相同，活動能力很強，它們可以在不同的時期，從不同的領域和角度向政府提供各種訊息，反映各種不同的利益和要求，使政府與社會的各個方面保持經常的聯繫和接觸，從而有利於決策和施政。另一方面，政府也往往透過向某些利益集團透露政策意圖，以便試探它們的反應、徵詢它們的意見，旣設法爭取它們的支持，也可能及時對有關政策進行修改和調整，從而減少兩者之間可能出現的矛盾。

其次，利益集團可以充當政府與公衆利益之間的協調者，透過發揮在兩者之間的溝通和調解的作用在兩個方面之間達成某種妥協。

最後，利益集團能夠參與或者推動政府政策的制定，從而是制度化的政治機構之外對於政府活動的重要補充，並且也增加了政府政治活動的機動性與靈活性，在這個方面，一些具有特殊目標的利益集團的活動是政黨所不能取代的。

—註釋—

❶ *The Federalist Papers,* No. 10.

❷ Frank J. Sorauf, *Party Politics in America* , 5th ed, Boston: Little Brown, 1984, p. 420.

❸ *The Federalist Papers,* No. 10.

❹ Alex de Tocqueville, *Democracy in America,* Vol. 1, Phillips Bradley, ed., New York: Vintage Books, 1945, p. 198.

❺ Joseph C. Goulden, *The Superlawyers: The Small and Powerful World of the Great Washington Law Firms,* New York: Weybright & Talley, 1972, p. 6.

❻ E. E. Schattschneider, *The Semisovereign People,* New York: Holt, Rinehart, and Winston, 1960, p. 35.

第10章

大衆傳播媒介——美國政治生活中的「第四種權力」

一、大衆傳播媒介的產生及其發展

從傳統意義上說，大衆傳播媒介包括報紙、雜誌、廣播和電視等新聞輿論傳播工具，近年來，隨著電腦和網際網絡技術的迅速發展，電腦以及電子出版物作爲一種新型的、多功能的訊息傳遞技術也開始成爲大衆傳媒中日益重要的一個新成員，而且其影響還有迅速擴大的趨勢。

美國是世界上生產大衆傳媒最多的國家，目前大約有一千七百份日報、六千八百份周報、至少一萬一千份雜誌、三個全國性的電視網以及爲它們播放節目的數百家電視台、一千多家地方性的電視台以及數量衆多的廣播電台、出版社和電腦網點等等。目前，大衆傳媒的生產、傳播和消費占據了美國整個國民生活總值的百分之三十到四十，以致有人認爲大衆傳媒在社會生活中的廣泛影響和巨大作用已經引起了一場類似於十九世紀中葉的工業革命那樣的重大社會變革。

最早出現的大衆傳播媒介是各種報紙和雜誌。最初的報紙於十二世紀初產生在歐洲，北美殖民地則一直到1690年才開始出版自己的第一份報紙——《大衆新聞：國內與國外》（*Public Occurences, Both Foreign and Domestic*），這是一份一共三頁在波士頓出版的報刊，不過，僅發行了一期，該報就遭到了英國殖民當局的查禁。北美地區第一份眞正長期發行的報紙是1704年由約翰·坎普貝爾（John Campbell）創辦的《波士頓新聞報》（*Boston News-Letter*），這份報紙報導當地的社會事件與國外的重要新聞，也報導金融方面的信息，基本上具備了現代報紙的特點。此後，北美地區又出現了一些別的報紙，其中包括1721年由詹姆斯·富蘭克林在波士頓創辦的《新英格蘭報》（*New England Courant*），和他的弟弟班傑明·富蘭克林（*Benjamin Franklin*）1723年在費城創辦的《賓夕法尼亞報》（*Pennsylvania Gazette*），德國移民金格（John Peter Zenge）在紐約創辦的《公報》（*Gazette*）和《紐約周報》（*New York Weekly Journal*）等等。到1750年，在北美殖民地已經一共有十二份報紙在流行，而到1775年，北美的報紙數量就迅速上升到了四十八份。這些報紙都是周報，每份四版，發行量一般也都不超過四百份。

從一開始，北美地區的報紙就表現出一個明顯的特點，那就是對政治問題的關注，因此報紙上往往評論多於新聞，而且各報都具有鮮明的自由主義的傾向，這常常引起英國殖民當局的不滿，不少辦報人也往往因此而被判處監禁。1765年的英國印花稅法案偏偏又對於報紙徵收很高的稅額，這就進一步刺激了各報的反英情緒。它們不僅紛紛譴責印花稅法案，而且乾脆拒絕納稅。印花稅法是一些政治家積極鼓動北美獨立的一個關鍵性因素，而報紙在這個過程中又扮演了一個非常重要的角色。前面提到過的組織了進行獨立宣傳的通訊委員會的塞繆爾・亞當斯就曾經主編過《波士頓公報》（*Boston Gazette*）。

美國獨立之後，各報繼續保持著它們與政治生活的密切聯繫。雖然1789年與憲法一起通過的憲法修正案第一條規定國會不得制定「剝奪言論或者出版自由」的法律，使新聞和輿論的自由得到了憲法保證，但是國會在1798年通過的一項懲治叛亂法卻又規定凡是寫作或者印刷「反對美國政府或美國國會兩院中任何一院」的「不眞實的、誹謗性的和惡意的」文章，而其「目的是詆毀……或使之受到蔑視或玷污」的，都可以被判處監禁和罰款。這項法案得到聯邦主義者的支持，而反對他們的報紙也就往往受到處罰，在大約兩年的時間內，有十個人因此獲罪而被捕入獄。不過，這項法律由於遭到人們普遍的反對而在1801年失去效力。

此後，美國的報紙和新聞業一直穩定地發展。1848年，美國報業發生的一件事對於它以後的命運產生了意義深遠的影響。這一年，六家紐約的報紙爲了共同支付從華盛頓和波士頓到紐約傳遞新聞的電報費用而聯合起來，隨後又組成了美國聯合通訊社（Associated Press，簡稱AP，即美聯社），這是美國，也是世界上的第一個新聞通訊社。它的成立確定了此後報紙的基本營運模式。另外，電報的發明和此後不久發生的美國南北戰爭對於報紙和新聞業的發展也都帶來了巨大的推動。在內戰期間，至少有一百五十名記者分布在全國各地採訪戰事的進展，並且透過電報向各自的報紙傳遞訊息。戰後，美聯社得到了進一步的發展，開始向政治傾向各不相同的報紙提供新聞，而這反過來也就要求通訊社本身在提供新聞的時候必須採取一種非黨派的、客觀公正的態度。這也是至今爲止美國新聞界的一個重要標準，它使此後美國大衆傳媒在政治傾向的問題上逐漸採取了一種與以往斷然不同的立場。

二十世紀初是美國報業的黃金時期，1900年時，美國擁有兩千三百二十六份日報，大城市往往有好幾份報紙，而很多小城市也至少出版兩份以上的報紙。但這種情況並沒有持續太久，報紙的數量在1910年左右達到高峰之後就逐步開始下降。造成這種變化的原因，一方面是由於其他傳媒，如廣播和電視的出現，另一方面則是報業內部激烈的競爭。競爭的結果是許多小的報紙被一些大報所收買，進而形成所謂的大「報系」。目前二十家大報系控制了全美國每天發行的報紙的一半左右。最大的報系是加內特公司（*The Gannett Company*），它擁有九十一份報紙，而每天的總發行量超過六百四十萬份。其他大的報系是紐約時報公司、華盛頓郵報公司，以及時代雜誌公司等。由於兼併的結果，現在美國大多數城市只出版一份報紙，只有不過三十個城市還存在相互競爭的不屬於同一個所有者的報刊。目前，美國發行量最大的報紙是《華爾街日報》（The Wall Street Journal），它的每日發行量大約達到一百九十萬份。

近年來，由於電子計算機技術和電子排版和印刷技術的發展，報紙的編輯和出版過程大大簡化了。另外，網絡技術與多媒體技術的迅速普及也正在爲報紙這種古老的傳媒方式帶來新的生命力。事實上，電子計算機和網絡的發展使報紙正經歷著一場深刻的革命，它不僅大大地提高了訊息的傳遞速度和數量，而且使訊息的收集和處理的能力也獲得驚人的提高。現在，美國的各大報紙都在網絡上發行自己的電子版，這種電子報刊集文字、聲音與圖像為一體，使原先與無線廣播和電視相比顯得單調平板而遜色不少的報紙忽然間又具有了廣播和電視所不具備的吸引力和優勢，因為電子報刊能夠容納的訊息量之大，其檢索查找之方便都是廣播和電視所望塵莫及的。不少人因而預測，以後的報紙將不再印刷在紙上，而會是以各種電子出版物的形式直接傳送到千家萬戶。電子計算機、網絡和多媒體技術的迅速發展和普及，以及各種便捷的文字處理系統和電子出版系統的廣泛運用所帶來的另一個意義深遠的結果就是，至少從理論上來說，每一個能夠操作電腦的人都可以出版一份他自己的報紙，並且可以方便地透過網絡被傳輸到世界各地。完全可以預見，報紙在不久的將來很快就會迎來又一個新的黃金時代，當然，那個時候的報紙也已經不再是傳統意義上的報「紙」了。

大衆傳媒的第二種主要形式是廣播，尤其是無線廣播。無線電是在1895年由意大利科學家馬可尼 (Guglielmo Marconi) 發明的，最初，無線電只是用於發報，是一種對於有線電報的替代工具。而且，在較長的時間內，無線電只被用於軍事和商業，並沒有得到普及。最早嘗試把無線電用於民用傳播的是美國一位名為哈羅德 (Charles D. Herrold) 的企業家，他在加利福尼亞建立了一個無線電和工程學院，從1909年開始，哈羅德和他的學生們開始用無線電發射新聞和音樂節目。到1912年，美國聯邦政府開始以發放執照的方式對無線電發射台進行管理，到1917年，政府對大約八千多名無線電愛好者發放了這樣的執照。第一次世界大戰當中，由於無線電在軍事和諜報方面表現出來的巨大潛力，美國總統威爾遜曾經發布命令，禁止無線電在非軍事領域的使用，而對於無線電的管理權也從美國商務部移交到了海軍部。

最早提出對普通公衆發射無線電節目的人是馬可尼公司美國分公司的雇員薩諾夫（David Sarnoff）。他在1916年提出了一份開發報告，計劃使無線電成爲一種家用的設施。第一次世界大戰結束後，由於禁止非軍事領域使用無線電的禁令被解除了，許多商家開始認眞地考慮無線電的商業價值問題。1920年，匹茲堡的韋斯丁豪斯電力公司開設了第一家呼號爲KDKA的無線電發射台，並且得到了商務部頒發的執照。KDKA發射各種娛樂節目和免費的廣告節目，但並不向收聽者收費，其目的就是爲了吸引人們購買這家公司生產的家用無線電接收機。韋斯丁豪斯電力公司的做法很快就得到了其他製造商的仿效，通用電器公司建立了自己的WGY電台，最早提出建立商業電台構想的薩諾夫也分別在紐約和華盛頓特區設立了無線電台，並且在1926年建立了全國廣播公司（NBA），透過一系列的電台向全國播音。

家用無線電收音機在美國的普及非常快，根據全國廣播協會的統計，在1922年美國有六萬戶居民擁有收音機，而到1929年，這個數字就增加到了一千萬。從廣播公司方面來說，美國的情況與歐洲國家都不同，它們既不向聽衆收取費用，也一般不可能從政府得到資助，因此，美國的廣播公司基本上是商業性的，它們主要依靠收取廣告費來維持自己的經營，當然，爲了賺取更多的廣告費，廣播公司就必須設法吸引更多的聽衆，由此決定了美國的廣播節目向大衆化和娛樂性發展的特點。

到1930年代中期，美國的廣播公司已經增加到六百家左右，對於全國大多數人來說，無線電廣播已經成爲他們最重要的訊息來源，與此同時，無線電廣播也成了這個國家的一個營利超過一億美元的大型產業。美國無線電廣播事業的黃金時代是在第二次世界大戰期間，當時的電台把歐洲戰場的戰況傳遞到美國的千千萬萬個家庭，另一方面，無線電廣播作爲一種政治傳播手段的作用也開始得到了充分的發揮，羅斯福總統在大蕭條的時候首先採用了所謂的「爐邊談話」的方法直接向公衆發表講話，後來他經常使用這種方式以避開報界的糾纏。

與無線電廣播的情形不同，作爲大衆傳播媒介中的第三種（也是目前最重要的一種）的電視在開發出來不久之後就迅速投入了民用領域。最早在美國取得電視專利的是一位名爲法恩斯沃斯（Philo T. Farnsworth）的科學家，時間是1927年。與此同時，一些大的電器公司，諸如通用電器公司和韋斯丁豪斯電器公司等也投入大量的資金進行電視的研究和開發工作，它們的目的是使電視能夠如同無線電廣播一樣成爲大衆化的傳播媒介，因爲無線電廣播所帶來的巨大利潤使這些公司充分地意識到了電視的商業價值。1939年，美國無線電公司在紐約世界博覽會上首次公開發射了電視節目，並且用電視轉播了博覽會的開幕儀式和羅斯福總統的講話。

第二次世界大戰結束之後，美國的電視業迅速地發展起來，包括全國廣播公司和哥倫比亞廣播公司在內的四家公司發起了建立全國電視網的計劃。由於這些公司具有原先經營無線電廣播公司的基礎，所以它們很快就控制了戰後美國的電視產業，另外一些試圖躋身於電視業的公司由於缺乏雄厚的資本，也由於聯邦通訊委員會對於電視頻道的管制而紛紛被擠出了電視行業（與報紙的情況不同，由於憲法對於出版自由的保護，所以從法律上來說，每一位美國公民只要有一台印刷機就可以出版一份自己的報紙，但是，在廣播和電視領域，任何註冊的電台和電視台都必須從1934

年成立的聯邦通訊委員會獲得一個頻道，雖然對於頻道的分配本來是爲了防止各電台和電視台互相干擾，但聯邦通訊委員會卻利用它的這個權力來限制新的電視台的註冊，比如說1948年，該委員會就在幾家大電視公司的遊說之下作出了凍結頒發新的電視許可證的決定）。這樣，到1950年代中期，就基本上形成了三家大的廣播公司（全國廣播公司、哥倫比亞廣播公司和美國廣播公司）壟斷了美國電視業的局面，它們一般也被人們稱爲「三巨頭」。這「三巨頭」從電視節目製作公司購買節目，再把這些節目分配給從屬於自己的大約兩百個電視台，廣告商直接向電視網支付廣告費用，電視網則把部分的廣告費轉付給各電視台，作爲對它們播放自己的電視節目的報酬。這就是1980年代中期之前美國電視業的基本經營情況。

電視出現以後很快就替代報紙和無線電台，成爲美國人獲取訊息最重要的手段。雖然電視剛剛投入商業使用的時候很少進行新聞報導，但自從全國廣播公司在1956年推出第一個每天半小時的新聞節目之後，新聞就迅速成爲電視節目的一個重要內容。由於錄影帶的發明大大地降低了進行電視報導的成本，以及現代傳輸工具（光纜、衛星等等）的發展爲新聞報導提供的便利，各大電視網和一些地方電視台用於新聞報導的時間大大增加，報導的內容也不斷豐富，新聞和時事節目很快就成爲各電視台吸引公衆的一個其重要性不亞於娛樂節目的部分。另外，爲了進一步吸引觀衆，各電視網除進行單純的新聞報導之外，還相繼推出了各種各樣的新聞分析、新聞評論、新聞雜誌以及新聞背景報導等節目。

在公衆方面，大約一半的美國人認爲電視是最可靠的消息渠道。根據八十年代的統計，美國一共擁有一億兩千五百萬台以上的電視機，在美國的一般家庭中，平均每台電視機每天的開機時間是五個小時以上，每晚至少有四千五百萬人收看電視網播出的新聞節目，兩歲到十一歲的兒童一星期大約有二十八個小時是在看電視，電視在美國人的生活中所扮演的重要作用及其對新聞和時事的關注使其深刻地影響了美國公衆的政治觀念和政治態度，也因此自然地影響了這個國家的政治生活。

1980年代以後，美國的電視行業發展爲更加廣泛的視訊傳播業，而「三巨頭」壟斷電視業的情況也開始有所改變。導致這種變化的原因有兩個方面。首先是有線電視的發展，有線電視由於實現了電視用戶與電視台的直接電纜連接從而有效地克服了電視頻道不足的問題，並且導致了一些新的電視公司的產生，比如美國有線電視網和音樂電視網等等；其次是所謂的「自錄製系統」（self- programmable systems）的發展，像錄影帶、電視遊戲節目和影碟等等也使視訊行業出現了多樣化和個性化的趨勢，人們不必再由「三巨頭」來替他們決定觀看什麼樣的視訊節目而是有了更多、更充分的選擇的機會。這種趨勢的進一步發展，加上前面提到的網絡技術和電腦多媒體技術所帶來的一些新的變化，將對於大衆傳媒與人們的生活和觀念的關係產生一些新的影響。

二、大衆傳媒與美國政治

關於大衆傳媒在美國政治生活中所發揮的重大影響，這已經是一個不需要討論的事實。不過，現在大衆傳媒影響政治的方式已經與報紙剛剛出現的時候有了很大的不同，當時是人們透過直接在報紙上發表各種評論文章，表明自己的政治態度，並且對某個人或者某種觀念進行或者肯定、或者否定的評價；而在現在，從美聯社開始遵循的所謂的「客觀公正」的原則已經成爲大衆傳媒的一個基本標準，因此，大衆傳媒影響政治的根本方法就不在於其公開地鼓動什麼或者反對什麼，而在於它透過對於某些特定的新聞和事實以特定的方式所進行的報導，以及對人們的興趣、對於人們的注意力和人們的判斷所進行的引導。

大衆傳媒在美國政治生活所發揮的第一個主要的作用就是在選舉中對人們的投票行爲的影響，這也可能是現代人了解大衆傳媒在美國政治生活中的作用時印象最深的一個方面。現在幾乎所有的人都同意，在美國各種公共職位的競選都是一場花錢的競賽，而在數量多少不等的競選開支中，絕大部分又都是用於透過新聞媒介進行的廣告宣傳。因爲那些競選州和聯邦的公職的人不可能與所有的選民見面，所以他們之間的競選基本上都是透過大衆傳媒——報紙、廣播和電視進行的，甚至那些有限的與選民的見面、公共集會、現場演說等等，其眞正影響的也不在於現場，而是在於大衆傳媒對於這些場面所進行的傳播，以致有人把現代美國的選舉稱爲一種「傳媒的選舉」。

競選的本質無非是爲圖使盡可能多的選民了解和接受參加競選者的政治觀點從而爲他投票的過程，這與商人們透過各種手段推銷自己的商品賺取消費者手中的錢並沒有什麼根本性的區別，只不過競選人所賺取的是選民手中的選票而已。所以，競選人也總是盡可能地利用一切傳媒工具爲自己進行宣傳，購買報紙的版面、電台的時間和電視的頻道等等。電視出現以後，這種傳媒工具很快就得到了政治家們充分的運用，因爲它能在短短的幾秒鐘內把自己的聲音和形象傳送到千家萬戶，具有報紙雜誌和無線廣播都無法比擬的優點。競選人們爲了對自己進行更多的電視報導往往不惜血本，在1988年的總統競選中，民主黨候選人杜卡基斯（Michael Dukakkis）爲了讓無法接受全國電視網的信號，也沒有一個全州電視網的愛荷華州選民看到他的電視形象，甚至大動干戈，購買了當地的電視頻道，租用了一個碟形天線和赤道上空的一顆通訊衛星，而所花的錢則一共是一萬五千美元。

爲了吸引選民，競選者不僅必須盡可能地利用大衆傳媒爲自己進行宣傳，而且還必須根據傳媒的特點和選民的喜好塑造自己的形象。1976年，卡特在競選總統的時候因爲他身著工裝褲，手提行李的電視形象而大受歡迎。從1980年代以後，幾乎所有主要的總統競選者的競選班底中都必須有一位傳媒專家，他們爲競選者進行傳媒形象的設計，幫助他決定在什麼時候、以什麼方式與什麼樣的媒體打交道，以及向傳媒提供一些什麼類型的形象和訊息。以至於有人認爲現在傳媒專家對於候選人而言已經取代了政黨領袖原先的地位。雷根總統一般被公認爲是一位與傳媒打交道時比較成功的政治家，而在美國比較能夠吸引公衆的電視形象則被人總結爲「和藹友好，中音，謙恭自然，並且採取一種閒談的姿態」，這是傳媒塑造政治家的形象的一面。

不僅競選者積極地利用傳媒，大衆傳媒對於選舉這件美國政治生活中最熱鬧的事情也採取了一種積極介入的態度，也就是說，傳媒在各種各樣的選舉中並不僅僅是一個任候選人們操縱的中性工具。從1960年開始，電視開始轉播總統候選人之間的辯論，雖然候選人的辯論從林肯與道格拉斯在1850年代後期競選總統起就成爲美國大選中的一項重要內容，但只是從1960年之後，這種辯論才開始對競選產生直接的、全國性的影響。而且，1960年的轉播所產生的戲劇性效果本身就充分證明了電視的介入對於選舉可能產生的重要影響。這一次的辯論是在甘乃迪與尼克森之間進行的，在辯論之前，根據民意測驗，兩位候選人的支持率幾乎相等，因此辯論就將具有關鍵性的作用。選民們從電視螢幕上看到，甘乃迪年輕、英俊、自信而又不失涵養，而尼克森的表現就差得多，他顯得蒼白，沒有刮鬍子，而且汗流滿面。事實上，人們更多是記住了在電視螢幕上兩個人看上去如何而不是他們說了些什麼。辯論之後甘乃迪支持率的迅速上升使人們完全有理由相信正是這場辯論成了甘乃迪最後當選的決定性因素。正是由於電視辯論的這種奇妙的作用，總統候選人們對於這樣一個表演的機會都精心準備，認眞對待，而且辯論的次數也不斷增加，圍繞1988年的大選，兩黨候選人僅在1987年5月29日至1988年2月14日之間就一共在全國範圍內進行了三十二場辯論。

如同所有的廣告一樣，大衆傳媒也透過它特有的對各種候選人的宣傳而製造著自己的消費者，也就是說，在很大程度上是傳媒左右了選民的喜好而不是選民決定了傳媒的內容。人們對傳媒在選舉中的宣傳方式批評得比較多的一個方面就是爲了追求效果，傳媒對候選人的宣傳往往更集中於各種各樣的場面和候選人們在這樣場面中的表演以及其使用的策略、集中於對誰勝誰負的報導而不是候選人所面臨的各種問題；而對於本來就較少涉及的政策問題，傳媒的報導又集中在對於公衆來說比較新鮮的，或者在競選者之間分歧較爲嚴重的那一部分上面，因而報導就更不全面。傳媒圍繞競選所進行的這種報導也就相應地被人們稱爲「賽馬」式的宣傳。據統計，在1987年和1988年，全國三大電視網所進行的一千三百三十八次有關競選的報導中，只有二百一十五次涉及到政策問題。這種宣傳的一個非常自然的結果就是把選民的注意力集中到了候選人的個人舉止和形象方面而不去更多地關注每一位候選人具體的政策主張，也使與個人的因素相比，政黨的因素的作用進一步減弱。從某種意義上說，這已經是對選舉的本意的一種背離。

傳媒對於候選人的某些主動的報導更是可以使選舉過程出現一些完全出人意料的逆轉。雖然有調查結果表明，在競選過程中傳媒的報導具有千篇一律的特點，即重複同樣的故事、選取同樣的角度和強調同樣的觀點，但在千千萬萬家傳媒的「齊唱」中，也會時常冒出一兩個不協調的音調，爆出一些冷門。在1987年的競選中，民主黨人加里・哈特（Gary Hart）在競選總統提名當中原來一直為傳媒所看好，而且也已經得到了較多支持率，可是在這一年的5月，《邁阿密先驅報》卻出人意料地報導了哈特有婚外情的消息，隨後許多媒體都對這個問題做了進一步的報導。雖然美國人生活並不眞的如傳媒所要求的那麼刻板，但在聯邦選舉中婚外情的問題卻一直是一顆可怕的地雷。當傳媒的報導最後被證實之後，哈特只好退出了競選。由此也可以看出傳媒在美國選舉中的作用之大。

傳媒對於選舉結果發生影響的另一個不可忽視的方面就是在競選過程中進行並且公布的各種民意調查、它們組織的各種分析家對於選舉結果的預測，以及對競選結果的報導。這些報導和分析不可避免地引導著選民的選擇。比如說，在1976年的競選辯論中，福特為了為自己的對外政策辯護，認為「波蘭並沒有處於蘇聯的支配之下」，雖然當時只有很少的電視觀衆注意到了這一點，但傳媒卻認為這是一個嚴重的失誤，並且對此進行了大量的渲染，傳媒的做法明顯地發揮了作用。根據辯論結束以後立即進行的調查，大多數的觀衆（四十四比三十五）認爲福特贏得了這場辯論，可是，僅僅一天以後，由於傳媒的渲染，絕大多數的人（六十一比十九）反過來認爲福特是辯論的輸家。同樣的故事在1984年的競選中又在雷根與蒙代爾之間再次發生，同樣是傳媒使雷根在觀衆的印象當中「轉敗爲勝」。至於傳媒在選舉日對於選舉結果不斷進行的追蹤報導更是明顯地影響了尚未投票的人的選擇，比如說，1980年的大選中，全國廣播公司在選舉日東部時間晚上八時十五分就得出了雷根取勝的結論，後來所進行的研究表明，這一消息明顯地減少了西部地區的投票率，因爲他們覺得自己如何投票已經無關緊要了。❶另外，傳媒界的一些傳統作法，比如說喜歡發現新面孔等等，甚至對它們在報導中的傾向也會產生明顯的影響，在1984年民主黨總統候選人提名過程中，傳媒就對新登場的加里・哈特大加報導，雖然他在愛荷華只得到了百分之十五的支持率，但傳媒對他進行的報導卻與在該州贏得了壓倒優勢的蒙代爾一樣多，這對於哈特無疑是一個巨大的幫助。可是，正如上面所提到的，等哈特在一些州開始獲得多數的時候，傳媒「獵奇」的癖好又開始給他幫倒忙，而且使他重重地摔了一個大跟斗。

大衆傳媒在美國政治生活中第二個方面的作用是影響政府的行爲。傳媒影響政府政策的道理很簡單，因爲如果它們反反覆覆地對同樣的問題加以報導和評論的話，這些問題肯定會引起公衆越來越多的關注，最終使政府不得不採取相應的行動。同時，傳媒不僅僅是報導事件本身，它們還要報導公衆對於所發生的事件的態度，這種報導對於政府來說就更是一種直接的壓力，它迫使政府有所反應，況且政府的反應如何本身也是傳媒所關注的事情，前者在後者的追蹤面前根本也無法迴避。

傳媒影響政府行爲最典型的例證之一大概就是越南戰爭後期傳媒所發揮的作用了。越戰前期，由於傳媒主要依靠政府所提供的訊息對戰爭進行報導，所以美國公衆既不了解美國對這場戰爭捲入的程度，也不了解戰場的實際情況。但是，隨著某些記者開始越來越多地從越南向國內發回他們的實地報導以及傳媒對這些報導的宣傳，人們在越來越多地了解越戰眞相的同時，對這場戰爭的反對也越來越強烈。因爲一方面，傳媒明顯反應出來的反戰傾向對公衆產生了廣泛的影響，另一方面，對於美軍在越南的失敗、士兵在越南所遭受的痛苦的報導也使人們普遍地反對這場戰爭，並且普遍持一種美國已經無法贏得勝利的態度，全國各地爲結束戰爭而進行了各種各樣的抗議活動。大衆傳媒的報導與公衆的抗議是尼克森政府決定退出越南的一個重要的促進因素。

傳媒影響政府行爲的另一個著名的例證是對於水門事件的報導。1972 年 6 月，《華盛頓郵報》的記者伍德沃德 (Bob Woodward) 和伯恩斯坦 (Carl Bernstein) 受命對五名因闖入水門大廈民主黨總部而被拘捕的人進行採訪。他們的調查發現，這些人的行動受到了白宮高級官員以及尼克森聯邦競選班底的指使，而且這只是白宮所進行的一系列包括竊聽、盜竊和破壞活動的一部分。伍德沃德和伯恩斯坦的報導引起了傳媒對這個事件的廣泛關注，從1973年到1974年間，水門事件以及國會和法院對這一事件所展開的一系列調查一直是傳媒進行追蹤的一個焦點，而傳媒所反應出來的公衆對這一事件的日益嚴重的不滿情緒又成爲促使調查不斷走向深入的重要原因。對於水門事件的調查導致了一連串尼克森政府的高級官員的辭職，最後是尼克森自己，而首先對這一事件進行報導的兩位記者也變成了美國人心目中的英雄。

當然，傳媒對於政府行爲的影響並不僅僅限於像越南戰爭和水門事件這樣一些重大問題上。實際上，傳媒可能使政府不得不著手解決一些早已存在但一直沒有引起重視的問題，也可能爲政府指派一些新的任務。在1950年代和1960年代，傳媒對於民權運動以及美國社會中存在的大量的種族之間的不平等的事實的報導，對於民權運動本身的發展，以及吸引全社會對這個問題的關注並且促使政府下決心解決這個問題就發揮了明顯的促進作用。在爭取婦女權利的運動中傳媒也發揮了類似的功能。傳媒這方面的這種作用被稱爲其「議題設定」的功能，也就是說，傳媒在一定程度上決定了政府應該做什麼以及如何去做的問題。根據一份調查，對於政府和國會的行爲具有較大影響的「內部圈子」包括十一個機構，它們分別是三個主要的電視網（全國廣播公司、哥倫比亞廣播公司和美國廣播公司），兩個主要的新聞社（美聯社和合衆國際社）、三家大的報紙（《華盛頓郵報》、《紐約時報》和《華爾街日報》）以及三份新聞周刊（《時代周刊》、《新聞周刊》和《美國新聞與世界報導》）。❷這當然只是一家之言，但也足以說明大衆傳媒對於政府決策所具有的影響力。

傳媒影響美國政治生活的第三個方面是對於公衆的政治態度與政治觀念的塑造作用。除了進行新聞報導和時事評論之外，傳媒的另一項主要內容就是爲公衆提供各種各樣的娛樂節目，而這兩個方面對於公衆的思想都不可避免地將產生一些直接或者間接的影響。雖然一個十分有意思的現象是很多美國人很難說清楚在過去的日子他們透過傳媒到底了解了一些什麼樣的政治事件❸，但傳媒或者在當時，或者可能會超脫它具體的內容，對公衆發揮一種潛在的和長期的影響，因爲傳媒畢竟是他們了解其周圍所發生的事件、進行的活動的最主要的訊息來源，也是他們對於過去和未來做出判斷的主要依據之一。

大衆傳媒影響公衆的政治觀念的第一種方式當然就是透過各種報導尤其是評論直接左右公衆的政治觀念。有研究表明，在左右公衆的政治觀念的各種訊息來源當中，諸如電視網的評論員、總統、總統黨內的成員、反對黨的成員、利益集團的成員等當中，電視評論員的觀點具有一種戲劇性的影響。一些著名的評論員像史密斯（Howard K. Smith）在1969年對尼克森的越南政策的支持，以及坎瑟勒（John Chancellor）關於失業比通貨膨脹的危害更大的觀點都對公衆發生了明顯的影響。❹

大衆傳媒影響公衆政治觀念的第二種方式則是透過向公衆報導或者宣傳它所欣賞的形象或者事件而潛在地，然而卻十分有力地左右公衆的政治傾向。在各種傳媒工具當中，電視在這個方面發揮的作用尤其顯著。比如說，美國目前各種娛樂節目的一個共同特點就是渲染色情、刺激與暴力，與此同時受到渲染的就是一種對政府的懷疑、對法律的不在乎，以及一種強烈的犬儒主義和物質主義的生活態度，不能說這對於現今美國的大衆文化沒有影響。研究表明，由於大量的電視節目對於暴力的渲染，所以常看電視的公衆就比不常看電視的公衆對犯罪具有更強的恐懼心理，而且也更爲多疑❺。這種情況被稱爲「傳媒病」（videomalaise）。以致有人認爲：傳媒具有一種「反面的，好唱反調的，甚至是反制度的偏見。」❻研究者認爲，不僅娛樂節目，而且對於新聞報導來說也存在這個問題，因為新聞記者們也都喜歡去報導那些負面的事情，而且他們對政府來說普遍地採取一種懷疑甚至批評的態度。根據調查，在1984年的聯邦選舉中，大概只有四分之三的新聞報導可以稱得上是中性的，其他部分對於候選人都有不同程度的褒貶，其中對於雷根總統的反面報導是正面報導的十倍。這也說明，大衆傳媒的所謂「客觀公正」的原則在很大程度上只不過是一種自我標榜。

當然，應該說大衆傳媒在影響公衆的政治觀念上的作用也是兩面的。它既傳播了對政治的無所謂的態度，但同時也能夠成為政府重要的政治社會化的工具。像傳媒對於國家的一些重大事件的報導，都可能向公衆傳遞相當的政治訊息，而每天進行的對於白宮的活動的大量追蹤，也已經把總統變成了美國最大的明星，從某種意義上來說，大衆傳媒的時代是一個比以往任何時代都具有更加充分的政治社會化的時代，國家的政治觀念和政府政策比以往的任何時代都對公衆具有更廣泛的影響。大衆傳媒對於像美國國慶兩百周年和海灣戰爭的勝利這一類的事件的報導無疑也在很大程度上強化了美國人的國家意識和愛國精神。也就是說，傳媒在上述兩個方面的影響是相互矛盾的，到底哪一個方面的力量更強，這還是一個難以回答的問題。

也有人反對過分強調傳媒對於公衆政治觀念的影響，他們認為公衆的頭腦並不是一張可以任由傳媒塗抹的白紙，他們自身的一些基本的價值取向決定了他們對於傳媒所傳遞的訊息的取捨，而傳媒本身也反映出各種各樣的傾向，它們之間的差異也降低了每一種傾向的訊息可能發揮的作用。另外，無論傳媒發揮了多麼廣泛的影響，但這種影響也只局限於輿論的範圍之內，比起政治的或者經濟的因素來說，傳媒的影響更多的只是一種間接的影響。這種理論當然也有它的道理，但是，大衆傳媒在今天的美國政治生活中的確發揮著不可替代的作用，以至於人們沒有辦法想像如果有某一天他們看不到電視，聽不到廣播，也看不到報紙的話會是一種什麼樣的情形。正因爲如此，人們把大衆傳媒稱爲美國政治生活中除立法、行政與司法權力之外的「第四種權力」。

三、美國政治中的大衆傳媒

大衆傳媒雖然對美國的政治生活發揮著不可忽視的影響，但與此同時，作爲整個政治生活的一部分，它也受到各種政治力量的影響和支配。

首先，大衆傳媒必須接受聯邦政府依法進行的管理。這種管理可以分爲三個方面：技術性的管理、結構性的管理和對大衆傳媒的內容的管理。技術性的管理主要是就廣播和電視而言的，因爲可供廣播和電視發射訊號使用的無線頻道的數量有限，如果不加以管理，讓各電台和電視台以及其他的無線電愛好者隨意使用，其結果必然是這些訊號由於彼此互相干擾以至於無法接收。在無線電廣播出現之後不久，國會就通過了一項「聯邦廣播法」，規定頻道由聯邦政府所有，私營的無線電台只有從聯邦廣播委員會獲得許可證之後才能發射節目。1934年，國會又通過了一項「聯邦通訊法」，對上述「聯邦廣播法」的內容進行了一些更改，並且重新設立了一個聯邦通訊委員會接替原來的聯邦廣播委員會的工作，同時擴大了該委員會的權力範圍，像管理州際和國際的通訊等等，但爲廣播電台分配頻道依然是這個委員會的主要職能之一。電視出現以後，聯邦通訊委員會自然地又增加了爲電視台分配電視頻道的任務。

實際上，政府對於電台和電視台的這種所謂的「技術性」的管理不可能僅僅嚴格地局限於技術範圍之內。比如說，由於可供使用的電視頻道數目比廣播頻道更少，因此聯邦通訊委員會必須在一些相互競爭的電視台之間作出到底把許可證頒發給哪一家的選擇。它進行選擇的根據是看相關的電視台是否播出符合公共利益的節目，諸如新聞節目與公益節目等等。法律並且規定聯邦通訊委員會每三年對獲得許可證的電視台的營運情況進行一次檢查，並對它們的服務情況作出評價，如果認爲不合格，則可以收回已經發放的許可證。此外，聯邦通訊委員會還有權決定廣播和電視方面的有關技術標準，1950年，它就在競爭者當中選中了一種由全國廣播公司開發的彩色電視傳輸系統，1960年代初期，這個委員會又規定，在州際貿易中出售的電視機必須能夠接收高頻和超高頻的電視節目。這兩項決定都被認爲反映了傳媒利益集團的要求，因爲它們使製造商必須製造出能夠收看電視網已經發射的節目的接收裝置。

所謂結構性的管理是對廣播公司的組織及其相互關係的管理，這項權力也是由聯邦通訊委員會加以行使。聯邦通訊委員會對大衆傳媒進行結構性管理的主要原則是防止傳媒業內出現壟斷的現象。1943年，這個委員會即認爲當時擁有兩個廣播網的全國廣播公司的規模已經太過強大，因而命令這家公司出售了其中的一個廣播網，這導致了後來的美國廣播公司（ABC）的產生。同樣在1940年代，聯邦通訊委員會還做出規定，使一家傳媒公司在同一個社區只能擁有一個調頻電台、一個調幅電台和一家電視台。在1950年代早期，聯邦通訊委員會又制定了一項所謂的「7-7-7」規則，規定一家傳媒公司能夠擁有調頻和調幅電台以及電視台的最多數目都是七個，這一限制在雷根總統執政時期被放寬爲十二個，估計以後還會進一步放寬。

政府對於傳媒的內容方面的管理主要包括三個方面。一個方面是針對廣播電視而言的，其法律依據是廣播和電視頻道的所有權屬於聯邦政府，而且頻道的數量又是有限的。根據1934年的「聯邦通訊法」，對於廣播電視內容管理的三項主要原則是「公平機會原則」、「公平競爭原則」和「合理利用的原則」。第一項原則要求電台和電視台爲涉及到公共利益不同的觀點提供相等的廣播機會；第二項原則要求電台和電視台在報導涉及到公共利益的爭論時必須爲爭論雙方提供相等的報導；第三項原則則要求電台和電視台爲社區內各有關方面都提供表達其意見的機會。聯邦通訊委員會行使這項權力的一個例子是，全國廣播公司的電視網曾播放了一個批評政府的年金計劃的紀錄片，保險業則向聯邦通訊委員會上訴，認爲這個節目不公正地忽略了保險業的反對意見。聯邦通訊委員會作出的裁決是，全國廣播公司應該向保險業提供播放時間，使之能夠表達自己的立場。

由於這方面的規定對於報紙而言是不存在的，因此它們常常遇到主張完全不同的新聞和輿論自由的人士的批評。另外，從目前的實際情況來看，由於大報系的出現，正如上面所提到的，一個城市往往只有一家報紙，這使得報紙行業中的壟斷現象實際上已經比廣播和電視行業嚴重，這就爲要求放棄對後者的政府管理的人有了更多的理由。從實際的情況來看，聯邦通訊委員會也有一種向爲傳媒提供更多自由的趨勢。1987年，它就取消了在對傳媒內容進行管理時的所謂的「公平競爭」的原則。

對傳媒內容進行管理的第二個方面是針對有關誹謗的問題。雖然憲法禁止國會通過任何剝奪言論和出版自由的法律，但言論自由也並不意味著人們可以自由地發表任何性質的言論。在美國，有關禁止誹謗的法律保護公民不受不眞實的、並且可以對他們的聲譽造成損害的言論的侵害。但是，美國的誹謗法比起其他國家而言都要廣泛得多，對於誹謗的界定也非常困難，因爲法院更多地傾向於對於言論自由的保護。尤其是對政府官員而論，最高法院在1964年的一項判決中規定，政府官員對誹謗進行起訴時，不僅必須證明被告所廣播的消息是不眞實的且對自己的名譽造成了損害，而且必須證明被告在廣播這些消息是具有惡意的。在這種情況下，很少有人在美國因犯誹謗罪而被判刑。

對傳媒內容進行管理的第三個方面則是關於所謂的國家安全的問題。出於可以想像的理由，政府部門總是不願意傳媒把某些政治決策和政治活動公諸於衆，而傳媒界則是盡可能地把它的觸角延伸到政府活動的每一個領域，由此在傳媒界和政府部門之間產生了大量的爭訟。最高法院在對這些爭訟進行裁決時一般遵循的原則是，在戰爭時期支持政府對於傳媒進行的某些限制，而在和平時期則基本上是支持傳媒的立場，支持盡可能多的輿論自由。在這個方面一個著名的例子就是所謂的五角大樓文件事件。1971年，《紐約時報》披露了一系列聯邦政府從杜魯門時期開始的關於越南問題的秘密文件，證明政府在這個問題上實際上一直在欺騙美國公衆。這一行動在公衆和政府方面都引起了強烈的反應。就公衆方面而言，反對越南戰爭的情緒進一步高漲，在政府方面，雖然報紙並沒有對當時的尼克森政府關於越南問題的政策作出任何評論，但總統的國家安全事務助理季辛吉認爲，傳媒的這種做法將對政府行使其權力造成負面的影響，尼克森因而發布了禁止《紐約時報》繼續發表政府文件的命令，但最高法院在同年6月進行的判決中認爲，中止公布政府文件的作法違反了憲法第一條修正案。傳媒在這個問題上獲得了勝利。

此外還應該提到的是，傳媒往往引起一些嚴重的社會後果，比如說它對恐怖主義活動的大量報導和渲染常常是壯大了恐怖主義者的聲勢，增加了政府的壓力和公衆的恐懼，從而也就是在實際上幫了恐怖分子的忙；娛樂節目中大量出現的諸如兇殺和強姦等暴力行爲的場面不可避免地吸引著一些人去犯類似的罪行（這在美國被稱爲「copycat crime」）；一些內容不盡眞實的廣告，或者對一些其性能尙未爲人們所完全了解的產品的廣告常常危害了消費者的利益等等。這樣一些情況的存在也使越來越多的人考慮如何對傳媒進一步管理的問題。但是，在美國，新聞和輿論自由畢竟具有兩百多年的傳統，同時還有人要求給傳媒以更充分的自由，所以眞的要對傳媒進行進一步嚴格的管理並不是一件容易的事情。

政府一方面對傳媒進行管理，但另一方面，而且是更爲重要的方面是政府本身還要盡可能地對傳媒加以利用。由於傳媒所具有的巨大影響力，政府自然希望透過傳媒充分地向公衆表達和宣傳它的政策和意圖，以爭取他們的理解和支持。但是，由於美國的大衆傳媒基本上都是私營的，政府並不能對其加以直接的控制，所以對於政府來說就有一個如何使傳媒體現自己的意志的問題。

當然，從傳媒方面來說，它也有依靠政府的一面，因爲政府畢竟是它主要的新聞來源之一，而政府對於向傳媒提供什麼樣的新聞以及以什麼樣的方式向哪一家傳媒提供這些新聞具有決定權。比如說，雖然政府每隔一定時間都要舉行各種類型的新聞發布會和記者招待會，而且表面上記者在這些場合的提問並不受限制，但有關的政府官員可以決定舉行這類會議的時間和次數、選擇參加的記者、透過會議開始時的聲明確定問題的基本方向等等。更重要的是，許多重要的消息並不是從總統或者政府其他部門或者機構的記者招待會和新聞發布會上得到的，它們的來源是各類政府官員有意無意的透露。實際上，政府官員，尤其是總統也有意識地對傳媒進行選擇，像富蘭克林·羅斯福就經常不在兩周一次的白宮記者招待會上而是透過「爐邊談話」的方式直接向公衆宣布政府的某些政策決定和行動方案。記者爲了在與其他行業相比毫不遜色的激烈競爭中獲得更多的獨家新聞，與政府官員保持盡可能多、盡可能頻繁的聯繫就是一個必不可少的條件。這樣一個事實當然也就在一定程度上爲政府操縱和利用傳媒提供了可能性。政府常常使用的一個方法就是利用記者希望獲得盡可能快和盡可能多的新聞的心理有意向後者透露一些試探性的消息，透過等待公衆的反應（當然也可能是國外的反應）來作出最後的決策，這被稱爲政府的試探性氣球。

電視出現以後，更是爲政治家們提供了前所未有的表現機會。當然，對於不同的政府部門來說情況也有所不同，國會因爲並非常年開會，許多的立法活動又是在各專門委員會中進行的，所以媒體不可能對其進行全面系列的報導，最高法院更是傳媒較少問津的地方，因爲一則記者和公衆都缺乏專門的法律訓練從而對法院的活動並不十分感興趣，二則法官們也寧願透過秘密會議作出判決而不希望記者介入（所謂的箝制規則——gag rules——使法官有權在不說明理由的情況下制止傳媒對於審判的報導）。美國現代傳媒發展最大的受益者是總統，他已經被電視記者們成功地塑造成了國家的象徵和民族的英雄，而總統們也為了能夠在電視螢光幕上塑造出更動人的形象而費盡心機。雷根是在這個方面做得比較出色的一位總統，為此他不僅僱用了一大幫形象顧問，而且據稱每周還要花十個小時排練電視演說。

但是，所有的政治家都會發現，與傳媒打交道並不容易。首先，傳媒所追求的是盡可能多的新聞，他們似乎並不能理解或者不願意理解政治本身所帶有的諸多的秘密，雖然政治家們會很高興地看到傳媒把他們的政策和主張傳遞到了每一個公民那裡，但他們也會很不高興地發現公衆還了解了許多他們並不打算公開的機密，因為他們並不能完全操縱傳媒對什麼進行報導和對什麼不進行報導。這樣一種情形常常讓政治家們感到難堪，甚至惱怒。甘乃迪就指責傳媒對於豬灣事件的報導，詹森更是因為傳媒對於越南戰爭普遍的反對態度而感到憤怒，甚至連卡特也由於傳媒在伊朗人質事件中的作法而對之不滿。尼克森對大衆傳媒甚至採取了一種敵視的態度，與他持相同觀點的他的副總統阿格紐（Spiro Agnew）公開指責傳媒表達了「無能的勢利小人」和「東海岸自由派」的偏見，是「喋喋不休的否定主義權貴」，但這兩個人最後都把自己的政治前途葬送在傳媒的手裡。有人因而認為，傳媒在水門事件之後對尼克森之所以咬住不放，本身就是對尼克森的一種報復。

另外，傳媒也並不真的對什麼事情都進行不偏不倚的報導。記者們更希望發現一些新的、能夠吸引公衆的新聞，而他們最感興趣的往往是政府的失誤或者是政治家的醜聞。每個記者可能都在私下夢想有朝一日能夠像因爲調查水門事件而名聲大振的伍德沃德和伯恩斯坦一樣能夠發現一件驚天動地的醜聞。這就更使政治家們不僅要在傳媒面前充分表現，同時還要在它面前四處躲藏。有人因此把政府與傳媒之間的關係形容爲一場戰爭，這並不過分。實際上，對政治家們來說，傳媒遠遠不是什麼中性的東西，新聞記者對他們而言，不是朋友就是敵人。❼也有人說，政府與傳媒之間實際上是一種「又恨又愛」的關係。

大眾傳媒當然也不可避免地要受到各種利益集團的影響。傳媒之所以受到利益集團影響的一個重要的原因就在於它本身也是一種經濟組織，因此其根本目的並不是對某些事件或者人物進行什麼樣的報導和宣傳，而且賺取盡可能多的商業利潤，前面提到過，美聯社是在美國率先確定了新聞的客觀性原則的傳媒機構，但它這麼做，其原因卻是爲了能夠向更多的報紙出賣它的新聞。傳媒的商業性質使它必須能夠吸引盡可能多的廣告客戶。一般情況下，擁有較多的讀者或者觀眾和聽眾的傳媒，其廣告生意自然也會比較興隆。這就使得傳媒必須考慮讀者、聽眾或者觀眾的口味，這是美國的大眾傳媒具有強烈的獵奇傾向的一個重要的原因。此外，一些大的利益集團也會因此而向傳媒施壓，迫使其進行有利於自己的宣傳，至少是不作不利於自己的宣傳和報導，在1950年代和1960年代的民權運動中南部的許多大財團都曾這麼做。至於在一些並不是太重要的問題上，利益集團也往往能夠藉由商業利潤使得傳媒的宣傳對它們有利，比如煙草公司能夠透過與傳媒簽訂合同使後者不在播放或者刊登香煙廣告的同時進行吸煙有害健康的宣傳，而航空公司也能使報紙不在同一版面同時登載它的廣告和報導飛機失事的消息。當然，在這個問題上，記者和一般作者的考慮與編輯和傳媒的經營者會有所不同，記者們往往具有比較強烈的職業道德，強調傳媒的獨立和公正，對於傳媒本身的商業性質倒是提供了一種牽制。

最後，就傳媒自身來說，雖然人們要求新聞媒介在其報導與評論中應該做到客觀公正，而傳媒也以此自我標榜，但一般認爲，美國的大衆傳媒一個基本的基調是自由主義，這表現在它一般都具有要求促進社會平等和改變現存秩序的傾向。調查結果證明了這個判斷，根據對於在一些大的媒體中供職的二百四十名記者和播音員的調查，他們在1964年至1976年的總統選舉中對民主黨的投票率要高出當時一般投票率百分之八十。❽另外，在1988年的大選中，民主黨得到的正面報導也要比共和黨多。就新聞記者們而言，1985年《洛杉磯時報》所進行的一項調查顯示，他們中的大多數都把自己列爲自由主義者。但與此同時，他們又認爲，他們所供職的媒體具有保守主義的傾向，也就是說，媒體的所有者們和編輯們更多地傾向於保護特權和維持現狀。❾但是，在1984年的大選中，媒體的表現卻又與上面所說的情況相反，因爲這一次民主黨的卡特得到的反面報導要多於共和黨的雷根，因而也有人認爲，並不能一般地認爲媒體傾向民主黨而反對共和黨，大衆傳媒反對的實際上是權力本身，是既得利益集團、是現狀，以及代表這些東西的任何政治力量。

對於大衆傳媒在美國政治生活中所發揮的作用，不同的研究者有不同的看法。在民主主義者看來，傳媒是政府與民衆之間的一種重要的中介，是反映民衆的願望的一種重要手段，也是對政府進行監督與制約的一種關鍵性的力量。但是，在精英主義者看來，傳媒不過是在各大利益集團控制之下代表他們的利益的一種工具，至於眞正屬於公衆的聲音則很難得到反映。應該說這兩種觀點都有部分的正確性。傳媒的確有反映公衆的意願的一面，有監督政府的一面，但同樣也有被利益集團控制和把持的一面，況且傳媒本身的情況也各不相同，有更多傾向於民衆的，也有更多傾向於上層社會的，它們之間的影響相互中和，從而淡化了傳媒對於美國政治生活某些特定的方向的作用力。

—註釋—

❶Cf., Gary Wamsley and Richard Pride, "Television Network News: Re-Thinking the Iceberg Problem," *Western Political Quarlerly,* 25 (Sept. 1972), pp. 434-450.

❷Cf., Stephen Hess, *The Washington Reporters* , Washington, D. C. : Brooklings Institution, 1981.

❸曾有人就「在過去十二個月中（1983至1984年），你記憶最清楚的是些什麼樣的新聞事件？」這個問題在美國公衆中進行過調查，有百分之四十的人的回答是沒有什麼新聞或者回答的是非政治新聞。見Michael J. Robinson and Maura Clancey, "Teflon Politics", *Public Opinion,* 7 (April-May 1984), p. 14.

❹Benjamin I. Page, Robert Y. Shapiro, and Glenn R. Dempsey, "What Moves Public Opinion?" *American Political Science Review,* 81 (March 1987), p. 35.

❺George Gerbner and Larry Gross, "Living with Television: The Violence Profile," *Journal of Communications,* 26 (Spring 1976), pp. 173-199.

❻Michael Robinson, "Public Affairs Television and the Growth of Political Malaise: The Case of 'The Selling of Pentagon,'", *American Political Science Review,* 70 (June 1976), p. 409.

❼Terry F. Buss and C. Richard Hofstetter, "The President and the News Media," in Steven A. Shull and Lance T. Leloup, eds., *The Presidency: Studies in Public Policy,* Brunswick, Ohio: Kings Court, 1979, p.25.

❽S. Robert Lichter and Stanley Rothman, "Media and Business Elites," *Public Opinion* 5 (October-November 1981), pp. 42-46.

❾Schneider and Lewis, "Views on the News," *Public Opinion* 8, (August-September 1985), p.7.

第11章

美國的對外政策

一、從「獨立主義」到全球外交

外交是美國政府最早承擔的少數重要職能之一。北美不是在孤立狀態中成長，而是從英國的殖民統治之下獲得獨立這麼一個事實注定了美國從其誕生之日起就必須面對如何處理與英國以及英國有聯繫的其他國家的有關問題。國務院作為美國最早成立的政府部門之一，托馬斯・傑佛遜被任命為第一任國務卿，這兩者都是美國的立國者們對於政府的外交職能的高度重視的最好說明。

美國獨立之後雖然擁有廣闊的領土，但它的力量相比較而言還是弱小而孤單的。另一方面，當時歐洲正經歷著法國大革命、反法同盟對法國的進攻以及拿破崙戰爭等一系列錯綜複雜的事件，使歐洲變成了一個戰爭的大舞台。美國剛剛獨立，就自然地成為歐洲各國爭取的一個主要目標。在這種形勢下，美國如何審時度勢，採取什麼樣的對外政策，以爭取對自己有利的國際環境，對於鞏固它的獨立成果，以及它的和平和發展，就成為一個至關緊要的問題。

對新生的美國外交政策的第一次考驗就是如何處理與法國的關係。獨立戰爭期間，法國曾經幫助美國與英國作戰，隨後不久，法國便於1789年爆發了大革命。法國革命因其摧毀了舊的君主制而受到了幾乎由歐洲其他所有主要國家組成的反法同盟的圍攻。在初期的失利之後，法國軍隊很快轉入反攻，並且先後向奧地利、英國和西班牙等國宣戰。在許多的法國人以及美國人看來，發表了人權宣言，建立了共和國的法國大革命好像是美國革命在歐洲的繼續，而兩國革命的這種親緣關係也使人們有理由相信在法國與歐洲各君主國的戰爭中，美國能夠成爲它忠實的盟友。當法蘭西第一共和國派出熱內 (Edmond Chales Genet) 作爲它的公使前往美國的時候，無論是共和國還是熱內本人所抱的也正是這樣的希望。

美國的外交政策制定者們面對這種形勢感到十分的爲難。雖然他們的確同情法國革命，而且深知欠了法國人一份情，但與法國聯盟就意味著與幾乎整個歐洲爲敵。作爲一個剛剛獨立、立足未穩的國家，美國在歐洲局勢尙未明朗化的情況下實在不能冒這樣的風險。幾經爭論，美國做出了一個保守的選擇，華盛頓在熱內到達美國之前的1793年4月22日宣布了美國中立的立場。但是，熱內到達之後的表現卻使美國人感到非常惱火，他在美國招募士兵、鼓動美國人向西班牙占領下的北美西部地區進軍、要求把美國的若干港口作爲法國海上私掠船的基地等等。美國人最終只好要求法蘭西共和國政府召回了熱內，作爲交換，美國召回了古維諾爾・莫里斯。雖然美法關係因而變得十分緊張，但美國還是成功地實現了自己避免捲入歐洲戰事的目的。

在與英國的關係方面，美國也採取了一種低姿態的外交策略。儘管英國承認了美國的獨立，但英軍還繼續在西部一些堡壘駐紮，獨立戰爭時期英軍所掠走的財物也沒有歸還美國人。到1794年，英國又通知美國，英國政府打算永久占據西部的那些堡壘，與此同時，英國樞密院還宣布了一項對所有載有法屬殖民地產品的船隻加以扣留的命令，英國海軍藉此對美國的商船進行了大規模的搶劫。這一切不僅讓美國人感到不安，更使他們感到憤怒，英美戰爭幾乎一觸即發。不過，英國人及時取消了樞密院命令的作法爲美國爭取和平提供了條件。1794年4月6日，華盛頓任命最高法院首席大法官傑伊爲特使赴英談判。關於談判的目的，華盛頓寫道：「我的目標是要防止一場戰爭，如果透過公正而強有力地陳述我國所蒙受的、來自大不列顛的各種損害而能申張正義的話。」11月19日，傑伊在倫敦與英國簽訂了條約，英國方面同意在1796年時撤出西北部各堡壘，並且保證美國船隻對英屬西印度群島進行貿易的有限權力。同時，美國需賠償約六十萬英鎊，以抵銷戰前的債務，而英國則向美國償付一百三十一萬七千英鎊，作爲對其非法捕拿美國船隻的賠償。《傑伊條約》爲美國贏得了和平，同時也保證了美國領土的完整。《傑伊條約》簽訂之後，美國和西班牙的關係也得到了緩和，後者繼英國之後開始緩慢地從美國西部被其占領的據點撤出，使美國終於獲得了對於自己的全部領土的控制權。

美英關係的改善使法國與美國的關係再度趨於緊張，但是，美國現在畢竟已經擁有較多的外交主動權，它以與英國結盟而對法國相要挾，並且最終從法國人手裡買到了法屬路易斯安那，從而得到了二百六十萬平方公里的土地和新奧爾良港口，使美國的國土增加了一倍。但是，隨後不久，由於英法戰爭中英國對於美國船隻的封鎖和掠奪，以及兩國海軍之間的一些磨擦，美國和英國於1812年再次發生了戰爭。第二次美英戰爭對於美國人來說並不是十分光彩的事情，因爲首都華盛頓有一半被英國人燒爲灰燼，總統也曾經被迫逃亡。這次戰爭於1814年結束，英美之間簽訂的《根特條約》並沒有什麼實質性的內容，雙方除同意結束敵對狀態和恢復戰前邊界之外，在其他所有重要問題上都表示保留分歧。不過，對美國而言，這場戰爭也不是毫無收穫的。除進一步激發了美國人的愛國熱情之外，戰爭使美國的邊界得到了鞏固，也使美國作爲一個獨立的國家得到了它在國際上應有的對待。

美國獨立戰爭以後發生的另一個對於美國外交政策影響深遠的事件就是在拉丁美洲掀起了大規模的獨立運動，在不到五十年的時間內，南美洲的各殖民地基本上都獲得了獨立。1882年，門羅（James Monroe）總統宣布承認這些新獨立的國家，其中包括哥倫比亞、智利、墨西哥和巴西，並且和這些國家互換了公使。當然，歐洲各殖民國家對此並不甘心，它們組成的「神聖同盟」不僅試圖鞏固歐洲大陸的舊秩序，而且試圖恢復對殖民地的控制，這不僅對於美國所宣布的它對於其鄰近國家的命運的關心的立場是一種挑戰，而且對於美國的利益本身也形成了威脅。在這種形勢之下，美國國內經過大量的爭論，最後由門羅總統於1823年12月以國情諮文的形式宣布了美國對歐洲政策的基本立場：㈠「美洲大陸，已經建立並保持了它們的自由和獨立，今後任何歐洲列強，不得把它們當作未來殖民的對象。」㈡「結盟列強的政治體制，基本上……異於美洲體制……我們認爲，歐洲列強想把它們的體制擴展到西半球任何一處，都將危及我們的和平與安全。」(三)「我們從未干涉，將來也不會干涉任何歐洲國家現有殖民地或屬地的事務。」(四)「我們從未參加歐洲列強因它們之間的糾紛所進行的歷次戰爭，因爲那樣做是不符合我們的政策的。」上述主張在歷史上也一般被稱爲門羅主義（the Monroe Doctrine）。

門羅主義提出之後在美國受到了普遍的歡迎，從那時起一直到第一次世界大戰爆發之前，它始終被美國人所信奉，實際上構成了這一段時期美國對外政策的基本原則。門羅主義反映了美國作爲一個新興的國家保持自己的國家和體制的獨立的願望。當然，它與美國當時的力量和國際地位也是相一致的。當時的美國尙且無力影響歐洲和世界的形勢，只好退而求其次，以不干涉歐洲事務作爲交換條件，力求擺脫歐洲的影響與控制。但是，只要美國的力量強大起來，那麼它改變門羅主義的原則，轉而積極介入歐洲和世界事務也就同樣是一件非常自然的事情了。

進入十九世紀後半期之後，隨著美國工業革命的開展及其經濟力量相應的上升，越來越多的美國人開始在更加廣闊的國際舞台上看到了美國的利益所在，門羅主義這樣一種「關起門來」的外交政策指導原則自然就會引起日益增加的不滿。實際上，麥金萊政府（1897-1901年）提出的所謂「大政策」（large policy）即反映了美國已經突破了門羅主義的傳統框架，其具體反映就是美國在菲律賓和加勒比海地區與西班牙的爭奪，在中國與歐洲列強的角逐以及「門戶開放」政策的提出。美國的這些對外政策實踐表明，這個國家已經不再只屬於美洲了。與此同時，不少美國的政治家、外交家和軍事家開始從一種全球的視野來看待美國的地位和利益，這方面一個具有代表性的人物就是美國航海史學家、戰略學家、海軍上將阿爾弗雷德·馬漢（Alfred T. Mahan）。馬漢透過英國的實例證明：制海權，特別是對於具有重要戰略意義的狹窄航道的控制是國家力量的至關緊要的因素。❶ 馬漢列舉出了影響國家實力的幾個重要方面：地理位置、地形、疆域、人口、民族性格和政治制度，馬漢認爲，其中地理位置的作用最大。他以英國的歷史爲例說明了這一點：英國與歐洲大陸的距離適中，這樣既可以使它對陸上潛在的敵人實施有效的攻擊，又可以使它相對免於入侵的威脅，英國的艦隊既可以從其戰略基地方便地集結以進行防禦或者對大陸港口實施封鎖。馬漢的這種理論被人們稱爲「海權論」。

馬漢的海權論並不僅僅是一種單純的理論推演，馬漢明確指出，他的海權論是要爲美國的外交和軍事戰略提供理論基礎，他還認爲，傳統上把美國和歐洲分隔開來的地緣政治觀點已經過時，美國因其地處兩大洋之間的地理位置，將在發展海上力量方面具有獨特的優勢；此外，美國應該涉足歐洲大陸內部的事務，只要那裡的紛爭對美國哪怕只有局部的間接的影響。馬漢在其《1660-1783年海上強國對歷史的影響》一書中認爲，美國完全有可能在亞洲和太平洋地區建立強大的海軍與商業力量。馬漢的海權論及其對美國外交政策的建議對衆多的美國政治家和外交家尤其是先擔任美國的助理海軍部長，後來又擔任了美國總統的西奧多·羅斯福，發生了較大的影響，海上擴展一時之間成爲美國人經常談論的一個主題。西奧多·羅斯福在其任助理海軍部長時給馬漢的一封信中高度評價了後者對於美國應該建立一支強大的海軍的建議。羅斯福寫道：「毫無疑問，你比我們任何人都站得高、看得遠。你所提出的建議恰恰是我們所需要的。……你可能還知道你的信在幫助我清楚地表達我頭腦中某些一直是模模糊糊地感覺到的問題方面發揮了多大的作用。」❷當時狂熱支持馬漢的理論的另一位美國政治家是參議員洛奇（Henry Cabot Lodge），他曾經寫道：「中立政策是富於遠見的政治家在建國之初爲美國對外關係制定的偉大原則，但是以爲我國的對外政策就停留在那裡，或者讓這些基本原則以任何方式束縛美國人民的前進，將是一個致命的錯誤。……現代的運動整個說來是人口和土地向大國和大的統治區域的集中，這是一場有助於文明和種族提高的運動，作爲世界上的偉大國家，合衆國決不能落伍。」❸

洛奇的意思很明顯，那就是門羅主義已經不太適合美國的需要了。實際上，伴隨著十九世紀末二十世紀初美國的對外擴張的舉動，美國官方雖然沒有明確宣佈放棄門羅主義，但也的確對它進行了一些修改，按照一位美國學者的說法，那就是在麥金萊——羅斯福時代「新的政治框架中，門羅主義的重點更多地放在了在西半球保護美國的利益上，而不是保護和捍衛作爲美國立國之本的，而西半球的其他國家也應該保護的那些不證自明的人的權利上。」❹西奧多・羅斯福自己也明確表示：「美國在西半球堅持門羅主義就意味著這個國家必須在那種出現了錯誤或者關係重大的場合去充當一種國際警察的角色，不管它是多麼的不情願。」到1910年，羅斯福更進一步地指出：「如果英國能成功地在世界維持列強的均勢，那很好。然而，假如它因爲這種或那種原因，作不到這一點，美國就有責任插手，至少是暫時地恢復某種均勢，不管我們的努力是對準哪一個國家或集團的。」

從1913年開始的威爾遜時代可以說是美國對外政策史上一個

特殊的時代。威爾遜被稱爲一位「普濟主義者」和理想主義者，他不像以前兩屆政府那樣公開宣揚擴張主義和實力政策，這可以從他熱心創建國際聯盟的實踐以及他所提出的「十四點計劃」中看出來。當然，並不是說威爾遜就沒有他自己的全球觀念，但應該說他的這種觀念比起他的前任總統們來說要顯得陳舊和落伍。首先，威爾遜的地理觀是平面的，即他並沒有在世界的任何一個地方確立美國的利益重點，這自然也是他的理想主義的基本立場。其次，在美國的安全問題上，威爾遜依然堅持認爲大西洋爲美國免受外來的入侵提供了不可替代的保障，這是一種早被麥金萊和羅斯福拋棄了的觀點。威爾遜的對外政策與門羅主義也表現出一種相互矛盾的關係。一方面，威爾遜作爲一個「普濟主義者」，又參與了創建國聯的行動，表明無論在觀念上還是在實踐上他都把美國的利益與整個世界不可分割地聯繫在一起，這當然是大大突破了門羅主義的限制。但在另一方面，他又以自己已經使國際聯盟條約承認門羅主義的合法性（不是把門羅主義作爲國際聯盟盟約的基本原則，而是承認「國際協議和仲裁條約或地區協商類似門羅主義者，皆屬維持和平，不得視爲與本盟約內任何規定有所抵觸」），認爲自己捍衛了美國的門羅主義傳統。威爾遜主張的最堅決的反對者就是參議員洛奇。一般認爲威爾遜的國聯章程被美國國會否決是因爲美國公衆對於門羅主義的迷戀，實際上，洛奇的觀點非常能夠說明問題，那就是，美國之所以不能參加國聯，是因爲國聯可能會對美國的主權造成威脅。說得更明白一點，那就是美國對世界可能發生的影響不應該被局限在國聯的框架之內。這場衝突典型地表明了美國對外政策中理想主義與現實主義的矛盾，「平面」的地緣政治觀與「立體」的地緣政治觀的矛盾。

從1932年開始的富蘭克林・羅斯福執政年代是美國外交政策史上一個大的轉折時期。在此之前，由於威爾遜的美國加入國聯的計劃遭到了國會的反對，所以後來的幾位總統（哈定、柯立芝和胡佛）都吸取了這個教訓，在他們的對外政策中存在著一種「照顧孤立主義的情緒」的傾向，這種傾向並且一直延伸到了富蘭克林・羅斯福當政的最初幾年。富蘭克林・羅斯福的經歷與他的叔父西奧多・羅斯福有幾分相像——他們都是業餘地理愛好者，都研究過馬漢的理論，並且也都擔任過海軍部的官員。但是，富蘭克林・羅斯福本人最初也認爲，美國獨特的地理位置爲它的安全提供了得天獨厚的保障，並以此作爲外交政策中「孤立主義」的主要依據，雖然他透過在美洲採取「睦鄰政策」把門羅主義從美國單方面的宣言變成了美洲國家間協同合作的協議。不過，羅斯福的這種觀點不久之後就發生了改變。他在1937年提出，現代世界具有一種共同性和相互依賴性，它在技術上和道德上都使得任何國家不可能孤立於世界上其他地區的經濟和政治上的動盪。❺羅斯福的這樣一種認識可能主要是來自於當時這個世界所面臨的經濟災難，但也有事實表明，他已經把這種世界一體性的認識擴展到了美國的對外政策戰略當中，那就是他曾命令美國海軍爲軍事目的占領太平洋地區的一些島嶼。

隨著第二次世界大戰的爆發，美國的外交戰略開始有了一些明顯的變化。1939年11月，地緣政治學家包曼（lsaiah Bowman）曾給羅斯福寫了一封長信，信中用麥金德關於誰占領了歐洲的中心地帶誰就能主宰世界的理論說明了納粹德國的地緣政治戰略，即希特勒不可能滿足於有限的領土要求，他的眞正意圖是要盡可能地把德國的領土往東歐擴展，同時獲得更多的海軍基地，最後形成對英國的威脅。羅斯福在給包曼的回信中表示接受他的觀點（「你關於德國的最終目的……的見解使我非常感興趣」❻），隨後他因向法國出售軍用飛機而在參議院軍事委員會的聽證會上又表示，「希特勒的意圖在於統治歐洲」，因而萊茵河邊界線的安全的確是美國的利益所在。當被問及他是否認為萊茵河成了美國的邊界的時候，羅斯福回答說並非如此，但一旦萊茵河邊界線受到威脅則整個世界的安全也就受到了威脅。而如果這些地區被希特勒所控制，那麼德國的行動就可以不限制。❼到1940年法國戰敗和英國軍隊被迫從歐洲大陸撤退之後，美國對歐洲的政策就更加明晰化了，那就是設法在不捲入戰爭的情況下使戰爭結果向有利於英國的方向轉化。在這段時間內，羅斯福反覆說明航海和航空技術的發展已經使得任何一個國家都不可能因其地理位置而獲得自身的安全。在歐洲與美國的關係問題上，羅斯福則表述了下面這樣一種觀點，「如果我們聽任美國之外的世界落入（軸心國）的控制，那麼軸心國在歐洲、不列顛群島以及遠東獲得的船艦製造設施將會比整個美洲現有的和潛在的船艦製造設施多得多——不是一般地多，而且多兩倍或三倍。在這種情況下，即使美國傾其全力把它的海軍力量翻一倍甚至再翻一倍，但軸心國由於控制了世界的其他地區，也將擁有足夠的能力和物質資源使其力量超出我們好幾倍。」❽

在遠東，羅斯福政府原先奉行的與其他西方國家保持海上力量平衡的戰略由於日本發動了侵華戰爭而不得不加以改變。爲對日本加以某種程度的約束，美國國會先後通過了幾項對美日貿易中的一些戰略物資進行限制的決議。羅斯福自己表示：「我認爲在歐洲、在非洲和在亞洲的敵對局勢都是一場全球性衝突的組成部分。因此，我們必須承認，我們在歐洲的利益和在遠東的利益受到了同樣的威脅。……我們進行自我防衛的戰略必須是一種全球性的戰略，它要考慮到任何一條戰線，並且抓住每一個機會爲我們的總體安全服務。」

在珍珠港事件爆發之前，美國政府雖然採取了各種措施來試圖影響戰爭的進程，但還是恪守著美國不捲入實際衝突的原則。日本對珍珠港的空襲以及隨後德國對美國的宣戰使美國的態度發生了根本性的轉變。當然，並不是說美國主要的政治家和外交家的對外政策思想因此發生了什麼轉變，但是，美國對戰爭的捲入使得美國在世界各地的利益從一種觀念變成了一種事實。僅舉一例就可以說明這個問題，那就是美國國務院在1942年提出的一份備忘錄，其中聲稱：「我們強烈感覺到，（我們）應該從更廣泛的國家利益的觀點來看待沙烏地阿拉伯石油資源的開發。」隨著美軍在世界各地的推進以及與之相伴的美國軍事基地在各大洲的建立，美國的國家利益也就實實在在地擴展到了全世界，並且，戰爭本身也深刻地改變了美國人傳統的孤立主義的對外政策觀點。正如羅斯福所說：「毫無疑問，即使到了現在，也還有少數美國人認爲這個國家可以輕輕鬆鬆地贏得這場戰爭，然後爬回一個美國洞裡去，並且在他們身後把洞門關上。但是我們已經知道，我們根本不可能挖出一個深得可以對付那些掠奪成性的野獸的洞來。……絕大多數美國人現在比以往任何時候都更爲淸楚地認識到，如果現代戰爭的裝備被那些侵略性的國家所掌握的話，那麼對於我們自己的民族生存，或者其他國家——不管它是在海島上還是在大陸上——的生存在一夜之間可能帶來的後果。」❾可以說，到第二次世界大戰時期，美國的對外政策戰略已經完成了從獨立主義到全球外交的轉變。

二、戰後時期美國對外政策的演變

第二次世界大戰以盟國對於德、意、日等法西斯國家的全面勝利而告結束，同時，這次戰爭對於整個世界格局也產生了意義深遠的影響。首先，由於戰爭的破壞，英、法、德等原先的歐洲大國的力量都受到了嚴重的削弱，美國變成了世界上力量最強大的國家。其次，由於在戰爭當中美國軍隊在歐洲、亞洲和太平洋等地區各個戰場的介入，美國的力量也在客觀上擴散到世界各地，戰爭結束後，美軍爲了維護戰爭的成果，不僅沒有從其中的大部分地區撤出，而且把這些地區作爲對美國的經濟和軍事利益具有重要影響的戰略要地長期置於美國的保護或者占領之下。第三，雖然蘇聯在戰爭期間與英、法、美等國結成同盟共同作戰，但在戰爭結束之前，雙方之間的矛盾和衝突就已經十分明顯地暴露出來，這種衝突不僅是雙方意識型態和社會制度的差異的結果，也是雙方國家利益和地緣政治戰略的衝突的反映。蘇聯與英美之間對在東歐和南歐的戰後勢力範圍劃分問題上的爭端使美國還在大戰尚未結束的時候就已經把蘇聯視爲未來可能的敵人，而戰後蘇聯在東歐擴展其影響的一系列舉動又進一步使美國和其他西方國家清晰地感覺到了蘇聯威脅的存在。這種受威脅的感覺是美國戰後對外政策戰略的一個基本出發點。

整體而言，經過第二次世界大戰，美國不僅成爲世界上的頭號強國，而其利益和影響也擴展到了世界各大洲，蘇聯與西方的對抗以及整個歐洲在戰爭中受到的削弱又使美國這個西歐國家的盟國必須承擔對它們進行扶持和保護的義務——這就是戰後美國所面臨的具體形勢。無論就美國爲維護自己的戰略利益而言，還是就其爲保護西歐盟國所承擔的義務而言，它所奉行對外政策的核心就是與蘇聯以威懾理論作爲基礎的軍備競賽以及兩國首先在歐洲，其次在全世界的對抗。這也是冷戰時期世界格局的一個基本特點。

戰後美國與蘇聯的對抗的出現並不像人們所想像的那樣具有戲劇色彩。雖然羅斯福本人一般被人看作是美蘇合作的最積極的鼓吹者之一，但從他戰時的對蘇政策來看，也明顯地表現出在歐亞大陸的邊緣地帶對蘇聯的力量進行控制的一面——在歐洲，羅斯福的設想是，在東歐問題上暫時不與蘇聯攤牌，在巴爾幹地區則形成一種東西方的均勢，最終從這個地區擠出蘇聯的勢力：在遠東，羅斯福也採取了一種類似的辦法，即透過承認蘇聯在中國東北地區的利益，換取蘇聯承認中華民國政府的承諾。總而言之，就是透過對蘇聯部分讓步的辦法，以保障在歐亞大陸的邊緣出現一片緩衝地帶。❿當然，羅斯福的這種對蘇政策還有一個基本前提，那就是他認爲由於蘇聯在戰爭中損失慘重，所以在戰後不僅無力與美國對抗，而且還離不開美國的援助，因而他所設想的安排完全可以贏得蘇聯的合作。

然而，在羅斯福去世之後不久，美國的對蘇政策就發生了急劇的轉變。造成這種轉變的具體原因當然很多，但西方與蘇聯在東歐和巴爾幹地區的爭奪是其中一個關鍵性的因素。應該說，從羅斯福到杜魯門，美國對於歐洲戰後政治格局的考慮基本上是一致的，問題在於杜魯門發現，蘇聯並沒有按照羅斯福的設想行事。

他感覺到，蘇聯無論在東歐、中歐和近東地區都採取了一種咄咄逼人的攻勢，從而使美國在這些地區建立緩衝地帶的設想面臨著破產的可能性。杜魯門得出結論說：「除非俄國碰到鐵拳和強硬抗議，另一次大戰就可能發生。他們所了解的只有一種語言——你究竟有多少個師？」他顯然已經下決心對蘇聯的勢力進行全面的遏制了。

杜魯門對蘇聯的強硬政策得到了當時美國駐蘇聯的代辦喬治·凱南（George F. Kennan）的系統論證。1946年2月，凱南即從莫斯科給美國國務院發回了一封長達八千字的電報，認爲意識型態和社會制度的不同使蘇聯對西方國家採取一種敵視的態度，這種敵視已經使蘇聯採取了一種向世界擴張的戰略。凱南藉由對蘇聯的意圖、政策和具體行動的分析，認爲對付蘇聯的挑戰已經成爲美國對外政策戰略第一位的任務。第二年，凱南又在美國的《外交季刊》上以×的筆名發表了一篇題爲《蘇聯行爲的根源》的文章，進一步闡述了上述電報的觀點，並且提出了對於美國對蘇聯政策的一系列建議，其核心內容包括兩個方面，一是對蘇聯的擴張企圖進行堅決的遏制，二是加緊幫助西歐和日本恢復其經濟力量，從而削弱共產主義對這些地區的影響，使世界力量對比向對西方有利的方向轉化。可以看出，凱南的建議與後來美國政府採取的遏制政策是非常相似的。

凱南的理論得到了杜魯門總統的特別助理克拉克·克利福德（Clark Clifford）於1946年9月起草的一份題爲《美國與蘇聯的關係》的報告的支持，而這一份報告幾乎就是斯皮克曼的理論的翻版。克利福德報告提出，歐亞大陸的「心臟地帶」已經被一個龐大的軍事強國所控制，海洋國家如果要保持在全球範圍內的力量均勢，就必須遏制住這個國家向大陸邊緣地帶的擴張。報告宣稱，「蘇聯把控制斯德丁到里雅斯特這一條線以東的歐洲，看作是對他們現今的安全必不可少的，在這個地區內，它們絕不能容忍出現對立的勢力」，蘇聯的企圖就是「沿著它的中部和東部邊界建立一個政治上臣服於蘇聯，或者無力與蘇聯採取敵對行動的保護地區。」克利福德就此對美國提出的對策是必須以足夠強大的軍事力量把蘇聯的影響控制在其目前所占據的地區，即「首先採取步驟，制止蘇聯進一步擴張」，以保證「至少在近幾年中，西歐、中東、中國和日本將不落入蘇聯的範圍之內。」然後再透過爲那些鄰近蘇聯的國家提供必要的政治支持和經濟援助，從而使遏制戰略擴展到中間地帶以及整個世界。該報告聲稱，爲達到此目的，美國甚至必須作好原子戰和細菌戰的準備。⓫

克利福德的報告實際上是美國正式提出杜魯門主義之前所進行的一種理論上的準備。到1947年3月，杜魯門總統即在一份針對希臘和土耳其問題的國情諮文中宣布：「不論什麼地方，不論直接或間接威脅了和平，都與美國的安全有關。」也就是說，美國已經準備在全球範圍內對蘇聯的擴張進行全面的遏制。這項被稱爲杜魯門主義的美國對外政策的指導原則的具體實施包括兩個方面。首先是從1947年開始在歐洲進行的「歐洲復興計劃」（即馬歇爾計劃），這項計劃的一個基本出發點是認爲「美國應盡其所能，幫助世界恢復正常的經濟狀態」，「否則就不可能有穩定的政治與有保障的和平。」也就是說，透過在經濟上幫助西歐國家，防止因經濟動盪而可能引發的政治危機並且增強它們對抗蘇聯的能力。透過歐洲復興計劃，美國向英法等十六個歐洲國家一共提供了總數達一百三十億美元的援助。應該說，這一援助對於幫助這些國家恢復正常的經濟發展，預防政治和社會動亂的產生是發揮了重要作用的。第二個方面在1949年8月與歐洲十一個國家一道組成了從軍事上遏制蘇聯和鞏固西歐的北大西洋公約組織（the North Atlantic Treaty Organization, NATO）。杜魯門主義運用到亞洲，就意味著：「美國的戰略邊界已經不再是南北美洲的西部海岸：它們乃是位於亞洲大陸的東海岸。相應地，我們根本的戰略任務就是確保在亞洲大陸的港口不會集結和派遣出較大的兩棲力量。」⑫據此，美國先後與菲律賓、澳大利亞、紐西蘭和日本等國簽署了雙邊或多邊的共同防禦條約。在上述條約的基礎上，美國於1954年9月與各相關國家共同簽署了《東南亞集體防務條約》和《東南亞集體防務條約議定書》，後來參加國還有所擴充，從而最終在東亞、東南亞和南亞形成了一個對蘇聯和中國大陸的包圍圈。

在艾森豪擔任總統之後，美國對外政策戰略出現了一定的調整。艾森豪固然堅持對蘇聯的冷戰，但一方面認爲杜魯門時期美國在外交上過於保守，認爲對於共產主義不能僅僅進行遏制，更重要的是必須「促使被奴役的民族獲得解放」，爲此不能採取一種防禦的態度，而是需要進行積極的進取，這種思想被稱爲「解放戰略」。另一方面，艾森豪也主張積極與蘇聯集團進行接觸，藉由接觸促使其制度發生逐漸的演變，這就是所謂的「和平演變」的戰略。從實際上看，這一段時間美蘇兩國雖然也出現了一些衝突，像1958年蘇聯與美國等西方國家在柏林問題上出現的危機以及1960年美國的高空偵察機被蘇聯擊落等，但兩國之間的確有了比冷戰初期更多的接觸，蘇聯部長會議主席赫魯雪夫（Nikita Sergeyevich Khrushchev）甚至與艾森豪在美國總統的休假地大衛營就裁軍和削減核武器等問題進行了談判，這成為美蘇兩國關係開始走向緩和的一個先兆。

到甘乃迪和詹森總統執政時期，美國的對外政策戰略又有了新的調整，其主要方向是進一步強調透過和平的方式對蘇聯集團進行演變，同時更加重視美國在世界其他地區的力量與影響，把地球的南部視為「保衛和擴大自由」的大戰場，主張透過對落後國家的援助以促使它們擺脫蘇聯的影響。除與蘇聯的關係之外，在這一時期美國外交方面一個重要的事件就是越南戰爭的擴大化。1960年代初，美國為了對中國在東南亞的影響進行遏制，開始對南越提供軍事援助，並且派遣特種部隊到南越幫助南越軍隊與游擊隊作戰。但是，南越政府在軍事上的節節敗退使詹森總統決心擴大美國在越南的介入，以打贏這場戰爭。事實證明，這個決定對於美國來說完全是一場災難。詹森原先以為主要依靠空軍轟炸就可以戰勝南越游擊隊，由於這個設想沒有能夠取得成功，詹森又向越南派出了大量的地面部隊，但地面戰爭對於美國人來說更為艱難。到1967年底，美軍在越南的總數已經超過五十萬，而且傷亡人數不斷上升。美國在這種情況下在越南已經是欲罷不能，越南成了美國的一個泥潭。

美國對外政策的出發點到尼克森時代開始出現了一些帶有根本性的轉變。當然，這種轉變本身也是當時國際政治格局變化的反映——那就是蘇聯的政治和軍事力量都有了進一步的增強，第三世界的民族獨立運動進一步發展，西歐和日本的經濟與政治力量也迅速提高，而與此同時，美國國內的經濟力量卻呈現出下降之勢，越南戰爭又已經成為政府的一個沉重的包袱。總而言之就是世界已經出現了多極化的趨勢，用尼克森自己的話來說，就是：

「由於我們的視線被越南問題擋住了，我們看不到世界上發生的非常重大的變化，……與我們在第二次世界大戰結束以後不久所處的地位相比，美國遇到了甚至作夢也想像不到的那種挑戰。」面臨這樣的形勢，尼克森的結論是：「我們決定繼續在世界上發揮我們積極的領導作用」，但是，「七十年代的新情況要求創造性地對美國的領導重下定義，而不是要悲哀地放棄美國的領導。」這種新的定義的根據，就是一種「不同於以往的新的對外政策戰略。」

尼克森認爲，與冷戰剛剛結束的時候不同，在1970年代的世界上已經出現了五大經濟力量，即西歐、日本、中國、蘇聯和美國。「這五支經濟力量將決定世界經濟的前途和本世紀最後三分之一時間世界其他方面的未來，因爲經濟力量是決定其他各種力量的關鍵。」⓭這樣一種多元化的世界政治觀念在外交政策上的反映，就是把「無差別的全球主義」(indiscriminate globalism) 轉變成了「有差別的全球主義」(discriminate globalism)。具體來說，就是改變以前那種非此即彼的處理問題的方法，在不同的地區，根據不同的實際情況，採取不同的政策，以求得各種力量的均勢。尼克森曾指出：「國際關係中的戰後時期已經結束了……那時我們面對著一個統一的共產主義世界。今天，那個世界的性質已經發生了變化——單個的共產主義國家的力量增強了，但國際共產主義的統一卻瓦解了。原先的那個統一體的一致性已經被民族主義的強大力量所撕裂。蘇聯和共產主義的中國，原先曾被好友同盟捆在一起，但從六十年代中期之後已經變成了仇人。」⓮這樣一種認識，成爲尼克森較爲務實的對外政策戰略的基礎。

對於尼克森政府的對外政策觀念，季辛吉曾經作過一些解釋，他認爲：「在美國有一種理想主義的傳統，它把外交政策視爲善與惡之間的較量，還有一種實用主義的傳統，它傾向於在問題出現的時候解決問題，也有一種合法主義的傳統，它把國際問題視爲司法案例。但是，並不存在地緣政治的傳統。」⑮「我用地緣政治的這個詞來指一種態度，它把注意力投注於對平衡的尋求。」⑯尼克森政府尋求地緣政治的平衡的努力表現在以下幾個方面：改善與西歐和日本的關係，強調西方各國共同負責的原則：從越南戰爭中脫身，使越戰「越南化」：對蘇聯採取一種既對抗又對話的方針，既在中東和非洲等地區與蘇聯展開激烈的爭奪，又在裁軍和人權等等問題上與蘇聯進行不同層次和不同範圍的談判，力求迫使蘇聯讓步；最後就是改善中美關係。尼克森認爲，美國主動改善中美關係，是他的均勢外交的一個重要組成部分，「對中國採取主動的最大好處，也許就是對蘇聯的影響……我們要使我們的對華政策向莫斯科顯示一下，以及我們達成協議對他們是有利的，他們必須考慮美國與中華人民共和國合作的可能性。」「三角戰略的眞正意義就在於使中蘇競相與我們搞好關係」，其結果就是美國「對雙方都有較大的選擇的可能性，而它們彼此之間的迴旋餘地則比較小。」

從此到冷戰結束，尼克森政府的這種帶有多元化特色的對外政策戰略基本上在美國的政策制定者當中得到了繼承。當然，多元中也有重點，那就是美蘇之間的爭奪與對抗，也正式在這個問題上，不同的美國領導人表現出了不同的特色。比如說，在卡特執政的前一階段，美國對蘇聯集團和第三世界國家展開了人權攻勢，反對美國過分炫耀武力。但是，由於蘇聯藉此機會在亞洲的阿富汗、非洲的安哥拉和埃塞俄比亞處處得手，並且悄無聲息地研製和部署了SS20導彈，這種「人權外交」受到了朝野的一致反對。由於「人權攻勢」的失效，卡特政府後期以及雷根和布希政府時期都以較爲強硬的對蘇政策作爲對外政策的一個基本點。雷根政府爲自己提出的全球戰略目標就是對蘇聯再次進行全面的遏制，「我們的地緣戰略目標總體來說就是保持有效的遏制、維護我們的同盟、與重要的地區性強國建立新的伙伴關係、阻止變化的發生，並且與各地區性國家一起緩和緊張局勢、解決突出的爭端。」

作爲這樣一種對外政策戰略的具體體現，雷根在軍事戰略方面提出了「靈活反應戰略」，以此確保美國能夠在全球幾個地區進行長期的全面戰爭。隨後，他又提出了「戰略防禦計劃」，力圖在總體戰略力量方面壓倒蘇聯。在地緣戰略方面，雷根也採取了一種與蘇聯全面對抗的方式。針對蘇聯的擴張，雷根宣稱：「作爲我的對外政策基礎，我決定我們必須給俄國人送去一個盡可能強有力的訊息，讓他們知道，當他們爲恐怖分子提供軍事和財政支持以顚覆民主政府的時候，我們絕不能袖手旁觀。我們的政策應建立在實力和現實主義的基礎上。」具體來說，在歐洲，美國提出要加強與盟國的關係，並且要擴大西方聯盟的體系。在中東，「雖然印度洋和波斯灣離我們的邊界十分遙遠，但那裡的國家的主權和安全以及它們與我們和與西方的良好關係對於我們而言卻具有明顯的和實質性的聯繫。」在南非，美國也因爲那裡重要的戰略資源而與蘇聯展開了激烈的爭奪。雷根政府同樣非常重視美國在亞太地區的地位。「我們並沒有把太平洋視爲『美國湖』，但我們的確承認我們在這個地區具有的責任和合法的國家利益。

我們是一個太平洋國家，而且從歷史上來說也一直是一個太平洋國家。我們爲此而自豪，而且也爲我們對於這個地區的福利和發展所作出的貢獻而自豪。」雷根本人聲稱：「一系列政府落入共產黨控制之下的局面，行將結束。」雷根政府的外交政策實踐被人們認爲是向冷戰最緊張時期的兩極體系的回歸。

蘇聯是在與美國的軍備競賽和實力對抗的高潮中不爲人們察覺地耗盡了元氣的。到1988年布希出任美國總統的時候，蘇聯的頹勢則已經明顯地表現了出來，美國政府自然不會放過這個機會再次展開與蘇聯的爭奪，這就是布希的「超越遏制戰略」產生的背景。「超越遏制戰略」的實質，就是主要以和平演變的方式，促使蘇聯東歐向西方式的議會民主制過渡。1989年以後東歐發生了劇烈的政治變化，一直爲西方所疑懼的歐亞大陸「心臟地帶」的龐然大物蘇聯也終於在1991年12月分崩離析。在此期間，歐洲的整個政治格局也發生了自第二次世界大戰以來最大的變化，德國於1990年10月實現了統一，以蘇聯爲首與北約進行對抗的軍事組織華沙條約組織（the Warsaw Compact）也於1991年3月宣布解散。至於，東西方之間長達半個世紀的冷戰以西方陣營的勝利而告結束。除此之外，在另一條戰線上，即在與某些試圖挑戰美國領導的世界秩序的第三世界國家的鬥爭中，以美國爲首的多國部隊也贏得了軍事上對伊拉克的決定性勝利。西方輿論認爲，布希政府打贏了兩場戰爭——蘇美之間的冷戰和海灣的熱戰。

針對蘇東劇變和海灣戰爭之後的新的世界政治格局，布希開始頻頻談及「國際新秩序」的問題。這個「新秩序」的核心，就是在美國的領導之下的以西方的價値觀作爲基礎的一種世界秩序，人們將這樣一種世界格局的設想稱爲「美國治下的和平」

(Pax Americana)。看起來，地球在布希的眼中又再一次變成了一個平面。不過，具有諷刺意義的是，贏得了兩次戰爭的英雄卻沒有贏得美國公衆的支持。布希在1992年的美國總統競選中負於柯林頓，而後者對布希最尖銳的抨擊就是：「贏得了冷戰，但輸掉了（美國的）競爭力。」也就是說，他以前的政府過於看重與蘇聯的軍備競賽而忽略了美國自身的經濟發展。

柯林頓順次把確保美國的「經濟安全」、「重建我國的軍事力量」和「傳播民主的價值觀念」作爲他的三大政策支柱。當然，這樣一種戰略選擇，是以柯林頓政府對於冷戰後世界格局的基本估計爲基礎的，那就是東西方的矛盾已經不復存在，美國的主要威脅不再來自於蘇聯，而是來自於美國國內經濟競爭力的下降和第三世界的一些「不穩定因素」。相應地，柯林頓政府的對外政策的重點也就包括如下幾個方面：在與歐洲和日本展開「貿易戰」和技術競爭的同時，積極參與區域性多邊經濟合作以保證美國的經濟安全；支持俄國的葉爾欽（Boris Yeltsin）可能，以確保俄國向「自由民主社會」的平穩過渡；防止大規模毀滅性武器的擴散，對世界上發生的地區性衝突則在聯合國等國際性機構框架內採取多邊主義和「逐點解決」的辦法，以限制美國介入的程度與數量；加深與亞太地區的聯繫與合作，包括致力於與中國建立一種全面的關係；在歐洲則力圖通過重振北約聯盟以適應新形勢下美國在歐洲面臨的挑戰。

但是，這樣一種對外政策原則很快就招致了來自於各個方面的批評。就對前蘇聯地區的政策問題上，不少人指責柯林頓政府低估了這個地區地緣政治上的複雜性，而且對於俄羅斯向西方式民主制過渡的前景過於樂觀。他們列舉了俄國專制主義的政治傳統、擴張主義的傾向，以及俄國國內政治力量的對比來證明在歐亞大陸的「心臟地帶」一個新的帝國出現的可能性。近來俄羅斯國內的民族主義情緒以及俄羅斯對外政策中的獨立性的增強都使這樣一種論點顯得更有說服力——布里辛斯基是這種觀點的主要代表。至於在對第三世界政策的問題上，也有不少人批評了柯林頓政府的「逐點解決問題」的立場，主張從一種整體性的觀點來看待第三世界國家對於美國的反應，杭廷頓 (Samuel P. Huntington) 就是這種觀點的代表人物。杭廷頓注意到，美國雖然在海灣戰爭中贏得了對伊拉克的軍事上的勝利，但從政治上來說，美國卻遭到了失敗，因爲海珊不僅沒有被趕下台，而且因爲他與美國的公開對抗，反而在阿拉伯世界不少人的眼中成了一位英雄；另外，海灣戰爭從某種意義上說還增強了阿拉伯世界的民族主義的意識。杭廷頓進而把第三世界國家與美國和其他西方國家的矛盾歸結爲一種「文明的衝突」。

冷戰後世界仍然十分複雜的矛盾使柯林頓不可能如其所希望的那樣，安安穩穩地把注意力集中於美國國內的經濟和社會問題。另一方面，雖然蘇聯解體後美國已經成爲唯一的超級大國，但事實證明美國在處理世界事務時同樣難以遂其所願。美國國務卿克里斯托弗 (Warren Christopher) 在1993年5月曾表態說：「有人說……我們的國家正在走下坡路，已經無力承擔領導責任。……的確，美國面臨著歷史上從未遇到過的許多挑戰，但對我來說，這只意謂我們必須進行更多的國際性介入，而不是更少；更積極地推動民主進程，而不是更少；更多地激發我們的領導能力，而不是更少。」可是從實際的情況來看，美國在柯林頓政府時期固然取得了一些成績，比如說迫使俄羅斯與烏克蘭達成了關於核武器的協議，透過促成北約東擴和與東歐其他國家和一些前蘇聯國家建立和平伙伴關係使東歐地區的政治軍事形勢進一步向對於西方有利的方向發展，大大地推動了以色列與巴勒斯坦之間的和平進程等等，但是，像在波黑和平進程等問題上，美國的表現卻始終不能令人滿意，而且就是以巴和平進程也是一波三折，而美國卻無能爲力。看起來，「美國治下的和平」還仍然只是美國人的一種願望，它遠遠沒有成爲現實。

三、美國對外政策的基本原則以及影響對外政策的主要因素

與其他所有國家一樣，美國對外政策的一個根本目標就是捍衛和促進美國的國家利益，當然，也與其他所有的國家一樣，構成國家利益的各要素當中，有的是始終不變的，而有的則可能隨著環境的不同而發生變化。另外，不同的決策者對於國家利益的理解也可能存在一定的差異，這種情況在公民的政治觀念分歧較大的國家表現得比較明顯，但在像美國這樣的政治文化同一性程度較高的國家，則人們對國家利益所在也具有較多的認同。

在那些構成美國國家利益的不變的要素中，處於第一位的就是美國的國家安全，這也是美國外交政策追求的首要目標。當然，在不同的時代，人們對於國家安全也具有不同的認識。在美國剛剛建立的時候，除了內部的顚覆之外，對於國家安全的威脅主要就是來自於國外的武裝攻擊。在美國獨立之後，美國曾經與英國和西班牙發生過直接的武裝衝突。不過，由於美國遠離歐洲的特殊的地理位置，以及美洲其他國家相對於美國而言都比較弱小，所以到第一次世界大戰之前，美國都不曾受到這對其安全比較嚴

重的威脅，而美國在外交上也就能夠基本上保持一種孤立主義的政策，即以不謀求對美洲以外的事務的影響來換取歐洲國家不介入美洲事務的態度。從第二次世界大戰開始情況有所變化，首先是現代技術的發展使得任何一個國家都已經不可能僅僅依靠地理環境而獲得對自身安全的保證，認識到這一點是美國徹底放棄其傳統的獨立主義而積極介入第二次世界大戰的一個根本原因，而戰後軍事技術（像原子武器和遠程運載工具等等方面）的發展更是進一步使空間位置和地理距離在安全上失去了意義；另外，現代傳播技術的發展也使得一個國家的政府不再可能壟斷對其國民的觀念的影響，也就是說，任何一個國家都可以直接對別國的公衆進行顚覆性的宣傳和鼓動，由於這種宣傳和鼓動的作用在某些情況下不亞於武裝進攻，所以世界各國都採取相應的措施對此進行防範。這兩個方面的變化也是促使美國在戰後的年代積極介入全世界的事務的重要原因。第二次世界大戰結束之後，美國的軍事力量分布到了世界的各大洲，與此同時，美國也在世界各地展開了不同層次與不同形式的外交活動，包括組建各種各樣的軍事同盟、簽訂雙邊或者多邊的軍事協定、與主要盟國保持密切的聯繫，而對敵對的、或者對美國的安全構成威脅的國家則進行封鎖、禁運和制裁，甚至進行顚覆活動等等。

構成美國國家利益的第二個不變的要素是美國的經濟利益，這同樣也是美國對外政策追求的一個主要目標。在美國獨立之初，美國就曾經因爲試圖對歐洲進行「中立貿易」（當時歐洲正在進行拿破崙戰爭）而與英國和法國發生過外交上的衝突，甚至引起了美英之間的外交危機和軍事衝突。由此可以看出商業利益在美國外交中的中心地位。華盛頓是美國外交中最初提出獨立主義思想的人，但他在其告別演說中表示要盡可能避免與外國發生政治接觸的同時，也強調要發展美國與外國的商業聯繫。隨著美國經濟力量的逐步增強，美國商品對於國外市場提出了越來越多的要求，經濟因素也越來越成為美國對外政策中一個重要的刺激因素。在1896年前後美國國內就其對外政策基本原則的一場辯論中，作為共和黨總統候選人的麥金萊就認為解決美國國內問題最好的途徑就是擴大對外貿易的市場，因此他主張美國透過建立一支強大的海軍，實行對外擴張的戰略。1899年美國針對中國問題提出的「門戶開放」的政策，就是麥金萊的這種思想的反映。

進入二十世紀，特別是在第二次世界大戰結束後，由於世界經濟全球化趨勢的不斷發展以及美國國內生產能力的進一步增強，經濟因素在美國對外政策戰略當中的地位也變得越來越重要。從1960年代開始，美國與作為盟國的西歐和日本人之間就開始在貿易問題上不斷出現磨擦，這種情況進入1980年代以後就變得更加突出。隨著日本和西歐經濟實力的增長及其美國產品競爭力的相對下降，貿易問題成為美歐關係和美日關係當中的一個突出的問題。另外，由於國際經濟相互依賴性的加強，美國經濟也越來越多地受到了世界其他地區局勢變化的影響，比如說，1970年代兩伊戰爭期間中東石油價格的上漲就引發了美國的經濟蕭條。1991年的海灣戰爭中美國之所以採取了一種毫不妥協的態度，其原因除了維護國際法的權威之外，一個不容忽視的因素就是不能讓中東的石油資源控制在對美國並不友好的伊拉克手裡，否則對美國的經濟來說就會是一場災難。柯林頓總統執政以後，更是把增強美國經濟的競爭力以及與日本和西歐在對外貿易方面的競爭作為對外政策的重點，並且提出了所謂的「經濟安全戰略」，把經濟問題上升到了國家安全問題的高度。柯林頓的國際經濟事務日程上列入了一系列雄心勃勃的計劃，繼續展開與歐盟國家和日本在貿易、科技領域的競爭；積極介入全球和地區性多邊經濟合作，包括促成北美自由貿易協定的通過，結束曠日持久的關貿總協定烏拉圭回合的談判，建立世界貿易組織和以亞太經濟合作組織爲切入點、推動亞太地區經濟合作等。其中尤以被人矚目的是美國對亞太事務的參與。柯林頓的首次海外之行就是選在亞洲，提出了「新太平洋共同體」的倡議，並利用西雅圖會議加強亞太經濟合作組織的作用。這一設想中除了區域安全等內容之外，相當重要的意圖在於實現亞太地區貿易投資自由化，建立更加開放的亞太經貿體系。在這種背景之下，柯林頓選擇了與中國進行「全面接觸」的政策。在1997年江澤民與柯林頓的會晤中雙方達成了致力於建立「中美建設性戰略伙伴關係」的共識。美國的作法乃是服務於其「新太平洋共同體」構想的一種戰略上的表態，一方面加強與中國在經貿、安全等共同利益領域合作，另一方面又力圖將中國納入亞太共同體合作的框架中，限制中國發揮過大的影響力，使中國的行爲符合美國制訂的規則。總體上來說，美國對中國的態度乃爲其在亞太的戰略意圖服務，經濟利益則是其著眼點。

美國國家利益中第三個不變的因素和對外政策目標是維護美國的政治體制。在美國獲得獨立並且建立起共和制政府的時候，歐洲的絕大多數國家還在實行君主制。1789年法國大革命以後歐洲各君主國家對法蘭西共和國的敵視使美國特別擔心遭到同樣的命運，這也是美國獨立之後華盛頓一再提出不要在政治上與歐洲國家發展過多關係的原因。1814年以後，歐洲的神聖同盟在法國恢復了帝制，並且開始把注意力投注到正在開展獨立戰爭的拉丁美洲身上，這進一步使美國意識到了來自歐洲的威脅。1823年提出的門羅宣言就是一份承諾美國不干涉歐洲事務，但同時也不希望歐洲干涉美洲事務的文件，其中就指出：「（神聖）同盟各國的政治制度……與美洲根本不同，這種不同產生於它們各不相同的政體。」1917年的俄國十月革命之後，美國的政治體制又面臨著來自另一個方面的威脅，即共產主義的威脅。第二次世界大戰結束之後，由於蘇聯的影響力的擴大以及東歐等地區社會主義制度的建立，加上當時蘇聯對外政策中表露出來的擴張其勢力的傾向，美國更清晰地感覺到了這種威脅的存在。1940年代後期出現的美蘇之間的冷戰，對於美國來說，就是爲了防止蘇聯影響的擴大而對其進行的一種遏制。冷戰一直持續到1991年蘇聯解體才算結束。

除了在美國維護自己的政治制度之外，美國外交政策當中還有一項內容就是盡可能地把美國的政治價值觀念推廣到世界的其他地方。這樣一種傾向在美國奉行孤立主義的外交政策的時候並不明顯，但從俄國十月革命，尤其是第二次世界大戰之後就開始在美國對外政策戰略當中占據了重要的位置。美國推廣其政治價值觀念的動力大致來自於兩個方面，一是美國對外政策思想當中的理想主義意識，二是美國人當中一種根深蒂固的觀念，即民主國家之間不會發生衝突，所以維護和平，當然同時也是維護美國的安全的一個重要的手段就是使世界上所有的國家都建立起民主的政治制度。爲達到這個目的，美國不僅對蘇聯採取了消極的遏制戰略，而且積極地推行對蘇聯東歐集團的和平演變戰略，蘇聯東歐政治制度的演變不能說與這種和平演變沒有關係。與此同時，美國常常還對於一些國家的人權狀況進行干涉，除了一般性地提出抗議之外，也經常透過使用貿易禁運和經濟制裁的方式促使這些國家改變其人權狀況。在1970年代舉行的西方國家與蘇聯集團之間的歐洲安全與合作會議，就是以美國爲首的西方國家透過承認戰後歐洲的邊界狀況而換取蘇聯集團在人權問題上的讓步的一個例子。

上面三個方面的因素構成了美國對外政策戰略的一些基本出發點，但是，每一個時期具體的外交實踐同時還受到諸多其他因素的支配，其中比較重要的包括以下幾個方面，總統的對外政策思想、國會的態度、公衆輿論的壓力、利益集團的特殊要求，以及具體的國際環境的變化等等。

美國總統作爲行政部門的首腦對於外交有很大的決定權，而外交本身所具有的機密、多變和複雜的特點也使外交權力容易被行政部門所控制。每一屆美國總統都會提出與其前任多多少少不同的對外政策戰略，而由於總統是直接民主選舉產生的，他本身的當選意謂公衆對於他的各項綱領的認可，因而對此國會雖然可能具有不同的意見，但一般情況下也都能夠表示尊重，在外交領域尤其如此。這種情況使總統的個人素質和外交政策思想有可能對美國的外交實踐產生比較大的影響。首先是總統的外交政策思想的問題。就這個方面而言，美國的總統們可以被劃分爲兩種類型——理想主義的總統和現實主義的總統，而美國外交政策的一個有趣的特徵就是它始終猶如一個鐘擺，在理想主義和現實主義這兩個極端之間來回擺動。所謂理想主義就是更強調國際準則與國際法在國際交往中的作用，強調建立一種理性的世界秩序，強調民主、人權等西方傳統的價值觀念在國際社會中的推廣和運用；而現實主義則更強調國家的實力在國際交往中的決定作用，強調在國際社會中尋求一種力量的均衡，更傾向於追求國家的現實利益而不是某種理想的秩序。理想主義和現實主義意味著兩種很不相同的思維方式和行爲方式，因而也就意味著兩種不同制定與實施對外政策的出發點，也可以說決定了兩種不同的對外政策的基調和內容。在美國總統當中，威爾遜可以算得上是理想主義的代表人物，他一心想希望藉由和平方式解決國際爭端，發揮國際法和國際合作的作用，積極參與國際聯盟的創建。尼克森則是現實主義的代表人物，他所採取的一系列的外交政策，如使越南戰爭越南化、使美中關係正常化等等，都帶有明顯的現實主義的特徵。其次，總統的個性對美國的外交政策也具有一定的影響。卡特總統與雷根相比，其個性就顯得平和而少決斷，而這也正是他們兩人的對外政策的特點之所在。當然，除總統本人之外，其他主持對外政策的政府官員，如國務卿以及總統的其他一些主要的對外政策顧問對於美國的外交政策也會產生較大的影響，如季辛吉對於尼克森政府的對外政策就是這樣。

國會在對外政策領域的影響力比總統要小得多，但是，由於國會掌握批准政府預算和批准條約的權力，所以對美國外交也具有相當的影響。雖然國會在涉及到外交的問題上一般能夠採取與總統合作的態度，但這並不意味著前者就甘願放棄自己的權力。可以被稱爲國際聯盟的創始人的威爾遜總統所簽訂的《凡爾賽條約》在美國反而遭到了國會的否決，這就是國會在對外政策領域所發揮的作用的一個十分典型的例證。

公衆輿論的壓力對於美國外交政策的制定也具有一定的影響。當然，公衆並不可能直接決定美國的對外政策，而且公衆與論發揮作用的前提是公衆必須對相關的國際事務有所了解，而這一點往往由於外交家們刻意保守秘密而難以得到保證，至少公衆難以得到即時的訊息，因此，公衆輿論對於外交的影響就只能發揮一種間接的影響。但是，隨著現代大衆傳媒的迅速發展，公衆一方面得到了更多了解國家的外交活動的機會，另一方面公衆的輿論也能夠被及時地、廣泛地反映出來，因此，公衆輿論對於美國對外政策的影響力有強化的趨勢。尼克森政府之所以作出使美國從越南抽身的決定，公衆對於越戰的強烈的反射情緒就是一個重要的促動因素。

利益集團是對美國的外交政策發揮影響的另外一個重要因素。在美國，對國家的對外政策具有影響力的利益集團大致可以分爲兩類，一類是因爲政府的某些特定的對外政策對其利益可能產生影響的團體，比如說各種企業利益集團和工會組織等等，美國的一些勞工組織和汽車製造商的利益集團就希望政府能夠加強對於日本汽車進口的限制，因爲它們認爲大量進口日本汽車既減少了美國汽車的市場份額，又增加了美國汽車工人的失業。第二類是一些專門以影響政府的對外政策爲目標的利益集團，這種集團可能是某些美國人出於他們的某種觀念而組成的單一問題集團，也可能是某些外國僑民及其後裔組成的爲自己原來的國家進行遊說的集團，比如說，猶太人院外活動集團就是美國最有影響力的這樣一個團體，而猶太人在美國掌握的巨大經濟實力則爲這個集團的活動提供了雄厚的資本。美國對以色列一直採取一種支持乃至縱容的態度，與這個團體的活動是密切相關的。另外，波蘭移民的後裔也是在美國比較活躍的一個對外政策遊說集團，據稱，美國在北約東擴問題上之所以持一種不妥協的立場，波蘭移民的影響是一個比較重要的因素。實際上，某些政府部門爲了其自身的利益，也會對外交政策施加影響，在蘇美冷戰時期，美國國際部爲了維持龐大的政府撥款就常常在向總統和國會報告時誇大蘇聯的軍事力量，也更強調在國外使用美國的軍事力量，從而在某種程度上激化了美蘇之間的軍備競賽。

具體的國際形勢的變化當然也是影響美國對外政策的一個重要因素，也可以說是一個比較直接的因素。因爲無論是外交戰略還是日常的外交活動，其對象都是其他國家的政府或者各種各樣的組織，對方的反應自然構成了自身行動的一個重要的決定因素，由此形成了一個無窮的反饋過程。比如說，在1991年的海灣戰爭之前，如果伊拉克屈服於美國的壓力並且從伊拉克撤出軍隊，那麼海灣戰爭這一美國對外政策中的重大事件就不會發生，而海灣戰爭的發生及其結果，又進一步決定了美國隨之而來的對海灣地區的政策，比如說對伊拉克實行禁運，以及利用阿拉伯國家之間的矛盾進一步增強美國在海灣地區的影響等等。在某些特定的情況下，國際環境的變化不僅會對一個國家的對外政策，而且對它的基本國策發生影響。第二次世界大戰爆發前後歐洲形勢的巨大變化就使得美國徹底放棄了傳統的孤立主義的對外政策基本原則，而冷戰結束和蘇聯解體之後整個國際形勢發生的根本性變化又使美國再次調整其基本國策，把更多的注意力集中到加強國內經濟發展上來。由此可見，美國的內政與外交之間並沒有確定的界限，外交固然具有其自身的邏輯，從根本上說是服務於美國國內政策的需要的，反過來，特定的國際環境又會對國內政策施加影響。

—註釋—

❶cf., Mahan, *The Influence of Seapower Upon History, 1660-1783,* Boston: Little Brown and Company , 1897, pp. 281-329.

❷Cf., W. Liverzey: *Mahan on Sea Power,* Norman: The University of Oklahoma Press, 1947, pp. 133-134.

❸Lodge, "Our Blundering Foreign Policy", *Forum,* 1895, No. 19.

❹G. R. Sloan: *Geopolitics in United States Strategic Policy: 1890-1987,* Sussex: wheatsheif, pp. 101-102.

❺*Cf., Sloan, Geopolitics in United States Strategic Policy: 1890-1987,* p. 109.

❻Cf., Sloan, *Geopolitics in United States Strategic Policy: 1890-1987,* p 125, note 69.

❼R. Dalleck, *F. D. Roosevelt and American Foreign Policy 1932-45,* New York: The Oxford University Press, 1979, p. 181.

❽Cf., N. A. Graebner: *Ideas and Diplomacy,* New York: The Oxford University Press, 1964, pp. 610-611.

❾Cf., Sloan, *Geopolitics in United States Strategic Policy: 1890-1987,* pp. 117-118.

⑩這樣一種觀點的代表人物是斯皮克曼（Nicolas J. Spykman）。斯皮克曼接受了英國地緣政治學家麥金德的基本思路，但又對麥金德的理論進行了一點修正，即認為所謂的「心臟地帶」不是在歐亞大陸內部，而是在它的邊緣，具體來說，就是在東歐和遠東一帶。因此，斯皮克曼在大戰尚未結束之前就反覆強調，美國在戰後如果要保持自己對國際局勢的控制的話，就必須防止上述「邊緣地帶」落入蘇聯之手。事實證明，斯皮克曼的觀點是非常具有代表性的。

⑪Cf., T. H. Etzold & J. L. *Gaddis, Containment Documents on American Policy and Strategy 1945-50,* New York: The University of Columbia Press, 1978, p. 63ff.

⑫Cf., Sloan, *Geopolitics in United States Strategic Policy: 1890-1987,* p. 138.

⑬轉引自保羅·肯尼迪：《大國的興衰》，世界知識出版社1990年中文版，第505頁。

⑭1970年尼克森在美國向國會提交的第一份關於美國外交政策的年度報告。Cf., Sloan, *Geopolitics in United States Strategic Policy: 1890-1987,* p. 176.

⑮Henry Kissinger, *The White House Years,* London, 1979, p. 915.

⑯Cf., Sloan, *Geopolitics in United States Strategic Policy: 1890-1987,* p. 194.

美國政府與政治

比較政府與政治 03

著　　者／唐士其
出 版 者／揚智文化事業股份有限公司
發 行 人／葉忠賢
執行編輯／劉　凡
登 記 證／局版北市業字第 1117 號
地　　址／台北市新生南路三段 88 號 5 樓之 6
電　　話／(02)2366-0309　2366-0313
傳　　真／(02)2366-0310
E-mail／tn605541@ms6.tisnet.net.tw
網　　址／http://www.ycrc.com.tw
郵撥帳號／14534976
戶　　名／揚智文化事業股份有限公司
印　　刷／偉勵彩色印刷股份有限公司
法律顧問／北辰著作權事務所　蕭雄淋律師
初版一刷／1998 年 10 月
初版二刷／2001 年 9 月
定　　價／新台幣 400 元
ＩＳＢＮ／957-8446-87-X

國家圖書館出版品預行編目資料

美國政府與政治 / 唐士其著.　初版
. -- 台北市：揚智文化，1998[民 87]
面；　公分. -- （比較政府與政治；3）
ISBN 957-8446-87-X（平裝）

1. 美國-政府與政治

574.52　　　　87010855